노년의 일과 사랑 그리고 죽음

웰에이징과 연령차별주의

노년의 일과 사랑 그리고 죽음

김명식 지음

연암서가

지은이 김명식

고려대학교 철학과를 졸업하고 같은 대학 대학원에서 박사학위를 받았다. 국제저널 *Environmental Ethics* 편집위원, 계간 『과학사상』 편집주간, 한국환경철학회 회장을 지냈고, 현재는 진주교대 도덕교육과 교수로 재직하고 있다. 저서로는 『환경, 생명, 심의민주주의』, 『숙의민주주의와 환경』, 『연구윤리와 학습윤리』(편저), 『처음 읽는 윤리학』(공저), 『생태문화와 철학』(공저), 『음식윤리』(공저), 『기후변화 시대의 시민교육』(공저) 등이 있고, 옮긴 책으로는 『환경윤리』(공역)가 있다.

노년의 일과 사랑 그리고 죽음

2025년 5월 20일 초판 1쇄 인쇄
2025년 5월 25일 초판 1쇄 발행

지은이 | 김명식
펴낸이 | 권오상
펴낸곳 | 연암서가

등록 | 2007년 10월 8일(제396-2007-00107호)
주소 | 경기도 고양시 일산서구 호수로 896, 402-1101
전화 | 031-907-3010
팩스 | 031-912-3012
이메일 | yeonamseoga@naver.com
ISBN | 979-11-6087-139-5 03330

값 19,000원

이 책에는 Mapo금빛나루체가 사용되었습니다.

들어가는 말

 이 책은 어떻게 하면 잘 늙을 수 있을까 하는 물음에 대한 응답이다. 인간은 누구나 늙는다. 젊은 날에 요절하지 않고서는 늙음에 마주친다. 늙는다는 것은 늙어보지도 못하고 죽은 사람들의 처지에 비추어보면 행복한 일이다. 하지만 늙어가는 사람도 늙음에 대한 불안감과 허망함을 느낀다. 육체적 노화를 피부로 느끼면서 세월의 덧없음에 대해 자주 생각한다.

 인간의 수명이 증가하면서 늙음의 시간도 증가하고 있다. 옛날 같으면 50대 중반에 노년기에 접어들고, 60세 전후에 하나둘 삶을 마감했다. 60세가 되면 회갑 잔치를 하던 것이 엊그제 같다. 60세까지 살았던 것이 축복의 대상이었다. 그런데 이제 평균 수명이 80대 중반을 넘고 백 세 인생을 이야기하는 상황에서 회갑 잔치는 어색하게 되었다. 그만큼 늙음의 시간이 증가하고 있다.

 늙음의 시간이 증가하면서, 또 전체 인구에서 노인이 차지하는 비율이 증가하면서 웰 에이징은 이 시대의 중요한 화두이다. 행복한 노년을 영위하려면 보통 네 가지가 필요하다고 한다. 건강, 경제력, 일, 인간관계가 그것이다. 늙어서 행복하려면 아프지 않고 건강해야 한다. 온갖 잔병치레 하면서 행복감을 느끼기는 어렵다. 또 어느 정도는 경제력도 있어야 한다. 일상을 살아가는데 돈이 없으면 매사에 짜증이 날 수밖에 없다. 그런데 건강하고 경제력이 있다고 행복이 오는 것은 아니다. 하루하루를 소일할 일거리가 있어야 한다. 사람은 일할 때 자신감도 있게 되고 삶의 보람도 느낀다. 가족, 연인, 친구 등 주위 사람들과 관계도 좋아야 한다. 가족과 사이가 좋지 않고 만나서 이야기할 친구도 없는 사람이 행복할 수는 없다.

건강에 대해서는 그 방면의 전문가인 의사가 글을 써야 할 것 같고, 경제력에 대해서는 경제 전문가의 도움을 받아야 할 것이다. 인문학 전공자인 필자가 이 책에서 다룰 것은 노년기의 일과 인간관계에 대한 것이다. 일의 의미에 관해서 이야기할 것이고, 노인도 일을 할 수 있다는 점을 주장할 것이다. 그래서 정년 퇴직제도가 왜 문제이고, 어떤 방식으로 개선해야 할지 내 생각을 말할 것이다. 인간관계도 중요하다. 관계가 인간에게 어떤 의미를 지니는지, 그리고 왜 중요한지에 대해 말할 것이다. 여기서는 특히 노년기의 이성과의 사랑에 대해 집중적으로 다룰 것이다. 가족과 친구의 중요성은 다들 인정하지만, 노인의 사랑에 대해서는 생각을 달리 하는 사람들이 많기 때문이다. 우리 사회는 노인의 사랑과 성에 대해 너무 보수적이고 억압적이지 않았나 생각해 본다. 노인도 인간이고, 사랑을 하고 싶다고 말하고 싶다. 또 이 책은 죽음의 문제를 다룬다. 노년기는 죽음이 멀지 않은 시기이다. 다가오는 죽음에 대해 마음의 준비를 하지 않고서는 행복한 노년이 되지 않을 것이다. 행복한 노년이 되기 위해서도 죽음에 대한 준비가 되어 있어야 한다.

웰 에이징 연구를 하면서 느낀 것은 웰 에이징의 가장 큰 장벽은 연령차별주의(ageism)라는 사실이다. 오늘날 노인들은 단지 나이가 많다는 이유로 일자리에서 배제된다. 일자리에서 배제된 사람들은 빈곤에 허덕이고, 저축과 연금이 탄탄한 사람은 먹고는 살지만, 의미 있는 일을 하지 못해 자존감을 상실한다. 또 나이 많은 사람은 이성과의 사랑에서도 주변의 곱지 못한 시선에 마주친다. "노인네가 주책"이라고 수군거리는 것이다. 성과 사랑이 아름다운 것이라면 그것은 노인에게도 마찬가지 의미를 가질 텐데 말이다. 과거에는 인종차별주의와 성차별주의가 문제였지만, 이제는 연령차별주의가 문제인 것 같다. 동물의 고통에 대해서도 고민해야 한다는 피터 싱어의 '동물해방론'이 주목받는 세상에서 우리는 노인의 인권을 무시하고 있는 셈이다.

이 책은 필자에게 매우 중요한 의미를 지니는 책이다. 고교 시절 철학과를 지망했던 것은 인간의 삶이란 무엇인가, 어떻게 살 것인가 하는 문제에 천착하고 싶었기 때문이다. 그런데 대학과 대학원에 진학하고 교수 생활을 하면서 철학을 전공했지만, 이 문제는 제쳐두고 계속 다른 주제들을 공부하고 글을 써왔다. 50대를 지나면서 원래 하고 싶었던 공부를 하고 싶은 생각이 강했고, 그 결과물이 이 책이 될 듯싶다.

먼저 감사하고 싶은 사람들은 같은 학과 동료 교수들이다. 20년 넘게 진주교대에 있으면서 정이 많이 들었다. 선배 교수들이 하나둘 정년을 맞이했고, 나 자신도 정년이 많이 남아 있지 않은 상황이다. 희로애락을 함께 한 이들과 발간의 기쁨을 느끼고 싶다. 또 이 글의 많은 부분들은 수업 시간을 통해 이야기되고 발전되었다. 그 순간들을 함께 한 학부생과 대학원생들에게 고맙다는 이야기를 해야 한다.

고려대 행복연구단 연구팀에게도 감사를 드린다. 행복연구단에서 행복에 관한 연구를 하다가 웰 에이징에 대한 연구로 이어졌다. 특히 연구 책임자였던 오상무 교수에게 감사드린다. 우연한 기회에 그가 행복연구단의 일원으로 필자를 초대해 행복에 관해 연구하게 되었고, 거기서 노년의 행복에 대한 연구로 나아갔기 때문이다. 학구열이 높은 그가 자신이 원하는 학문적 성취를 이루길 바란다.

한국연구재단에도 감사드린다. 고려대 행복연구단도 한

국연구재단의 지원을 받았지만, 2019년부터 2년간 이어진 필자 개인의 웰 에이징 연구도 연구재단의 지원을 받았기 때문이다. 그때 발표한 두 편의 논문이 이 책의 밑바탕이 되었다. 게으른 내가 글을 써내고, 책까지 내게 된 원천이 되었다.

    책 발간의 즐거움을 아내와 함께하고 싶다. 결혼한 지 30년이 되었는데 아내와 많이 싸웠던 것 같다. 남은 인생은 아무쪼록 오손도손 살면서 서로의 늙어가는 과정을 지켜보고 싶다.

2025년 봄
김명식

차례

들어가는 말 5

1장 _____ 웰 에이징과 인생 3기 14

1. 고령화사회와 웰 에이징 14
2. 늙음은 좋은 것인가, 나쁜 것인가? 21
3. 인생 3기와 액티브 에이징 32
4. 맺는말: 앞으로의 논의 38

2장 _____ 연령차별주의와 장유유서 전통 41

1. 연령차별주의 41
2. 연령차별주의의 발생 원인 46
3. 한국 사회와 연령차별주의 49
4. 한국 사회와 노인 일자리 54
5. 장유유서 – 나이에 의한 위계 61
6. 맺는말 68

3장 _____ 노인운전과 연령차별주의 71

1. 배경 및 쟁점 71
2. 운전 제한은 평등권 침해인가? 79
3. 노인운전과 집합적 성취 89
4. 교통약자를 위한 교통체계 97
5. 맺는말 102

4장_____노년의 일: 정년제 논쟁 104

    1. 들어가는 말 104

    2. 정년제 현황 105

    3. 정년제 찬반 논거 109

    4. 인구구조의 변화와 웰 에이징 117

    5. 정년연장의 선행조건과 고려 사항들 124

    6. 맺는말 133

5장_____연금과 세대 간 윤리 136

    1. 배경 136

    2. 연금과 일자리 139

    3. 제도적·법적 접근 144

    4. 규범적 접근 153

    5. 맺는말 162

6장_____관계재와 행복 164

    1. 이스털린의 역설 164

    2. 이스털린의 역설에 대한 세 가지 설명 169

    3. 관계재의 정책적 함의 175

    4. 관계재에 대한 경제학적 논의 181

    5. 관계재에 대한 철학적 논의 188

    6. 맺는말: 노년의 삶과 인간관계 199

7장_____노년의 성과 사랑 201

   1. 들어가는 말 201
   2. 성과 사랑: 섹슈얼리티 202
   3. 노년의 성과 사랑 216
   4. 연령차별과 성차별을 넘어서 231
   5. 맺는말 237

8장_____황혼 이혼과 졸혼 239

   1. 황혼 이혼 239
   2. 졸혼 241
   3. 낭만적 사랑과 근대적 가족 246
   4. 낭만적 사랑을 넘어서 255
   5. 한국인의 우애적 사랑 266
   6. 맺는말 272

9장_____웰 다잉 274

   1. 죽음관의 변화 274
   2. 현대인의 죽음 277
   3. 죽음의 철학 287
   4. 바람직한 죽음 291

수록된 글의 출처 296   참고문헌 297

1장

웰 에이징과 인생 3기

1. 고령화사회와 웰 에이징

웰빙은 한국 사회의 중요한 사회적 관심사이다. 경제성장으로 물질적 풍요를 이루었지만, 오로지 돈을 벌기 위해 바쁜 일상을 영위하는 것이 과연 바람직한가에 대한 반성이 시작되었다. 최근에는 웰 에이징이 우리 사회의 중요한 화두가 되고 있다. 웰빙이 어떻게 하면 좋은 삶을 사는가 하는 문제라면, 웰 에이징은 어떻게 하면 좋은 노년을 보낼 것인가 하는 것이다.

웰 에이징은 전 세계적으로 중요한 문제이다. 이는 평균 수명이 증가하면서 노인 인구가 급증하고 있기 때문이다. 고령화는 전 세계적으로 진행 중인 현상이긴 하지만, 우리나라는 그 속도가 유례가 없을 정도로 빠르다. 우리나라는 이미 2000년 노인 인구가 전체 인구의 7%를 넘어서는 고령화사회(ageing society)에, 그리고 2017년 노인 인구가 14%를 넘어서는 고령사회(aged society)에 진입했고, 2024년 12월 23일 20%를 넘는 초고령사회(post-aged society)에 도달했다. 이는 당초 예상을 2년 가까이 앞당긴 것이다. 그 추세는 계속 더 빨라져 2050년에는 노인 인구가 38%에 해당할 것으로 예측된다. 그리고 이런 예측은 사회 전반의 저출산 현상이 심화되면서 더욱 가팔라질 가능성이 높다.

65세 이상 노인인구 비율 추이

단위: %

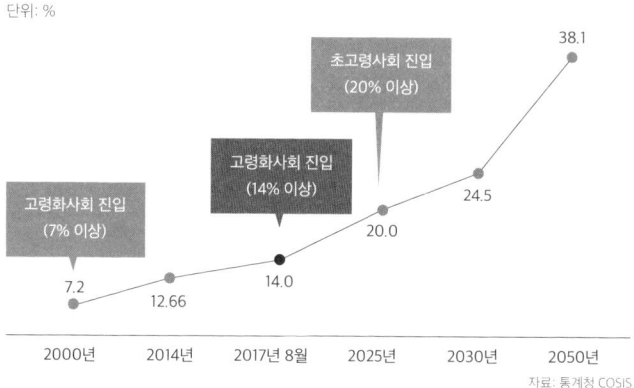

자료: 통계청 COSIS

고령화의 대표적인 나라로 거론되는 나라는 일본이다. 그 속도를 고려해 보면 한국이 훨씬 더 심각하다. 대부분의 서구 선진국은 20세기 초를 전후해 고령화사회로 진입해 고령사회와 초고령사회를 준비할 시간이 백년 정도 있었다.

그런데 우리나라는 고령화사회에서 고령사회를 거쳐 초고령사회에 도달하는 것이 겨우 25년에 불과해 준비되지 않은 상태에서 초고령사회를 맞이해야 하는 것이다.

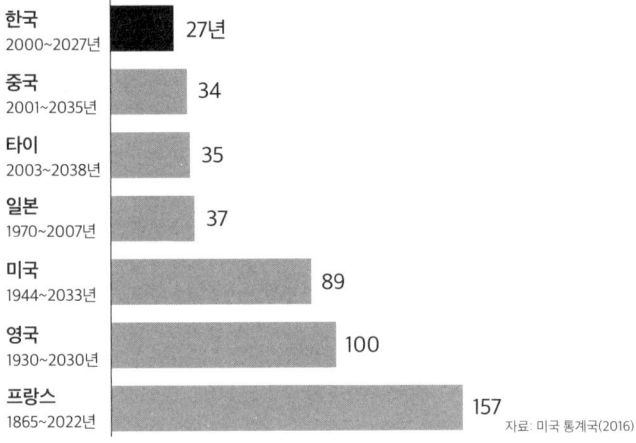

각국의 고령화 속도 비교
65살 이상 노인의 전체 인구 대비 비율이 7%에서 21%가 되는 데 걸리는 기간

국가	기간	연수
한국	2000~2027년	27년
중국	2001~2035년	34
타이	2003~2038년	35
일본	1970~2007년	37
미국	1944~2033년	89
영국	1930~2030년	100
프랑스	1865~2022년	157

자료: 미국 통계국(2016)

고령화는 전 세계적인 현상이기 때문에 노년학에 관한 연구는 전 세계에서, 광범위한 분야에서 진행되고 있다. 노년학 연구는 20세기 중엽부터 시작되었고, 특히 최근 30년간 학계의 연구 성과는 괄목할 만한 수준이다. 사회복지학, 의학, 간호학, 심리학, 컴퓨터과학 등 다양한 분야에서 웰 에이징에 대한 연구가 진행되고 있다.

고령화에 대한 논의는 사회복지학 분야에서 가장 활발

해 보인다. 여기에서 중요한 담론이 '액티브 에이징(active aging)'이다. 액티브 에이징은 말 그대로 노인이 활기 있고 적극적인 노년을 보내는 것이다. 액티브 에이징을 주장하는 사람들은 노인들이 적극적인 활동을 할 수 있도록 우리 사회가 노인 친화적 환경을 조성해야 한다고 주장한다. 더 이상 노인이 골방에 머무르거나 손자 손녀나 돌보는 보조적인 삶을 살 것이 아니라, 적극적이고 활기찬 생활을 할 수 있도록 하자는 것이다. 노인을 더 이상 사회가 보호해야 할 사회적 부담이 아니라 우리 사회가 활용해야 할 중요한 인적자원으로 보고, 이들이 사회에 이바지할 수 있도록 하는 데 관심을 둔다.[1]

컴퓨터과학에서는 '디지털 에이징'을 강조한다. 그래서 노인들을 디지털 기기에 쉽게 접근할 수 있도록 도우려 한다. 디지털 기술을 활용하여 노인들이 노화로 인한 신체적 정신적 장애를 극복하여 건강한 삶을 영위할 수 있게 하고, 사회 참여가 가능하도록 지원한다.[2] 실생활에서 디지털 에이징은 매우 중요한 것 같다. 필자는 터미널에서 표를 예매하지 못해 계속 기다리고 있는 노인들을 보면서 안타까울

---

1 한동희, 「고령사회와 엑티브에이징 고찰 연구」, 5쪽.
2 고영삼, 「고령화 문제의 해결법으로서 디지털 에이징 정책에 대한 탐색적 연구」, 118쪽

때가 많았다. 젊은 사람들은 앱을 이용해 편리하게 표를 예매하고 사정이 바뀌면 취소했다가 다시 예매하는 등 자유자재로 문명의 이기를 활용하지만, 디지털 기기에 익숙하지 못한 노인들은 무작정 차디찬 터미널에서 대기하고 있는 것이다.

의학 분야에서는 '안티 에이징'에 대한 연구가 활발하다. 여기서는 노화 자체를 막을 수는 없지만 늦출 수는 있다고 본다. 때로는 노화를 자연스러운 과정이 아니라 치료의 대상, 즉 질병으로 보기도 한다. 구체적으로 의학자들은 식생활 개선, 근 중량 골밀도 체력 활력 증가, 체지방 감소, 면역력 강화, 콜레스테롤 개선, 피부 윤택 개선, 기분 개선, 수면 개선 등을 연구하면서, 이를 항노화 산업으로 발전시키고 있다.[3]

간호학 분야에서도 노인 간호에 대한 관심이 증가하고 있다. 간호학계 논의에서 주목할 점은 '돌봄의 윤리(care ethics)'의 부상이다. 기존 윤리학은 자율성을 근본원리로 삼고 주체적이고 독립적인 인간상을 강조해 왔다. 반면 돌봄의 윤리에서는 돌봄을 근본원리로 삼고, 관계적이고 상호의존적인 인간상을 강조한다. 과거 서양 윤리학의 전통을 지

---

3 고영삼, 앞의 글, 117쪽. Holstein 외, *Ethics, Aging, and Society : The Critical Turn*, 5장.

배해온 것은 자율성의 원리였고 이에 기초해 생명의료윤리학자들은 의료전문가가 모든 것을 결정하려고 해서는 안 되고 당사자인 환자의 선택성을 존중해야 한다고 주장해 왔다. 그런데 돌봄의 윤리를 주장하는 학자들은 이런 자율성 중심 윤리학의 한계를 지적하면서, 공동체주의적이고 의사소통적 윤리의 가능성을 모색한다.[4]

응용심리학의 일종인 긍정심리학(positive psychology) 분야에서도 노인들에 대한 관심이 많다. 기존 발달심리학에서는 노화에 대해 부정적인 인식이 강했지만, 긍정심리학에서는 노화라는 현상이 결코 나쁜 것만은 아니라고 본다. 그리고 노년을 부정으로만 보면, 그것이 일종의 자기실현적 예언이 되어 노인들의 삶의 질을 낮출 수 있다고 지적한다. 그래서 노화의 긍정적 측면에 주목하면서, 노인들의 삶에 대한 만족도를 증진시키려고 노력한다.

최근 우리나라 철학계에서도 웰 에이징에 대한 글들이 발표되고 있다. 전반적인 경향은 특정 철학자, 또는 특정 철학 이론의 관점에서 바람직한 노년의 삶에 대해 살펴보는 것이다. 서양 철학자들은 주로 실존주의 입장에서, 그리고 동양 철학자들은 인도철학이나 노장철학, 때로는 유학의 입

---

4 Holstein이 편집한 책, *Ethics, Aging, and Society : The Critical Turn* 이 이런 입장에서 쓴 단행본이다. 그리고 이런 입장에서 쓴 논문으로는 Lloyd, Liz, "Mortality and morality: ageing and the ethics of care" 참고,

장에서 노년의 문제를 바라보고 있다. 이런 입장들의 공통점은 노년과 웰 에이징의 문제를 개인적인 실존의 문제로 보고 있다는 것이다.[5]

나의 입장은 웰 에이징 문제를 개인 차원을 넘어 사회적 차원에서 접근할 필요가 있다는 것이다. 물론 사람이 태어나서 늙고 병들어 마침내는 죽는, '생로병사(生老病死)'의 문제는 유한한 생명체인 인간이 숙명적으로 부딪치는 문제로, 개인의 실존적 문제라는 점은 인정한다. 하지만 동시에 우리 인간은 홀로 사는 존재가 아니다. 우리는 사회적 존재로서 삶을 영위하고, 또 늙음도 맞이한다. 인간에서 늙음이란 현상도 사회적 공간에서 맞이하는 것이기 때문에, 사회와 시대에 따라 늙음의 모습도 그리고 대처 방안도 다를 수밖에 없다. 이런 점에서 늙음은 개인적인 문제인 동시에 사회적인 문제라고 생각된다.

실제로 어느 시점부터 노인이라고 할 수 있는가도 사회적, 시대적 맥락과 무관할 수 없다. 불과 수십 년 전만 해도 육십 세가 되면 회갑 잔치를 열어 축하해주었다. 필자도 삼

---

5 김경호, 「웰 에이징: 노년의 삶에 대한 여헌 장현광의 성찰」,(『동양고전연구』 49집, 2012), 박효엽, 「노년철학에 관한 베단따의 전망」(『철학연구』 145집, 대한철학회, 2018). 이관표, 「부정성의 극단화로서의 노년: 노년의 철학적 규정에 대한 연구」(『현대유럽철학연구』 45집, 2017). 임헌규, 「노년문제에 대한 동양철학적 접근: 개인주의의 대안으로서 관계적 인간」(『철학연구』 108집, 대한철학회, 2008).

십 년 전 아버지의 회갑을 맞이하여 가족과 친지들이 모여 회갑 잔치를 해드렸던 기억이 난다. 하지만 지금은 그런 일이 드물다. 육십도 한창 일할 때라고 생각하기 때문이다.

또 노년의 행복, 즉 웰 에이징이라는 것도 사회 차원에서 행해지는 연금 정책, 의료정책과도 연관이 깊다. 연금과 의료혜택을 받는 노인과 그렇지 않은 노인의 실제 삶은 판이하고, 그들을 바라보는 일반인들의 인식도 차이가 크다. 연금이 없는 노인들은 빈곤을 벗어날 수 없지만, 충분한 연금을 확보한 노인들은 즐거운 제2의 인생을 구가할 수 있다. 이런 점에서 웰 에이징을 실현하기 위해서는 개인 차원의 노력도 있어야겠지만, 사회 차원의 노력이 중요하다.

이런 이유에서 이 글은 먼저, 웰 에이징의 사회적 성격에 대해 논의한다. 그래서 노년에 대한 긍정적 입장과 부정적 입장을 살펴보고, 각각의 입장들이 나오게 된 사회적 배경들에 대해 이야기한다. 그다음 최근 대두되고 있는 '제3연령기(the third age)'와 '액티브 에이징(active aging)'에 대한 논의를 소개한다. 이를 통해 노인들이 적극적인 삶을 살 필요가 있고, 그리고 가능하다면 생산적 노동에 참여할 필요가 있다고 이야기할 것이다.

2. 늙음은 좋은 것인가, 나쁜 것인가?

노년을 바라보는 관점은 다양하지만, 크게 긍정적으

키케로

로 보는 관점과 부정적으로 보는 관점으로 양분할 수 있다. 여기서는 전자를 대표하는 사람으로 로마의 철학자 키케로(Marcus Tullius Cicero), 후자를 대변하는 사람은 오스트리아의 실존주의자 장 아메리(Jean Amery)로 보고, 그들의 견해를 소개할 것이다. 키케로가 노년을 '완숙한 지혜'로 인한 '행복의 시기'로 본다면, 아메리는 '질병과 노쇠'로 인한 '체념의 시기'로 본다.

키케로는 『노년에 관하여』에서 이 문제를 다룬다. 로마 최고의 논객답게 키케로는 반론에 대항하는 형식으로 자기의 입장을 펼친다. 그에 따르면 노년에 대한 불만은 크게 다음 4가지로 요약된다. ① 노년에는 중요한 활동을 할 수 없다. ② 노년에는 몸이 쇠약해진다. ③ 노년에는 쾌락이 없다. ④ 노년이 되면 죽을 날이 멀지 않아 슬프다. 키케로의 이 책은 매우 중요하다. 왜냐하면 서양에서 노년에 대한 논의는 항상 키케로에서 시작되기 때문이다.

먼저 키케로는 ① '노년에는 중요한 활동을 할 수 없다'라는 입장을 반박한다. 그는 노년에도 얼마든지 중요한 활동을 할 수 있다고 본다. 그는 나이가 들어 노인이 되면 젊은이가 하는 육체적으로 힘든 일을 할 수 없다는 점은 인정한다. 예를 들어 젊은 선원이 하는 일, 무거운 그물을 내리고 올리는 일 같은 육체적인 힘이 요구되는 일은 할 수 없다는 데에는 동의한다. 하지만 키케로는 나이가 들어야만 할 수 있는 일도 있다고 주장한다. 경험과 지혜가 요구되는 일이 그것이다. 가령 배의 키잡이가 그렇다. 나이가 들면 무거운 그물을 내리고 올리는 등의 체력이 요구되는 일은 할 수 없지만, 키잡이는 할 수 있다. 그리고 배의 키를 잡는 일은 젊은 선원이 하는 육체노동보다 훨씬 더 중요한 일이다. 키케로가 보기에 중요한 일에는 체력이나 민첩성이 아니라 계획과 명망, 판단력이 요구된다. 노년이 되면 이런 자질은 줄어드는 것이 아니라, 오히려 증가한다. 그렇다면 노년에는 중요한 일을 할 수 없다는 주장은 잘못된 것이다.[6]

② '노년에는 몸이 쇠약해진다'에 대해서도 키케로는 반론을 제기한다. 키케로에 따르면, 나이가 들면 몸이 약해지는 것은 사실이다. 하지만 우리는 훈련과 절제를 통해 젊은 시절의 체력을 상당 부분 유지할 수 있다. 즉 자기가 하기 나름이다. 실제로 우리는 나이가 들어서도 젊은 사람 못지않게 체력을 유지하는 노인들을 주변에서 볼 수 있다. 또 키케로에 따르면, 사회는 노인에게 체력을 요구하는 일을 시키

---

6   Cicero(천병희 역), 『노년에 관하여』, 31쪽.

지도 않는다. 젊었을 때는 전쟁터에 나가 직접 적과 싸우는 일이나 성을 쌓는다거나 하는 힘든 공공 부역을 요구하지만, 나이가 들면 이런 육체적으로 힘든 일로부터 노인은 면제된다. 굳이 강한 체력이 필요 없다는 뜻이다.[7]

③ '노년에는 쾌락이 없다'라는 것도 키케로는 잘못된 주장이라고 본다. 이와 관련해 키케로는 먼저 쾌락의 의미 자체를 격하한다. 그에 따르면, 쾌락은 인간에게 축복이 아니라 오히려 치명적인 역병에 불과하다. 왜냐하면 쾌락은 인간을 맹목적인 존재로 만들기 때문이다. 그래서 늙어서 쾌락에 대한 욕구가 줄어드는 것은 슬퍼해야 할 부분이 아니라 오히려 감사해야 할 부분이라고 주장한다. 한편 키케로는 나이가 들면 이전에는 잘 느낄 수 없었던 새로운 즐거움이 생길 수 있다고 주장한다. 키케로가 그런 즐거움으로 든 대표적인 것은 학구열과 농사이다. 나이가 들면서 육체적 쾌락에 관한 관심이 시들면 이성적이고 사유적인 것에 관한 관심이 증가하고 이를 통해 정신적인 즐거움을 맛볼 수 있다. 정신적인 즐거움은 단순한 육체적 쾌락보다 훨씬 더 의미가 있다. 또한 키케로는 농사의 즐거움을 역설한다. 밭을 갈고 곡물과 채소를 재배하는 것은 고역이 아니다. 그것을 통해 우리는 인류에게 유익한 생산적인 활동을 하는 동시

7　Cicero, 같은 책, 46~47쪽.

에, 대지의 힘과 본성을 즐길 수 있다고 역설한다. 키케로에 따르면 농사는 우리에게 고역이 아니라, 자연과 하나가 되는 활동이다. 나이가 들면 적당한 농사를 통해 유유자적한 삶을 즐길 수 있다.[8]

④ '노년이 되면 죽을 날이 멀지 않았다'라는 불만도 근거 없는 것이라고 키케로는 주장한다. 그가 이렇게 주장하는 것은 영혼불멸을 믿기 때문이다. 키케로에 따르면, 영혼이 육신을 떠난다고 해서 완전히 죽는 것은 아니다. 영혼은 육신에서 벗어나 영혼이 원래 있던 자리로 돌아간다. 키케로는 인간의 영혼이 육신으로부터 해방되어 순수해질 때, 지혜로워진다고 주장한다. 그리고 그는 설사 영혼불멸이 잘못된 믿음이라고 할지라도, 자신은 그것을 기꺼이 받아들일 것이라고 말한다. 그런 믿음은 적어도 살아 있는 동안에는 자신을 행복하게 해주기 때문이다.[9]

반면 아메리는 완전히 생각이 다르다. 『늙어감에 관하여: 저항과 체념 사이에서』라는 책 제목이 말해주듯, 아메리는 노년에 대해 완전히 부정적이다. 그는 '노년의 지혜', '말년의 만족' 같은 키케로식의 표현에 대해 일종의 기만이라고 비판한다. 아메리가 봤을 때, 그런 수식어로 속절없이 늙

8　Cicero, 같은 책, 51~77쪽.

9　Cicero, 같은 책, 85~92쪽.

장 아메리

어가는 사람을 위로하는 것은 굴욕적인 기만에 지나지 않는다.[10]

아메리는 오스트리아 사람이지만, 프랑스의 철학자 사르트르의 영향을 받은 실존주의 계열의 학자이다. 실존주의자인 그가 보았을 때, 인간은 기본적으로 '시간성' 아래 존재한다. 그런데 세월은 속절없이 흘러가 버리고, 노인에게는 더 이상 다가올 시간이 없다. 봄 여름 가을 겨울, 그리고 다시 봄은 온다. 그런데 젊은이들은 새로운 봄을 볼 수 있지만, 노인들은 상황이 다르다. 노인들이 다시 볼 수 있는 봄은 제한될 수밖에 없다. 그래서 노인들은 시간을 되돌렸으면 하는 소망을 품기도 하지만, 그것은 헛된 소망일 뿐이다. '시간 속의 나'라는 표현이 말해주듯, 인간은 시간의 피조물에 지나지 않는다. 그런데 시간은 순식간에 사라지고 노인에게 살아갈 시간은 얼마 남지 않았다. 이제 노인에게는 절망만이 남아있을 뿐이다.[11]

아메리에 따르면, 인간은 노쇠해지면 더 이상 '예전의 나'가 아니다. 젊었을 때의 팽팽한 피부와 깔끔한 얼굴은 사

---

10 Amery(김희상 역), 『늙어감에 대하여: 저항과 체념 사이에서』, 7~8쪽.

11 Amery, 같은 책, 17~54쪽.

라지고, 노인이 되면 피부는 쭈글쭈글해지고 얼굴은 온통 노란 반점으로 뒤덮인다. 나이가 들어 거울 속에 비친 나는 더 이상 예전의 내가 아닌 것이다. '저게 바로 내 얼굴인가 싶을 정도로' 믿을 수 없는 자기 몰골을 보며 당혹한 마음을 갖고, 충격을 받는 것이 노화의 진실이다. 노인은 낯설게 느껴지는 자기 모습을 보면서 자기혐오와 자기 증오의 나락에 빠질 수밖에 없다.[12]

아메리가 특히 주목하는 것은 '문화적 소외'다. 그가 보기에 육체적 노화도 그렇지만 노인을 가장 절망적으로 만드는 것은 문화적 노화이다. 노인들은 젊었을 때부터 자신이 쓰던 언어를 고집하기 마련이고, 신문과 잡지에서 사용되는 새로운 언어에 불편함과 저항감을 느낀다. 노인은 현재의 문화 현상을 자신의 시대였던 과거의 시점에서 해석하려 하고, 그런 만큼 더 현재로부터 소외된다. 아메리 또한, 자신이 신봉했던 사르트르의 코드로 세상을 보려 하지만, 이제 사람들은 사르트르 대신 라캉, 푸코, 알튀세르 등 새로운 코드로 세상을 바라본다. 사르트르는 구시대의 유물이 되고, 자기처럼 사르트르의 코드로 문제를 풀려는 사람은 자신의 무능함을 인정하지 않을 수 없다고 아메리는 고백한다. 그런 와중에 문화적 사건을 '영원함'의 관점에서 바라보려고 시

---

12   Amery, 같은 책, 59~88쪽.

도하는 노인들도 있을 수 있다. 그것은 노인에게 일말의 위로를 줄 수 있을 것이다. 하지만 아메리는 그런 시도는 실제로는 가장 비극적인 자기기만이라고 냉소한다. 왜냐하면 모든 것은 시간성에 의해 제약되는데, 이를 부정하고 영원성을 가정하는 것은 잘못된 것이기 때문이다.[13]

노년을 긍정적으로 보는 키케로의 주장이나, 부정적으로 보는 아메리의 주장이나 다 어느 정도는 설득력이 있는 것 같다. 동조하기 힘든 영혼불멸에 관한 키케로의 주장을 빼고 나면 다 일리가 있다고 생각된다. 물론 영혼의 평온과 정신 건강을 염두에 둔다면 키케로의 손을 들어주는 것이 현명할 것 같다. 자신의 삶을 부정적이 아니라, 긍정적으로 볼 때 행복은 찾아오기 때문이다. 하지만 여기서 필자가 주목하는 것은 그들 주장이 갖고 있는 '사회적 배경'이다. 왜 키케로와 아메리가 그런 주장을 하게 되었는가 하는 것이다.

많은 학자는 키케로의 주장은 키케로가 처한 사회 정치적 상황과 분리될 수 없다고 지적한다. 슐라퍼(H. Schlaffer)에 따르면, 노인에 대한 키케로의 주장을 이해하기 위해서는, 로마 시대 원로원을 근간으로 하는 공화주의자로서의 키케로를 먼저 이해해야 한다. 키케로의 철학은 국가는 나이에 따라 조직되어야 하며, 나이 든 사람이 젊은 사람들을

---

13   Amery, 같은 책, 135~165쪽.

지배해야 한다는 것이다. 이런 그의 입장은 플라톤의 국가론에 기초하는데, 플라톤은 경험이 많고 나이 든 정치가들이 국가를 통치해야 한다고 믿었다. 저술을 썼던 키케로의 당시 나이는 63세였고, 국가는 자신처럼 경험이 많고, 현명하고, 나이 든 사람에 의해 지도되어야 한다고 믿었다. 그리고 그것은 당시 노인들로 구성된 원로원에 의해 지배되는 로마 공화정의 이념을 대변하는 것이기도 했다. 18세에 불과한 옥타비아누스에 의해 로마 제정이 시작되고 로마 공화정이 유린되는 과정에서 키케로는 로마 공화정의 부활을 외친 것이다. 결국 키케로는 옥타비아누스에게 저항하다 비극적인 죽음을 맞는다. 키케로의 주장은 자신이 신뢰했던 로마 공화정의 이념을 상징적으로 보여주는 것이다.[14]

아메리의 주장 또한 그의 시대 배경과 무관할 수 없다. 아메리의 주장은 전형적인 실존주의적 접근이다. 세계와 역사를 지배하는 절대적 이념은 없으며, 인간은 단지 죽음을 향해 나아가는 존재에 불과하다는 것이 실존주의의 메시지이다. 실존주의 관점에서 인간은 기본적으로 시간성 속에 제약된 존재로 유한한 존재이다. 실존주의는 20세기 초반 세계대전의 폐허 속에서 탄생한 이념으로 세상을 비극적으로 보는 경향이 있다. 아메리 또한 2차 세계대전 와중에 강

---

14 Schlaffer(김선형 역), 『노년의 미학』, 68~70쪽.

제수용소와 고문이라는 아픈 상처를 경험했고. 그의 결론 또한 비극적인 것이었다. 특히 1968년 프랑스의 68혁명은 그에게 적지 않은 영향을 미친다. 68혁명은 기성문화에 대한 비판과 동시에 청년문화의 득세를 알리는 것으로, 노인은 역사적 정치적으로 소외될 수밖에 없는 상황이었다. 우리는 아메리의 저술을 통해서 노인에게 불리한 당시의 상황을 어느 정도 엿볼 수 있다. 결국 아메리는 『자유 죽음』이라는 저술을 남기고, 자기 생각에 충실하게 자살로 생을 마감한다.

이렇듯 아메리나 키케로의 사례에서 보이듯, 인간의 늙음은 육체적인 관점에서뿐만 아니라 사회적 관점에서 살펴볼 필요가 있다. 아메리가 지적하듯이, 육체적으로 보면 같은 나이의 사람일지라도 사회적으로 보면 똑같이 늙었다고 할 수 없다. 가령 43세로 미국의 대통령이 된 케네디는 젊음의 표상이지만, 43세인 대학의 만년 조교는 그렇지 않다.[15]

어떤 사람이 늙었는가 그렇지 않은가에 대한 평가는 그 사람이 사회적 활동을 하는지에 의해 결정적인 영향을 받는다. 가령 중세 시절 귀족들은 나이가 아니라 힘과 지위, 사회적 활동에 의해 평가되었다. 당시 병역은 명예와 지휘권처럼 귀족의 에토스에서 기본적인 요소였다. 따라서 병역에서

15　Amery, 앞의 책, 99~105쪽.

은퇴한 귀족은 사회적 힘을 상실하게 마련이다. 전쟁에 참가할 수 없는 늙은 남성은 경멸의 대상이었다. 반면 같은 나이지만 현역 지휘관으로 뛰는 남성은 그렇지 않다. 그는 똑같이 늙었지만, 사회적 존경의 대상이요, 서사문학의 주인공이기도 했다.[16]

노인에 대한 평가는 직업에 따라 극명하게 달라진다. 노인이 되었을 때 가장 높은 사회적 평가를 받는 직업은 미술가라고 한다. 역량 있는 미술가에게 은퇴는 없고 그는 거의 죽을 때까지 최고의 평가와 존경을 받으면서 살 수 있다. 미켈란젤로나 피카소가 여기에 해당할 것이다. 그들은 죽을 때까지 현역 작가로서 최고의 역량을 보여주었고, 그만큼 행복한 일상을 영위할 수 있었다.

또 근대 이전에 확대가족 영농이 지배적이었던 유럽에서 토지를 소유한 농민들도 비슷한 상황이다. 그들은 죽을 때까지 가장의 지위를 유지했고, 일상생활에서 영향력을 유지했다. 자식들은 토지를 상속 받기 전까지 토지의 소유자인 늙은 부모를 홀대할 수 없었다. 반면 뱃사람이나 광부들은 사정이 다르다. 그들의 경우 노화 자체가 일찍 시작되어 40대에 시작되었고, 이들에 대한 사회적 평가도 매우 낮았다. 그들에게는 자신들을 뒷받침해 줄 수 있는 물적 기반이

---

16 Thane(안병직 역), 『노년의 역사』, 166쪽.

없었기 때문이다. 산업혁명 이후 발생한 공장 노동자, 특히 단순노동자도 마찬가지 처지였다. 산업혁명 이후 이윤을 극대화하기 위해 자본가들은 값싸고 건강한 노동력을 선호했고, 늙은 노동자들은 소외되기 마련이었다.[17]

노년의 임금노동자에 대한 사회적 평가는 국민연금제도가 출현하면서 변화한다. 최초의 국민연금은 1889년 독일에서 비스마르크에 의해 도입되었고, 이후 유럽과 미국으로 확대된다. 연금제도 이후의 노인 임금노동자의 삶과 그에 대한 사회적 평가는 연금제도 이전과는 판이하다. 연금을 충분히 확보한 사람과 그렇지 않은 사람은 다를 수밖에 없다. 이런 점에서 동양철학에서 이상(理想)으로 삼는 선비의 유유자적한 노년의 모습도 그들이 갖고 있었던 물적 기반과 분리되어 이해할 수 없다. 만일 그들 자신이 보유한 물적 기반이 없었더라면, 그들이 꿈꾸는 유유자적한 노년은 실현되기 어려울 것이다.

3. 인생 3기와 액티브 에이징

그전에는 인간의 생애를 세 개의 시기로 구분하는 것이 일반적이었다. 대략 20살까지의 유소년기를 1기를 본다면, 20대 이후부터 50대 중반까지의 성인기를 2기로, 50대 중반

---

17 Thane, 앞의 책, 170~190쪽, 339~350쪽.

부터 죽음에 이르기까지의 노년기를 3기로 구분하는 것이 일반적이었다. 대부분의 문화에서는 인생의 시기에 따라 사람들이 해야 할 역할을 서로 다르게 부여해 왔다. 가령 힌두 문화권과 그 영향을 받은 불교 문화권에서는 1기를 학생기로 명명하면서, 부모의 도움을 받아 성장하고 스승의 도움을 받아 생활을 위한 기술과 지혜를 습득하는 시기로 보았다. 2기는 재가기(在家期)로 명명하면서, 생산 활동에 종사하면서 자식과 부모를 부양하는 시기로 생각했다. 3기는 은둔기로 생산 활동에서 은퇴하고 은둔과 명상을 통해 남은 삶을 정리하는 시기로 본다. 그런데 최근 인간의 수명이 증가하면서 노년기를 하나로 규정하기가 어려워졌다. 예전에는 60대에 대부분 사망했지만 지금은 평균 수명이 80대 중반이고 백세 노인도 주위에서 볼 수 있게 된 것이다. 이제 노년기는 50대 중후반에서 90대에까지 이르게 되어, 거의 40년 정도의 연령 차이가 나는 집단을 하나의 단일집단으로 보기 어렵게 된다.

최근 이런 점에 주목해 노년층을 '제3의 연령기'와 '제4의 연령기'로 나누고, 전자를 비교적 건강하고 활동적인 노인층으로 후자는 80세 이상의 최고령 층으로 장애 및 질병의 고통을 받기 쉬운 노인층으로 나눠서 보자는 흐름이 생겨났다. 새들러(William Saddler)와 래슬릿(Peter Laslett)은 노화와 의존, 죽음을 기다리는 제4 연령기와는 다르게 제3 연령기를 보아야 한다고 주장한다. 그들에 따르면 제3 연령기는 노쇠하고 죽음을 기다리는 시기가 아니라, 생산적인 활동을 하고 적극적으로 자아실현을 추구하는 시기이다. 그리고 제3 연령기는 세계적인 고령화 현상으로 인해 우리의 생애 중에서 가장 긴 시기로 새롭게 조명되어야 한다고 주장한다.[18]

이른바 제3 연령기(the third age), 즉 인생 3기는 사회에 따라 다르지만, 대략 50대 중후반에서 80세에 이르는 시기가 아닌가 싶다. 평균 수명이 짧은 사회에서는 50대 초반에 시작될 수도 있겠고, 반면 평균 수명이 긴 사회에서는 60대에 시작될 수도 있을 것이다. 어쨌든 요즘 이 시기에 해당하는 사람들은 그동안 우리가 알고 있었던 노인들과는 다르다. 그 전 노인들은 골방에 머무르거나, 기껏해야 아이나 돌보는 보조적인 일을 수행했다. 경제력도 없어 빈곤과 노쇠에 시달렸다. 하지만 지금은 다르다. 영양상태의 개선과 의료 기술의 발달로 인해 수명도 늘어났지만, 노인들의 신체 활력 또한 젊은 사람 못지않게 되었다. 또한 연금제도의 발

---

18 Sadler(김경숙 역), 『서드 에이지, 마흔 이후 30년』, 14~15쪽. 이러한 입장에 따르면, 제1기가 의존, 사회화, 미성숙, 교육의 시기이고, 제2기는 독립, 성장, 책임의 시기로 돈을 벌고, 저축하는 시기이다. 제3기는 개인적인 성취의 시기이며, 제4기는 다시 의존과 노쇠, 죽음에 이르는 시기라고 볼 수 있다.

달로 이들의 경제 능력도 많이 달라졌다. 그들은 더 이상 과거의 노쇠하고 가난한 노인이 아니다. 이들은 적극적으로 여가생활을 즐기고, 사회봉사 활동이나 개인적인 클럽활동도 하는 건강한 노인인 것이다.

인생 3기를 특징짓는 용어가 '액티브 에이징'이다. 액티브 에이징이란 용어는 1996년 WHO 브라질 선언에서 처음 나왔고, 2002년 마드리드 UN 국제고령자 회의에서도 확인되었다. 유사한 맥락에서 성공적 노화((successful aging)과 생산적 노화(productive aging) 개념도 나온다. 성공적 노화와 생산적 노화는 노년기도 사회활동을 할 수 있는 시기라는 점을 강조한다는 점에서 활동적(active) 노화와 유사하지만, 경제활동에 방점을 두고 있다는 점이 특징이다.

이는 1990년대 이후 고령화사회가 등장하고 저출산 경향이 두드러지면서 노동력 부족 현상이 발생한 것과 무관하지 않다. 또 여기에는 각자도생의 신자유주의적 분위기가 발전한 것도 한몫한다. 이러한 배경에서 점차 노인을 사회적으로 보호되어야 할 대상이 아니라, 노동시장에서 재화와 서비스를 생산할 수 있는 유용한 인적자원으로 보기 시작한 것이다.[19]

---

19 고영삼, 「고령화 문제의 해결법으로서 디지털 에이징 정책에 대한 탐색적 연구」, 116쪽. 그리고 한동희, 「고령사회와 엑티브에이징 고찰 연구」, 9쪽.

인생 3기의 액티브 에이징을 주장하는 것에 대한 평가는 다양하다. 한 가지는 이것을 복지국가의 퇴각을 알리는 신호탄으로 인식하는 것이다. 국가가 제3기의 노인들을 사회가 보호해야 할 대상이 아니라, 자율적이고 생산적인 삶의 주체로 인정한다는 것은 그만큼 그들의 복지에 대한 국가의 책임을 포기하는 것을 의미한다.[20] 최근 프랑스에서 정부의 정년연장 시도에 대해 많은 사람들이 격렬한 반대 의사를 표한 것도 이런 맥락에서 이해할 수 있을 것이다. 지금까지 열심히 일해 이제는 쉬고 싶은데, 다시 일하라고 작업장으로 내몬다고 생각한 것이다.

　　다른 한편에서는 소비사회에 만연한 상품주의의 일환으로 액티브 에이징을 보는 시각도 존재한다. 실제로 노인실버산업은 현재 최고의 블루칩으로 평가된다. 의복, 화장품, 레져 산업에서는 새로운 주 고객층으로 노년층을 겨냥하고 있다. 이런 맥락에서 '영원한 젊음(ageless)'을 표방하는 시니어 시장이 출현하고, '나이를 초월하는(uni-age)' 스타일도 유행하고 있다. 이것은 어떤 점에서는 성공적인 노화, 육체적 건강의 이념이 소비주의가 결합되어 나온 형태로 볼 수 있다. 실제로 실버산업은 노인들의 소비성향을 면밀히 분석하면서 독립적이고 건강하고 섹시한 노인상을 강조하는 경

20　우국희, 『노인의 자기방임: 위험과 권리 사이』, 27쪽.

향이 있다.[21]

의학 분야에서 제기되는 안티 에이징(anti-aging)도 같은 맥락으로 볼 수 있다. 항노화 의학은 노화를 자연스러운 과정이 아니라 치료의 대상인 질병으로 보면서, 오늘날 항노화 '산업(industry)'으로 발전하고 있다. 항노화 산업에서 특히 강조되는 것이 노인들의 성(性)이다. 이전까지 우리는 중년들과 노인들에서 나타나는 성 능력의 쇠퇴를 자연스러운 현상으로 보았다. 나이가 들면 어쩔 수 없이 받아들여야 하는 숙명이었다. 하지만 비아그라로 대표되는 의약품이 개발되면서 성 능력의 쇠퇴는 자연스러운 현상이 아니라 치료의 대상으로 변화한다. 이제 노인들의 성생활은 성공적인 노화의 필수조건이라고까지 주장된다. 이에 대해 비판자들은 이런 '노인들의 새로운 섹스'는 인간들로 하여금 '시간 밖에서(timeless)' 존재하도록 하는 일종의 불가능한 이념이라고 주장하기도 한다. 비판자들이 볼 때, 소비사회는 나이와 성숙을 리스크와 손실로 잘못 이해하는 것이다.[22]

실로 우리 사회는 '젊은 노인' 상을 강요하는 경향이 있다. 가령 "할리 데이비슨 오토바이와 아우토반을 열망하는

---

21 Katz & Marshall, "New sex for old: lifestyle, consumerism, and the ethics of aging well", 5~6쪽.

22 Katz & Marshall, 앞의 글, 7~13쪽.

젊은 할아버지! 그에게 나이는 더 이상 장애물이 아닙니다. 넘치는 열정으로 새로운 인생을 개척해 나가는 진정한 청년! 그가 눈부십니다." 같은 광고가 그렇다.

정진웅에 따르면 이런 '젊은 노인(young elderly)'이란 말은 일종의 '형용모순'에 해당한다. '젊은'이라는 단어와 '노인'이라는 단어의 합성은 그 자체로 언어적 모순이라는 것이다. 이런 시도, 즉 '젊음 늘이기'는 사실상 늙어가는 과정을 은폐함으로써 이루어지며, 기존의 부정적인 노년 담론을 부정하는 것이 아니라 회피하고 있다고 비판한다.[23] '제3기'에 육체적 인지적 한계를 경험하는 것은 자연스러운 현상인데도, 이른바 '성공적 노화, 생산적 노화, 시민으로서 책임' 같은 구호를 강요하는 것은 오히려 현실의 노인들을 소외시키고 억압하는 기제로 작용한다는 비판도 제기되는 것이다.[24]

4. 맺는말: 앞으로의 논의

지금까지 보았듯이 액티브 에이징에 대한 주장이 확산되고 있고, 이에 대해서는 다양한 평가가 가능할 것이다. 노

---

[23] 정진웅, 『노년의 문화인류학』, 72~73쪽.

[24] Holstein & Parks & Waymack, *Ethics, Aging, and Society : The Critical Turn*, 4장.

년의 삶을 활력 있게 한다는 것이 긍정적인 평가라면, 자연의 이치에 어긋난다고 보는 것은 부정적인 평가이다. 독자들이 어떤 평가를 내릴지는 잘 모르겠다.

분명한 점은 삶의 조건들이 엄청나게 변화하고 있다는 것이다. 평균 수명이 증가하고 노인들의 건강 상태가 좋아지면서, 인생 3기에 대한 관심이 증대하고 있다는 사실은 누구도 부인할 수 없을 것 같다. 50대 중반부터 시작해, 질병으로 노쇠해져 활동이 힘들어지기 전까지의 시기는 사람에 따라 다르지만 대략 30년 정도가 될 듯하다. 인생에서 아주 긴 순간이고, 자기 뜻대로 의미 있게 인생을 살 수 있는 마지막 시기라는 점에서 매우 소중한 시기이다.

필자가 보기에, 인생 3기 액티브 에이징과 관련해 가장 핵심적인 주제는 노년의 일과 사랑이 아닐까 한다. 이 책에서는 이 두 문제를 집중적으로 다룰 것이다. 정년제도에 대한 논의를 실마리로 해서 노년의 일 문제를 다룰 것이다. 정년제도 연장에 대해서는 찬반양론이 갈리는 상황인데, 지금 윤석열 정부는 임기 안에 시급하게 다룰 주요 현안으로 분류하고 있다.

노년의 사랑 문제도 중요한 주제이다. 젊은이에게 사랑이 중요하다면, 그것은 노인도 마찬가지이다. 노년의 행복에서 중요한 것 중 하나가 인간관계인데, 인간관계 중에서 핵심적인 것이 성과 사랑이 아닌가 싶다. 노년의 성과 사랑에 대한 본격적인 논의가 필요하다. 그런데 성과 사랑은 매우 예민한 주제로 특히 우리나라에서 그런 것 같다. 앞으로 성과 사랑에 대한 논의가 활발해졌으면 좋겠다. 필자도 가감 없이 필자의 생각을 말하겠다.

2장
연령차별주의와 장유유서 전통

1. 연령차별주의

웰 에이징, 즉 행복한 노년이란 무엇인가? 이를 쉽게 한마디로 규정하기는 쉽지 않다. 하지만 전문가 대부분은 행복한 노년을 보내기 위해서는 1) 건강 2) 경제력 3) 일 4) 인간관계를 핵심 요건으로 지적한다. 노년을 행복하게 보내려면 건강해야 하고, 경제력도 있어야 한다. 몸이 아프고 최소한의 생계비도 확보하지 않은 사람을 행복하다고 할 수는 없다. 그리고 자기가 하고 싶은 일도 할 수 있고, 원하는 직장에서 일자리를 갖고 있으면 좋을 것이다. 주위 사람들과 좋은 인간관계도 유지해야 행복할 것이다. 웰 에이징을 가로막는 장벽이 있는데, 그것은 다름 아닌 연령차별주의이다.

연령차별주의(ageism)라는 개념은, 미국 국립노화연구소 초대 소장이었던 버틀러(Robert Butler)가 1969년에 처음 도입했다. 그는 사람들을 "단지 늙었다는 이유"만으로 차별하는 것을 연령차별주의라고 보았다. 그에 따르면, 연령차별주의는 성차별주의(sexism)나 인종차별주의(racism)와 마찬가지로 정당화될 수 없다. 생물학적 성을 근거로, 가령 여성이라는 이유로 차별하는 것은 정당하지 않다. 또 피부 색깔을 근거로, 가령 흑인이라는 이유로 사람들을 차별하는 것은 정당화되기 어렵다. 마찬가지로 생물학적 나이, 즉 연령을 이유로 차별하는 것도 마찬가지로 정당화될 수 없다. 단지 여성이거나 흑인이라는 이유에서 직장에서 배제하는 것이 잘못된 것처럼, 나이가 많다는 이유로 직장에서 배제하는 것은 잘못되었다. 버틀러가 보기에는 연령차별주의는 "단지 몇 년 더 살았다는 이유로 노인을 열등하고 별난 사람으로 보는 신념"이다.

연령차별주의는 연령을 기준으로 특정 집단을 사회적 기회나 자원에서 의도적으로 배제한다. 그런 점에서 연령차별주의는 성차별주의나 인종차별주의와 마찬가지로 사회적 불평등을 정당화하는 이데올로기로 기능한다는 주장이 가능하다. 팔모어(Erdman Palmore)에 따르면, 인종차별주의가 19세기 이슈였고 성차별주의는 20세기 이슈라면, 연령차별주의는 가장 최근에 부각되고 있는 '제3의 이슈'다. 그가 보기에는 연령차별주의야말로 가장 궁극적이고 지속적인 차

별이면서 가장 잔혹한 거부이다.[1]

　버틀러에 따르면 연령차별주의는 사회적 불평등을 정당화하는 이념이라는 점에서 성차별주의 및 인종차별주의와 공통점이 있다. 하지만 차이점도 있는데, 그것은 크게 보면 세 가지이다. 첫째, 인종과 성은 평생 지속되는 정체성이지만, 노년은 생애의 일정 시기에서만 적용되는 정체성이라는 점에서 차이가 있다. 둘째, 차별 대상의 범위에서 차이가 있다. 성차별주의와 인종차별주의는 차별 대상이 여성이면 여성, 흑인이면 흑인 등 일부에 국한된다. 반면 연령차별주의의 차별 대상은 누구나 될 수 있다. 누구나 나이가 되면 노인이 되기 때문이다. 셋째 성차별주의와 인종차별주의의 경우, 차별되는 사람들이 자신들이 받는 차별이 부당하다고 느낀다. 그래서 여성과 유색인종들은 차별 이데올로기에 대항해 차별이 부당하다고 인식하고 저항한다. 반면 연령차별주의의 대상인 노인들은 그렇지 않다. 많은 노인들은 자신들이 당하는 차별이 부당하다고 생각하지 않는다. 오히려 자신을 포함해 '노인' 일반을 경멸하고, 이들로부터 스스로 거리를 두려 한다.[2]

　버틀러의 지적대로 인종차별주의나 성차별주의의 피해

---

[1]　Palmore, *Ageism: Negative and Positive*, 3~4쪽.

[2]　Cruikshank(이경미 역), 『나이듦을 배우다』, 298쪽.

당사자들은 자신들이 받는 차별에 문제의식을 느끼고 대항하지만, 연령차별주의의 피해 당사자들은 그렇지 않은 것 같다. 이는 인종이나 성과 달리 나이는 누구나 겪는 평등한 속성이라는 탓도 있는 것 같고, 또 연령차별주의가 우리 일상에 워낙 깊숙이 침투한 고정관념이기 때문이 아닌가 짐작된다.

팔모어에 따르면, 연령차별주의는 나이 든 사람과 노화 과정에 대한 고정관념과 차별적 태도, 그리고 이런 고정관념과 태도를 영속화하는 차별적 관행과 제도의 결합이다. 그에 따르면, 현대사회에는 노인들에 대한 고정관념이 존재한다. 가령 미국에서는 노인은 "유약하고(infirm)", "항상 보호받아야 하고", "의존적이어서 마치 아이와 같은" 존재로 보는 편견이 있다. 종종 이런 고정관념은 노인들에 대한 혐오로 연결되어, 노인을 "까다롭고 괴팍한(cranky)" 존재로 보거나, "무능하고 이기적"이며, "문화적으로 뒤처진 존재", "삐딱하게 꼬인 사람", "지금 세상과는 어울리지 않는 사람"으로 보고, 여성 노인들의 경우 심지어는 "사악한 마녀"로 본다. 만일 노인이 혹시 성적 관심을 보이기라도 하면, "추잡하다(dirty)"고 생각한다.[3]

이런 고정관념과 편견은 그것만으로 끝나지 않는다. 그

---

3   Palmore, 앞의 책, 3~4쪽. Cruikshank, 앞의 책, 304쪽.

것은 사회 관행과 제도로 연결된다. 가령 TV 광고 모델 중에서 나이 든 사람을 찾아보기 힘들다. 우리나라도 그렇지만, 미국의 경우 50세 이상의 모델이 등장하는 TV 광고는 전체 TV 광고의 12%에 불과하다고 한다. 설사 나이 든 사람이 광고에 등장한다고 하더라도 건강식품 광고 같은 것이거나, 주인공이 아닌 주변 역할에 머무른다. 사람들은 이 모든 것들을 그저 관행이니 하고 받아들인다.

제도적으로도 노인들은 일정 나이가 되면 은퇴를 강요받는다. 그 사람의 실제 능력 및 의사와는 무관하게 일정한 나이가 되면 강제로 은퇴시키는 정년퇴직 제도는 세계 대부분의 나라에 존재한다. 나이가 60세가 되었다고 해서, 그 사람이 갑자기 무능해지는 것은 아닌데도 말이다. 나이가 많아도 젊은 사람 못지않게 체력이 좋고, 능력이 있고, 계속 배우려는 의지가 있는 사람들도 있다. 일반적으로 고령 노동자는 결근율이 낮고, 직업 만족도는 높으며, 산재 발생률은 낮다. 하지만 우리 사회에는 고령 노동자는 몸을 사리고 느리며, 체력도 약하며, 첨단기술에 무관심하고 변화를 거부하고, 상상력이 없어 훈련을 시켜도 소용이 없다는 고정관념이 존재한다.[4]

노인들에 대한 고정관념과 편견, 그리고 그것을 뒷받침

---

4   Cruikshank, 앞의 책, 307~311쪽.

하는 관행과 제도는 노인들에 대한 사회적 기대와도 연결된다. 노인들은 사회적인 기대에 맞추어, '내 나이에 맞게 살아야지' 하며 체념한다. 사회에는 일종의 '나이 규범(age norms)'이 존재하고, 이에 따라 생애 단계에서 자기가 속한 연령층에게 요구되는 행동을 하는 경향이 있다. 예를 들어 아이들은 학교에 가고, 부모에게 복종하도록 기대된다. 반면 노인들은 은퇴하도록 기대되고, 설사 사회활동에 참여하더라도 주변적이고 종속적인 역할에 머무르도록 기대된다. 그래서 아이들을 돌보거나, 관리인이나 청소부 같은 낮은 지위에 만족해야 한다고 나이 규범과 사회적 역할이론은 설명한다. 나이 규범은 이렇듯 일상생활에서 연령차별을 당연하게 여긴다. 이것은 노년을 타자화하고 배제하는 일상 문화와도 연결된다. 이런 과정을 거쳐 노인은 비합리적이고 의존적인 존재로 간주되고, 노년의 육체, 인지능력, 태도에 대한 부정적 편견이 자연스럽게 받아들여진다.[5]

2. 연령차별주의의 발생 원인

그렇다면 연령차별주의는 언제부터, 왜, 어떻게 발생했는가 하는 문제가 제기될 수 있다. 이와 관련해 우리는 사회

---

[5] Abrams 외, "Old and Unemployable? How Age-based Stereotypes Affect Willingness to Hire Job Candidates", 117쪽.

학적 설명과 심리학적 설명을 참고할 수 있다. 먼저 사회학적 설명에 따르면, 연령차별주의는 전(前)근대 농업사회에서 근대 산업사회로 이행되는 과정에서 발생했다. 전근대 농업사회에서 노인들은 토지 소유주로서 상당한 지위와 특권을 가졌는데, 산업사회로 전환되면서 노인들이 누렸던 것들은 축소되거나 상실된다. 공동체 내에서 사람들의 지위는 자신들이 통제할 수 있는 자원에 따라 결정된다. 근대사회에서 토지의 중요성이 줄어들면서 토지 소유자인 노인들이 가졌던 지위는 하락했다. 근대 산업사회에서 중요한 것은 토지가 아니라 자본과 노동이다. 자본가로 전환한 일부 토지 소유주들은 계속 나름의 지위를 유지하겠지만, 나머지 대부분의 사람은 그렇지 못하다. 자본을 가진 사람들을 제외하면, 산업사회에서 노동은 사람들의 지위를 결정하는 핵심적 요인이다. 그런데 일반적으로 노인들은 젊은 사람들에 비해 체력이 부족하다. 또 노인들이 과거에 전유하고 있었던 기술도, 산업사회의 기술적 진보가 급속히 진행됨에 따라 금방 구식 기술이 된다. 그리고 새로운 기술에 대한 적응 능력에서 노인이 젊은이를 앞서기는 쉽지 않다. 과거에 노인은 지혜의 전승자로 존중받았다. 지식과 기술은 후손들에게 대대로 전승되었고, 노인은 선대로부터 물려받은 지식과 기술을 후대에 전해주는 가교 역할을 했다. 그렇지만 근대사회로 접어들면서 과거 선조로부터 전승되는 지혜가 차지했던 역할은 축소되고, 대신 그 위상은 과학적 지식이 대신하게 된다. 기록 매체의 증가와 공공교육제도의 확대 또한 전통적 지혜의 의미를 반감시키는 요인들이다. 오랜 시간에 걸쳐 축적되었던 지식과 지혜는 서적의 형태로, 그리고 학교 교사를 통해 전달되지 굳이 동네 노인을 통해 얻을 필요가 없기 때문이다. 노인들이 누렸던 현명함이라는 권위, 즉 '현명한 노인'이라는 권위가 제거되는 것이다.[6]

심리학적 설명에서 참고할 만한 것은 공포 관리 이론이다. 심리학자들은 노인 차별주의 발생 원인으로 공포 관리를 든다. 죽음에 대한 불안과 공포에서 노인들을 배척하는 성향이 나온다는 것이다. 다시 말하면, 사람들은 자신도 죽는다는 사실에 대해 불안감을 느낀다는 것이고, 노인들이 그런 죽음에 대한 공포를 연상시킨다는 것이다. 노화 과정을 통해 죽음에 다가가는 노인들은 죽음의 표상이고, 사람들은 그것에 대한 두려움 때문에 의식적으로 노인들을 멀리하게 된다. 죽음을 있는 그대로 받아들이지 못하고, 부정적으로 바라보는 태도가 노인에 대한 편견과 차별을 촉진하는 셈이다.[7]

---

6   Stypinska 외, "Ageism and Age Discrimination in the Labour Market: A Macrostructual Perspective", 97~98쪽.

7   North, "Ageism Stakes Its Claim in the Social Sciences", 30쪽.

한편 사회 정체성 이론(social identity theory)에 따르면, 무리를 짓고 사는 인간은 본성상 무리 내에서 '내집단(in-group)'과 '외집단(out-group)'을 구분하는 경향이 있다. 내집단에 대해서는 우호적이고, 외집단에 대해서는 적대적이다. 나랑 비슷한 사람은 우월하고, 그렇지 않은 사람은 열등하다고 믿음으로써 자기를 긍정하는 것이다. 이 이론은 원래 인종과 성을 설명하는 이론이었는데, 나이에 대해서도 마찬가지로 적용될 수 있다. 연령 문제와 관련해 60대의 경우 자신과 비슷한 연령대를 내집단으로 보고, 20대는 외집단, 40대는 '준 내집단(near out-group, near in-group)'으로 생각한다. 반면 20대는 비슷한 연령대를 내집단, 60대는 외집단, 40대는 준 내집단으로 본다. 결국 중간대인 40대 중년이 가장 유리한 위치를 점하고, 이 과정에서 청년과 노년은 사회적으로 주변화된다고 설명될 수 있다.[8]

3. 한국 사회와 연령차별주의

우리나라는 전통적으로 연령을 바탕으로 한, 장유(長幼)의 종(縱)적 사회였다. 이는 '노인에게 유리한 연령주의(ageism for the aged)'라고 할 수 있다. 이것이 가능했던 것은 장유유서의 삼강오륜을 근간으로 한 유교 규범도 한몫했지

---

8   McNamara 외, *Ageism: Past, Present, and Future*, 101쪽.

만, 연소자에 대한 지배를 뒷받침해 주는 토지 같은 사회경제적 자원과 수단이 연장자들에게 독점되어 있었기 때문이다. 이후 산업화를 거치면서 한국 사회 또한 '노인에게 불리한 연령주의(ageism against the aged)'로 급속히 전환되는 과정에 있다. 이제 노인들은 권위 상실과 더불어 노인들 스스로 독립할 수 있는 사회경제적 자원의 접근마저 제한받고 있다.[9]

우리나라의 장유유서 전통이 노인에게 유리한 연령차별적 관행이라면, 정년제도는 노인에게 불리한 연령차별 제도라고 할 수 있다. 연령차별주의라는 개념을 정립한 학자로, 이 분야의 초기 학자에 해당하는 버틀러는 연령차별주의를 노인들을 부정적으로 보고 차별하는 것이라고 보았다. 반면 이후의 학자 팔모어는 연령차별주의의 의미를 노인들에 대한 부정적 차별뿐만 아니라 노인들에 대한 긍정적인 차별을 포함하는 것으로 확장해 사용한다. 앞서 지적했던 대로 노인들을 약하고 무능하고 추한 존재로 보는 것이 노인들에 대한 부정적 고정관념이다. 반면에 노인들에게 유리한 긍정적인 고정관념도 있다. 지혜, 친절, 신뢰, 성숙, 경험, 책임, 신뢰, 안정 등이 그것이다. 이러한 것들은 노인들을 긍정적으로 보는 것이긴 하지만, 그것들 또한 고정관념에 해당한다.

---

9   김주현, 「연령주의(ageism) 관점을 통한 노년의 이해」, 365~366쪽.

모든 노인이 다 지혜롭고 친절하고 신뢰할 만하다고 보긴 어렵기 때문이다.[10]

 고정관념뿐만 아니라 관행과 제도도 그렇다. 정년퇴직 제도처럼 나이를 기준으로 삼아 일자리에서 배제하는 것이 노인들에게 불리한 차별적인 제도라면, 노인들에게 유리한 제도와 관행들도 존재한다. 미국의 경우, 경제적인 측면에서 노인들에게 혜택을 주는 제도가 많다. 예를 들면 재산세 등 각종 세제 감면 혜택이 그것이다. 또 물건을 살 때나, 식당, 극장, 대중교통을 이용할 때 할인 혜택이 있다. 때로는 특정 지역의 거주자를 노인으로 한정하는 혜택을 주기도 한다. 또 판사와 경찰들은 노인들에 대해 동정적으로 일을 처리하는 경향이 있는데, 이것은 노인에게 유리한 관행일 것이다. 우리나라에도 노인에게 주는 혜택은 꽤 있다. 만 65세 이상의 노인들을 대상으로 한 기초연금이나 지하철 무임승차 혜택이 그것이다. 그리고 버스와 지하철에는 경로석이라고 해서 노인들을 위한 좌석을 따로 마련하기도 한다. 이런 공적인 제도 이외에도 우리는 일상 모임에서 나이 든 사람을 상석에 모시는 관행이 있는데 이는 노인에게 유리한 관행일 것이다.

 만일 평등주의를 엄격하게 고수할 경우, 이렇듯 노인들

---

10 Palmore, 앞의 책, 34쪽; Stypinska, 앞의 글, 93쪽.

에게 혜택을 주는 것은 부당한 것일 수 있다. 최근 노인 지하철 무임승차와 관련해 벌어지는 사회적 논란도 그런 혜택이 부당할 수 있다는 인식에 기초한다. 하지만 노인들에게 이런 혜택을 주는 것이 과연 부당한 것인가? 반드시 그런 것 같지는 않다. 노인들에게 이런 혜택을 줄 만한 이유가 있다고 생각되기 때문이다. 필자의 생각에 우리 사회에서 노인들에게 혜택을 주는 이유는 노인 대부분이 경제활동을 하지 않아 경제적으로 어렵다는 점을 고려한 것이다. 대중교통의 경로석의 경우는 노인들은 몸이 불편하리라는 생각으로 인한 것이다. 임산부를 위한 좌석을 특별히 지정하는 것과 같은 맥락으로 볼 수 있을 것 같다.

그렇다면 평등주의라고 해서, 모든 사람을 똑같이 대우해야 한다는 것을 의미하는 것은 아니다. 혜택을 주거나 차별을 할 만한 그럴만한 이유가 있다면 혜택을 주는 것이나 차별하는 것도 정당화될 수 있다. 가령 노인들이 생명보험을 들 때는 젊은 사람들보다 보험료가 높다. 언뜻 보면 부당하게 생각될 수도 있겠지만, 잘 생각해 보면 부당한 것은 아니다. 일반적으로 기대수명은 나이가 듦에 따라 감소하기 때문에 비용과 이득을 계산해야 하는 생명보험회사 입장에서 보면 보험 가입자의 나이를 고려하는 것은 정당하다. 또 테니스나 육상 마라톤의 경우, 많은 경우 일반부, 장년부, 노년부 등 나이별로 그룹화해 경기를 진행한다. 지구력과 스피드는 나이가 듦에 따라 감소하기 때문에, 나이별로 그룹화해 같은 연령층끼리 경쟁시키는 것도 이유가 있다.

청소년 차별은 어떠한가? 선거권 개시 나이는 다르지만, 대부분의 나라들은 16세이건 20세이건 간에, 일정한 나이에서 선을 긋는다. 평등이라는 이유에서 아주 나이가 어린 사람, 가령 7살 어린이에게 선거권을 부여하지는 않는다. 7살짜리 아이가 국회의원이나 대통령을 선출하는 선거권을 갖는 것은 이상할 것이다. 우리의 통념은 일정한 정도의 판단 능력이 있고 자신의 견해를 표명할 능력이 있는 존재에게만 선거권을 부여해야 한다고 본다. 같은 이유에서 나이가 어린 소년 소녀들은 범죄를 처벌하는 형법 등에서 상당한 보호를 받는다. 촉법소년에 관한 규정이 그 대표적인 사례인데, 14세 미만의 소년들은 범죄를 저지른다고 하더라도 형사처분이 아니라 소년법에 따른 보호처분을 받아 비교적 경미한 처벌을 받는다.

결론적으로 말하면, 평등의 원리는 모든 사람을 나이와 무관하게 똑같이 대우해야 한다는 것을 의미하지는 않는다. 또 우리가 인정하는 헌법상의 평등의 원리가 모든 사람을 다 똑같이 대우해야 한다고 요구하는 것은 아니다. 정당한 이유가 있으면 달리 특혜를 줄 수도 있고, 아니면 그 불이익을 줄 수도 있다. 이것은 인간은 동동한 목적적 존재로 대우받아야 한다는 철학적 원리에 어긋나지 않는다. 중요한 것은 서로 다르게 대우해야 할 정당한 이유가 과연 존재 하는가 이고, 이에 대한 사회적 합의가 있는가이다. 물론 현재 벌어지는 촉법소년에 대한 논란이나, 노인의 지하철 무임승차에 대한 논란이 있다는 것은 각자가 생각하는 '정당한 이유'와 기준점이 다르다는 것을 의미한다.

4. 한국 사회와 노인 일자리

웰 에이징을 위해서는 많은 것들이 요구될 것이다. 이 중에서도 필자는 무엇보다 일이 중요하다고 생각한다. 일자리가 있어야 자기에게 필요한 소비 수단을 확보하고 원하는 것을 할 수 있기 때문이다. 연금제도가 취약한 우리나라에서 일자리가 없다는 것은 충분한 재력을 갖지 못한 노인 대부분은 최저생계비마저 확보할 수 없다는 것을 의미한다. 또 연금제도가 취약하다고 해서 앞으로 무작정 연금제도를 확충하기도 어렵다. 2050년 우리나라의 60세 이상 인구 비율은 41.2%가 될 것으로 추정된다. 2018년 기준으로 생산가능인구 약 5명이 1명을 부양하는 것도 버거운 상태인데, 2050년에는 1.4명이 1명을 부양해야 하는 상황이다. 노년층을 위한 부양비 추이에서 가장 심각한 나라가 한국이다. 이런 상황에서 연금제도의 확대를 주장하는 것은 비현실적이다.[11]

경제적인 이유 말고도 일이 필요한 이유는 많다. 일, 즉 노동은 생계를 위한 것이기도 하지만, 자아실현을 위한 것이다. 일찍이 마르크스는 인간과 다른 동물의 차이를 노동에서 찾았다. 인간이 다른 동물과 다른 점, 즉 인간의 유적(類的) 특질은 의식적으로 노동한다는 점이다. 꿀벌이 노동을 통해 만든 벌집은 매우 정교한 것이긴 하지만 본능에 의해 이루어진다. 반면 인간의 노동은 자기의 의식 속에서 생각한 것을 밖으로 표출하는 것이다. 그런 점에서 인간의 노동은 다른 동물과 달리 창조적인 것이 되고 자아실현의 의미도 갖는다. 마르크스가 『경제철학 수고』에서 강조한 것이 바로 이러한 인간의 특징이다. 인간에서 노동은 단순히 먹고 살기 위한 생계 수단만은 아닌 셈이다.

또 노동을 통해 인간이 다른 인간들과 관계를 맺는다는 점도 중요하다. 가족과 친지도 중요한 인간관계이지만, 사회적 협업을 통해 다른 사람들과 관계를 맺고, 이를 통하여 '사회적 승인'을 얻는다. 인간으로 하여금 사회적 승인을 얻게 하는 것은 노동을 통해 확보하는 인간관계이다. 노동행위를 통해 우리는 사회로부터 인정을 받는 것이다. 이런 점에서 우리는 건강이 허락하는 한, 노동을 하는 것이 바람직하다. 노동을 통해 생계도 확보하지만, 자아실현과 사회적 승인도 얻을 수 있기 때문이다. 노동을 통해 사람은 비로소 사회에

---

11   Magnus(홍지수 역), 『고령화시대의 경제학』, 74쪽, 81쪽.

서 '쓸모 있는' 인간이 되고, 자존감도 확보할 수 있다.

그런데 제3기의 한국 노인들은 노동 활동에서 취약성을 보인다. 우리 사회에는 '사오정'이라는 말이 있다. '사오정'은 '45세가 정년'이라는 뜻이다. 많은 사람이 50세가 되기 전에 직장으로부터 퇴직을 강요받는다. 노년기는 고사하고 한창 일할 나이인 40대 중반에 일자리를 잃는 셈이다. 퇴직한 사람들은 생계를 위해 치킨집이나 편의점을 창업하기도 한다. 자신들이 그동안 해왔던 경력과는 무관한 업종에서 '원치 않는 창업'을 하고, 대부분 그나마 갖고 있는 돈마저도 소진하고 있는 실정이다. 오래전부터 우리 사회에 있었던 공무원 시험 열풍, 최근의 의대 진학 열풍은 이런 한국 사회의 문제점과 무관하지 않다.

그런데도 우리나라 노인들의 경제활동은 매우 활발한 편이다. 실제로 우리나라 고령자들의 노동 활동 참가율은 매우 높다. 우리나라 65세 이상 남성의 노동 활동 참가율은 41.54%로, OECD 32개 국가 중 세 번째로 높다. 이렇듯 고령자의 노동 활동 참가율이 높은 이유는 무엇일까? 이는 저축한 것도 없고, 연금제도도 취약해 노인빈곤율이 40%로 세계 최악이기 때문이다. 우리나라 전체 노동에서 자영업에 종사하는 비중이 높은 것도 마찬가지 맥락이다. 임금 시장에서 밀려난 사람들은 약간의 자본이라도 있으면 자영업에 종사하는데 달리 갈 데가 없기 때문이다.[12]

이들 고령자들의 노동 환경은 매우 열악하다. 우선 고령자 일자리의 비정규직 비율이 매우 높다. 고령자들의 비정규직 비율은 통계청 기준을 적용하면 57.21%, 노동계 기준을 적용하면 74.4%이다. 또 고령자들은 임금수준이 매우 낮은 업종에서 종사하고 있다. 다소 오래된 통계지만 이들 65세 이상의 평균 월 임금은 80만 원으로 저임금 비율이 80.32%에 이른다. 특히 여성은 평균 월 임금이 45.66만 원으로 저임금 비율은 95.6%에 해당한다. 최저임금도 받지 못하는 고령자의 비율이 40%에 육박하는 것이다.[13]

그렇다면 이런 상황은 왜 발생하는가? 45세가 되면 직장에서 쫓겨나고 노년기에는 열악한 일자리를 찾아가는가? 크게 두 가지로 분석할 수 있을 것 같다. 첫째는 현재의 임금체계가 생산성과 거리가 있기 때문이다. 우리나라의 임금체계는 연공서열에 기초한다. 34세 이하 근로자들의 생산성과 임금을 비교해 보면, 35~54세 근로자들은 임금은 1.73배 받으나 생산성은 1.05배로 별 차이가 없었다. 55세 이상 근로자들의 경우는 더욱 심각해, 임금수준은 3.04배이지만 생산성은 0.6으로 오히려 낮은 것으로 나타났다.[14] 이런 배경에

---

12 신관호 외, 『고령화시대 삶의 패러다임』, 22쪽, 120쪽.

13 신관호 외, 앞의 책, 100쪽.

14 최재천, 『당신의 인생을 이모작하라』, 93쪽

서 기업은 노동자들의 조기 퇴직을 유도할 수밖에 없다. 기업도 생존하기 위해서는 어쩔 수 없는 것이다. 이른 나이에 원래의 직장에서 밀려난 사람들은 척박한 환경의 새로운 직장에 적응해야 한다.

둘째 연공서열과 나이에 의한 위계이다. 우리 사회에는 평등한 직장문화가 아니라, 상명하복의 위계적인 직장문화가 존재한다. 직장에 입사한 순서와 나이가 위계를 가르는 중요한 기준이다. 나이가 적은 직장 상사는 나이가 자기보다 많은 부하직원에 불편함을 느끼고, 부하직원 또한 이는 마찬가지이다. 이런 점은 검찰 조직에서 두드러지는 기수 문화에서 잘 나타난다. 자기 기수보다 후배가 상관이 되면, 선배 기수는 모두 옷을 벗어야 한다. 검사는 퇴직해도 변호사로 개업하면 되겠지만, 다른 직업에 종사했던 사람들은 어떻게 해야 하는가?

이에 대한 한국 사회의 대응은 어떠한가? 일반적으로는 재취업을 권장하고, 그것을 위해 재교육을 지원해 준다. 하지만 이것은 대부분 실패로 끝난다. 나이 많은 사람이 자신이 오랫동안 해왔던 것과 거리가 먼 일을 배워 재취업한다는 것은 쉽지 않다. 또 설사 가능하다 하더라도 그것은 그동안 해왔던 경력으로부터의 단절을 의미한다. 대부분 전문직에서 단순직으로 전락한다.

이런 점에서 새로운 영역에 재취업하는 것보다는 그동

안 일했던 직장에서 더 일할 수 있는 것이 바람직하다. 퇴직 후 재교육을 통해 다른 직장 또는 다른 직군에 재취업하는 것보다는 자신이 해왔던 것을 계속할 수 있도록 정년을 연장하는 것이다. 이런 맥락에서 싱가포르가 2007년 기업이 의무적으로 55~64세의 근로자들을 다시 채용하도록 규정하는 법을 제안한 것은 참고할 만하다.[15]

이런 시도가 가능하기 위해서는 앞서 지적했듯이 첫째, 임금체계가 바뀌어야 한다. 연공서열이 아니라 생산성에 따른 급여체계의 도입이 그것이다. 과도기적으로는 임금피크제, 장기적으로는 직무급제, 성과급제가 대안이 될 것이다. 자신이 실제 수행한 성과보다 많은 임금을 받는 것은 공정하지도 않고, 기업에도 부담이 된다. 종국에는 본인 자신에게도 좋지 않다. 실제 능력이나 성과보다 더 높은 임금을 받는다는 것은 해고 가능성을 그만큼 높이는 원인이기 때문이다.

두 번째는 일자리 나누기와 노인을 위한 틈새시장의 개발이다. 우리나라는 과로사회, 피로사회라는 말이 있을 정도로 노동시간이 긴 나라로 유명하다. 또 소득은 높지만, 행복지수는 낮은 대표적인 나라이다. 그 이유는 무엇일까? 이유는 다양하겠지만 장시간의 노동시간도 중요한 원인이다. 많

---

15 Magnus, 앞의 책, 146~147쪽.

은 시간 노동을 하려면 그만큼 가족, 친구 등과의 보내는 시간, 그리고 개인적으로 하고 싶은 일을 하는 시간을 그만큼 포기해야 한다. 행복지수가 높지 않은 것도 다 이유는 있는 것이다. 행복 또는 웰빙을 위해서는 친밀한 인간관계가 필요하고, 그런 인간관계를 나눌 시간이 필요하다. 가족, 친구, 애인 등과의 만남은 경제학에서 관계재(relational goods)로 불리면서 최근 재조명되고 있는 개념이다. 요점은 진정한 행복과 웰빙의 관점에서 보면, 소득 증대를 위해 장시간 노동하는 것은 바람직하지 않다는 것이다.

세 번째, 요구되는 것은 연공서열과 위계 문화의 극복이다. 예를 들어 우리나라 교육 현장에서는 퇴직한 교사가 시간제 임시교사로 다시 교직에 들어오는 것은 쉽지 않다. 현역의 후배 교사들이 불편해하고 자신도 불편하다고 한다. 비슷한 맥락에서 교장을 역임한 교사는 다시 평교사로 교단으로 돌아가지 않고 명퇴하는 것이 일반적이다. 후배 교사, 특히 교장이나 교감 등 관리직에게 불편을 끼친다는 이유에서다. 일반 직장에서도 젊은 사람이 나이 많은 직장 선배를 부하직원으로 두는 것이 불편한 것이 우리의 현실이다. 영화 <인턴>에서처럼 나이 많고 경험 많은 사람이 젊은 상관을 보좌하는 것은 먼 나라의 일이다. 그렇다 보니 더 높은 자리로 승진하지 못한 40대는 자연스럽게 퇴직을 고려해야 한다. 결국 나이에 의한 위계 문화는 나이 든 사람이나 젊은 사람 모두를 불행하게 하고, 사회 전체를 불행하게 만든다. 이제 우리는 과연 나보다 나이 어린 사람, 또는 나보다 직장에 늦게 들어온 후배의 지휘를 받는 것을 회피하는 것이 바람직한지 고민해 보아야 한다.

5. 장유유서 – 나이에 의한 위계

나이에 의한 위계 문화의 정점이 한국 사회에 존재하는 '어르신' 문화이다. '어르신'은 순우리말이다. '어른'보다 더 격이 높은 느낌을 준다고 해서 연세 많은 분을 부를 때 흔히 사용한다. 그런데 어르신은 노인을 지칭하는 용어로도 사용된다. 가령 학계에서 '어르신 문화'로 노인문화를 지칭했을 때가 그렇다. 이것은 어르신을, 노인을 지칭하는 용어로 사용한 것으로 볼 수 있다. 정진웅에 따르면 어르신이라는 용어는 호칭어(term of address), 즉 부름말로는 쓸 수 있지만, 노인이라는 용어를 가리키는 지칭어(term of reference), 즉 가리킴 말로는 사용하기에는 부적합하다. 노인 스스로 "나는 어르신으로서 이렇게 생각한다."라는 표현은 어색하기 때문이다.[16]

---

16 미국도 사정이 비슷하다. '노인'에 해당하는 '올드 피플'이라는 호칭이 1960년대에 노년 세대의 저항에 부딪히자, 연장자의 어감이 강조되는 '시니어 시티즌', '엘덜리' 같은 용어들이 고안되었다고 한다. 이에 대해서는 정진웅, 『노년의 문화인류학』, 79~94쪽 참고.

필자의 생각에는 호칭어로 어르신이라는 극존칭을 쓰는 것도 문제가 있다. 그것은 노인들을 우리 사회에 존재하는 구성원으로 보는 것이 아니라, 사회를 떠나 저 멀리 있는 존재로 보는 위험이 있다. 즉 어르신이라는 극존칭을 쓰면서 우리는 노인들을 일상 영역 바깥으로 밀어내는 것은 아닌지 고민할 필요가 있다. 실제로 명절 때 가족들이 모이면 남성 노인들은 처음에 인사만 받고, 나머지 가족들끼리 편하게 대화하라고 이내 자신의 방으로 들어가는 현상을 흔히 볼 수 있다. 그것은 다른 구성원들과 대비되는 남성 노인의 가부장적 권위를 인정하는 것이지만, 동시에 그를 나머지 가족 구성원으로부터 소외시키는 의미도 담고 있다고 생각된다. 같은 공동체의 구성원이라면 모두 편하게 서로 이야기할 수 있어야 하는데, 어르신이라는 극존칭을 쓰면서 그러기는 쉽지 않은 것 같다.

나이에 의한 위계는 동양 유교문화권에서 강하다. 장유유서(長幼有序)는 부자유친, 군신유의, 부부유별, 장유유서, 붕우유신을 내용으로 하는 오륜(五倫)의 하나이다. 오륜은 맹자 사상에 기초하며, 이를 체계화한 사람은 중국 한나라의 동중서이다. 장유유서의 의미는 "어른과 아이 사이에는 차서(次序)가 있어야 한다."라는 뜻인데, 여기서 차서는 순서, 질서 등과 유사한 개념이다.[17]

『예기』에도 "나이가 많으면 아버지를 모시듯 공경하고,

10년이 많으면 형을 모시듯 공경하며 5년이 많으면 어깨를 나란히 하여 약간 뒤처지게 따라간다. 다섯 사람이 모여 살면 그중 연장자 한 사람은 반드시 자리를 따로 마련하여 편히 자게 한다."라는 대목이 나온다. 그리고 "군자로서 육칠십 된 노인은 보도로 걸어 다니게 하지 않고, 서민으로서 육칠십 된 노인은 고기반찬 없이 맨밥을 먹게 하지 않는다."라고 하여 노인을 특별히 예우해야 한다고 강조한다.[18]

장유유서 전통은 오랫동안 동양의 미풍양속으로 평가받아 왔다. 하지만 이에 대한 비판도 적지 않다. 즉 장유유서가 나이 많은 사람이 나이 적은 사람에 대해 지배관계를 만들고 이를 정당화하는 것이 아닌가 하는 것이다. 군신유의가 임금과 신하의 지배관계를 정당화하고 부부유별이 남편과 아내의 지배관계를 정당화하듯이, 장유유서는 노인과 젊은이 사이의 지배관계를 정당화하는 봉건적 이념으로 오늘날 지양해야 할 산물이라는 것이다.

이에 대해 오늘날의 동양 철학자들은 장유유서를 긍정적으로 해석하려고 노력하는 경향이 있다. 가령 우준호와 이철승은 장유유서를 솔선수범의 의미로 해석한다. 그래서 장유유서는 지배관계를 정당화하는 봉건적 이념이 아니라,

---

17   우준호, 「장유유서의 의미에 대한 연구」, 211쪽.

18   우준호, 같은 글, 214쪽.

나이 많은 사람들이 모범적으로 행위하고, 이를 나이 적은 사람들이 자발적으로 본받고자 하는 의식으로 본다. 또 충서(忠恕)의 의미로 해석하기도 한다. 이철승에 따르면, 장유유서는 장유노소의 세대 간에 내 마음을 미뤄서 남에게 미치는 서(恕)의 정신을 발휘함으로써 윗사람에게서 싫은 것을 가지고 아랫사람을 부리지 말고, 아랫사람에게 싫은 것을 가지고 윗사람을 섬기지 말라는 의미이다.[19] 그리고 희생적으로 서로 사랑하고 양보하여 질서를 지키며 화목하게 지내게 할 수 있다는 점에서 보편적인 가치마저 지닌다고 본다. 또 장유유서는 다른 어떤 이념보다 더 공평한 이념이라고 주장하기도 한다. 사람은 누구나 세월이 가면 나이를 먹기 마련이므로 나이 많은 이를 존경하고, 나이의 많고 적음에 따라서 정하는 순서는 생애 전체 관점에서 보자면 평등하고 공정하다는 것이다.[20]

하지만 이에 대한 비판도 적지 않다. 부부유별의 이념이 아내들에게 남편에 순종하고, 정조를 지키기 위해 죽거나 심지어는 남편이 죽으면 따라 죽을 것을 강요한 것처럼, 장유유서의 이념은 나이 적은 사람에게 많은 것을 강요하고 있다는 것이다. 앞서 육칠십 된 노인들이 고기반찬 없이 맨

---

19 이철승, 「초기 유가 사상에 나타난 장유유서관의 현실적 의미」, 19쪽.

20 우준호, 앞의 글, 222~231쪽.

밥을 먹게 하지 않아야 한다는 것이 그것이다. 당시는 식량 자체가 넉넉하지 않은 사회인데, 이는 어찌 보면 나이 적은 사람에게 지나치게 많은 것을 요구하는 것이라고도 볼 수 있다. 어떻게 보면 윤리와 도덕의 이름으로 약자에게 가해진 폭력이라는 비판이 가능하다.[21]

정도의 차이는 있지만, 서양에서도 나이에 의한 위계는 존재한다. 이와 관련해 북친(Murray Bookchin)의 논의는 참고할 만하다. 북친은 저명한 생태철학자로, '사회생태주의(social ecology)'라는 생태철학의 한 분파를 대표하는 학자이다. 그의 사상의 핵심은 오늘날 환경파괴는 인간에 의한 자연의 지배에서 비롯되었는데, 이런 지배관계는 인간 사이에 존재하는 지배(domination)와 위계(hierarchy)에서 발생했다는 것이다. 북친에 따르면 인간 사회에는 '노인에 의한 젊은이의 지배', '남성에 의한 여성의 지배', '통치자에 의한 피치자의 지배', '자본가에 의한 노동자의 지배' 등 다양한 위계가 존재하는데, 이것이 '인간에 의한 자연의 지배'로 확대되어 오늘날의 환경파괴를 낳았다.

북친은 『자유의 생태학: 위계의 발생과 해체』에서 위계의 발생과 전개 과정을 분석한다. 여기에서 그는 위계의 최초 형태는 '노인에 의한 젊은이의 지배'라고 주장한다. 그에

---

21 윤미옥, 「삼강행실도에 대한 비판적 입장 고찰」, 364쪽.

따르면 최초의 위계는 신석기 시대의 붕괴와 더불어 출현한다. 그 이전 사회는 북친의 용어로 이른바 '유기적(organic)' 사회로, 구성원들이 모두 평등한 사회였다. 이 시기에는 성, 나이, 혈통에 따라 각기 자기의 역할은 달랐지만, 위계나 지배관계 같은 것들은 존재하지 않았다. 공동체에서는 단지 서로 다른 역할과 책임만 있었을 뿐이다. 그런데 점차 나이에 대해 경험과 지혜라는 특권을 부여하고, 남성과 여성의 성적인 차이가 노동 분업과 연계되기 시작한다. 이후 여기에서 계급이 출현하고 경제적 착취가 발생하게 된다고 북친은 설명한다.[22]

흥미로운 것은 위계의 시작을 노인들이 주도했다는 북친의 분석이다. 북친에 따르면, 태어나고, 아이가 되고, 어른이 되고, 나중에 늙어가는 것은 자연적인 과정이다. 그런데 나이가 듦에 따라 인간은 여러 가지 어려움을 겪게 된다. 나이가 들어 늙게 되면 육체적인 힘이 약해져 생존을 같은 공동체의 다른 사람에게 의탁하게 된다. 생산과정에 참여할 수 없는 상태에서 노인들은 자신의 생존을 위해 사회 안에서 일정한 제도적 역할을 모색하게 된다. 그래서 노인들은 지식 또는 지혜의 저장소라는 사회적 역할을 자임한다. 여

---

22 Bookchin, *The Ecology of Freedom: The Emergence and Dissolution of Hierarchy*. 75쪽.

성 노인들은 아이들을 보살피고 부수적인 것들을 수행하는 한편, 이와 관련된 지식을 전수한다. 남성 노인들은 무기를 만들고, 그것을 사용하는 방법을 후세대들에게 전수하는 역할을 수행한다. 그런데 이런 역할들은 나름대로 필요한 것이긴 하지만, 사회에서 필수 불가결한 역할은 아니다. 생존 조건이 극히 열악해질 경우, 가령 가뭄이나 기근이 들었을 경우 노인들은 사회에서 가장 먼저 도태되는 존재였다. 살해되거나 공동체 밖으로 추방되는 존재였던 것이다.[23]

이런 문제에 봉착한 노인들이 수행하기 시작한 역할이 '샤먼'의 역할이다. 샤먼은 의례와 주술을 담당하는 자리로 때로는 의사의 역할까지 수행했다. 북친은 샤먼의 역할은 위계 사회의 발생과 관련해 중요한 의미를 갖는다고 주장한다. 그에 따르면, 샤먼은 인간이 갖는 취약성, 즉 두려움에 대한 전문가이다. 샤먼은 신비적인 힘에 대해 사람들이 갖는 두려움을 이용해 권력을 장악한다. 샤먼이 갖는 주술적 의료적 힘은 이후 정치권력으로 연결되고, 샤먼은 체제 이데올로기의 수호자 역할을 담당하게 된다는 것이 북친의 분석이다.[24]

북친의 분석은 정교하지는 않지만, 위계의 발생에 대해

---

23   Bookchin, 같은 책, 81쪽.

24   Bookchin, 같은 책, 84쪽.

일정한 시사점은 주는 것 같다. 어쩌면 장유유서의 전통이라는 것도 노인들이 자신의 생존을 위해 만든 이데올로기적 기제가 아닌가 싶다. 하지만 필자가 보기에 오늘날 나이에 의한 위계는 노인들에게 별 도움이 되지 않고, 오히려 노인들을 불행하게 만드는 측면이 없지 않다. 앞서 보았듯이 나이에 의한 위계는 일자리에서 노인을 소외시키고, 일상의 인간관계에서 노인을 소외시킨다. 일자리에서 소외된 노인들은 실업자 신세가 되고, 일상의 인간관계에서 소외된 노인들은 뒷방 노인네가 된다. 우리는 노인을 어르신이라고 호칭하면서, 노인을 소외시키지 않는가 생각해 본다. 우리는 모두 일찍 죽지 않는 한, 모두 노인이 된다. 이런 점에서 노인들을 저 멀리 존재하는 어르신이 아니라 우리 사회의 동료 구성원으로 인정할 필요가 있다.

6. 맺는말

이제 우리는 웰 에이징에 대해 고민해야 한다. 노인들은 어르신으로서 공동체로부터 떨어져 저 멀리 있는 존재가 아니라, 공동체의 구성원으로서 공동체의 다른 구성원들과 함께 소통하고 공동체에서 요구되는 역할을 수행해야 한다. 특히 제3기 노인들, 그래서 일을 할 수 있는 육체적 정신적 능력을 갖추고 있는 노인들은 생산적인 활동에 종사할 수 있어야 한다.

제3기 노인들이 웰 에이징 하기 위해서는 일자리가 필요하다. 이를 위해서는 정책적으로 정년 연장을 모색해야 한다. 노인들에게 맞는 일자리의 개발, 적절한 노동시간과 임금체계도 필요할 것이다. 임금피크제나 직무급제, 성과급제 등 생산성에 비례하는 임금체계를 만드는 것이 급선무이다. 한편 경제성의 관점에서는 다소 부족하더라도 사회 전체의 관점에서 필요한 사회적 일자리를 확충해야 한다. 이것은 앞으로 인구변동, 즉 경제활동인구는 줄어드는데 노인 인구는 증가하는 현실을 고려하면 반드시 추구되어야 할 방향이 아닌가 싶다. 연금제도 확충 같은 지나치게 무거운 짐을 후속세대에게 지울 수는 없다. 물론 육체적으로 쇠약해 각별한 보호가 요구되는, 80대 이상의 제4 연령기에 해당하는 노인들을 위해서는 또 다른 사회복지정책이 요구될 것이고 이에 대한 착실한 대비가 필요하다.

이런 점에서 복지정책과 노동 정책은 함께 논의되어야 하고, 어떤 방향으로 나아갈지에 대해서는 사회적 공론화가 필요하다. 그리고 이것은 세대 간 형평성과 책임, 공동체의 의미, 노동의 의미, 좋은 삶 등에 대한 매우 철학적이고 윤리적인 논의와도 관련될 것이다. 이를 통해 우리는 노인정책에 대한 사회적 합의를 이루어내야 할 것이다.

마지막으로 하고 싶은 말은 나이에 의한 위계는 이제 노인들에게 도움이 되는 것이 아니라, 노인들을 불행하게 만들고 소외시킨다는 점이다. 이제 우리에게는 노인을 존경이나 보살핌의 대상이 아니라, 우리와 함께 일하고 소통하는 동료 구성원으로 보는 관점이 요구된다.

3장

노인운전과 연령차별주의

1. 배경 및 쟁점

자동차 운전이 보편화되고 있다. 전체 인구에서 운전면허 소지자가 차지하는 비율은 1980년 4.9%에서 1990년 19.9%, 2000년 39.8%, 2010년 53.3%, 2022년 66.1%로 꾸준히 증가하여, 2022년 현재 운전면허 소지자의 수는 3,413만 명에 달한다. 또 고령화 추세에 따라 고령 운전자들도 증가하고 있다. 우리나라에서 노인의 기준시점인 65세 이상 면허 소지자들은 2022년 438만 명까지 늘었고, 경찰청 추산에 따르면 2030년 725만 명, 2040년에는 1,316만 명에 달할 전망이다. 운전을 직업으로 하는 운전기사, 특히 택시 기사의 노인 비중이 크다. 한국교통안전공단의 통계에 따르면, 2020년 기준 전국 택시 기사 24만 9,958명 중, 60대가 49.6%이고, 70대 이상은 13.9%이다. 전체 택시 기사의 절반 정도가 60대고, 70대 이상까지 합치면 10명 중 6명이 넘는 셈이다.

문제는 노인 운전자에 의한 교통사고가 증가하고 있다는 점이다. 우리나라는 최근 십 년간 교통사고를 줄이려는 국가 차원의 노력을 벌였고 그것이 주효해 전체 교통사고는 10.3% 감소했다. 그런데 노인 운전자의 교통사고는 오히려 14.8% 증가한 것으로 나타났다. 통계에 따르면, 65세 이상을 기준으로 가해 운전자 건수는 2022년 19만 6,836건인데, 이는 전체 건수의 17.6%에 해당한다. 특히 노인 운전자의 사망 사고가 심각하다. 일반 교통 사건의 경우 평균 치사율이 100건당 1.5건인데, 노인 운전자의 치사율은 2.3건이다.[1]

이런 점에서 노인의 운전을 규제해야 한다는 주장이 나온다. 노인 운전에 대한 규제는 노인 운전이 일반화된 선진국에서 일찍이 시작되었다. 미국에서는 일리노이 주가 엄격한 편이다. 일리노이주의 경우, 75세가 넘어 운전면허를 갱신하려면 도로 주행시험을 의무적으로 받아야 한다. 81세 때까지는 4년마다, 81세부터 86세까지는 2년마다, 87세부터는 매년 받는 구조이다. 평가에서 부적격 판정을 받으면 한정면허로 교체되어, 운전이 가능한 지역이나 시간대가 제한된

---

1 https://n.news.naver.com/article/057/0001771677?sid=102(검색: 2023. 10. 1)

다.[2] 일본은 전 세계에서 유일하게 노인 운전자에 대한 의무교육을 실시하고 있다. 면허를 갱신하려면 실내강의, 적성검사, 실차지도를 받아야 하고, 동체시력, 야간시력, 반응속도 및 정확성 검사, 75세 이상의 경우 기억력과 판단력 등 인지기능 검사를 받아야 한다. 만약 문제가 있다고 판단되면 면허를 취소하거나 정지 처분한다.[3]

미국의 일리노이, 일본 이외에 호주, 뉴질랜드, 덴마크가 공공의 안전을 최우선으로 해서 노인의 운전면허 갱신을 까다롭게 하는 경향이 강하다. 반면 그렇지 않은 나라들도 많다. 독일과 벨기에가 대표적으로 운전면허 갱신과 관련해 연령에 따른 별도의 규정 자체가 없다. 개인의 이동권과 자기 결정권을 중시하기 때문이다.[4]

우리나라는 중간 입장이다. 2014년 여객자동차 운수사업법 시행령의 개정으로 2016년부터 버스 운전자는 65~69세는 3년에 한 번, 70세 이상은 매년 7가지 유형의 자격유지 검사를 받아야 한다. 7가지 유형에는 시야각 검사, 신호등 검사, 화살표 검사, 도로찾기 검사, 표지판 검사, 추적 검사,

---

[2] Mikel, "Drivers' Licenses and Age Limits: Imposition of Driving Restrictions on Elderly Drivers", 364쪽.

[3] 이신숙, 「노인 운전자의 운전능력과 운전이동성이 사고위험에 미치는 영향」, 654쪽.

[4] 최문정 외, 「노년기 운전중단 결정 인식과 태도에 관한 연구」, 594쪽.

복합기능 검사 등이 포함된다. 그러나 일반 개인차량 운전자는 제외하고 있다.

이런 흐름 속에서 우리나라도 노인 운전에 대한 규제를 강화해야 한다는 주장이 나오고 있다. 규제론자들은 먼저 교통사고 통계를 거론한다. 이들은 전체 운전자에서 노인 운전자의 비중은 2022년 기준으로 12.6%인데, 전체 교통사고에서 노인이 차지하는 비중은 17.6%인 점에 주목한다. 더욱이 노인 운전자의 치명적인 사고율이 앞서 보았듯이 일반인들보다 1.5배 정도 높다는 점을 감안하면 노인 운전자에 대한 규제가 불가피하다는 입장이다.

규제론자들은 노인들의 높은 사고율은 노인들의 신체 능력 한계에 기인하는 것으로, 근본적으로 극복되기 어렵다는 점을 강조한다. 이들에 따르면, 운전과 관련된 신체 능력은 ①시각능력 ②인지 및 정보처리능력 ③운동통제능력으로 구분된다. 첫째, 시각은 운전에서 매우 중요한데, 이는 운전자가 받아들이는 정보의 90% 이상이 시각을 통해 획득되기 때문이다. 노인의 경우 동공의 직경이 작아져 시야가 좁아지고, 이에 따라 주변의 신호에 둔감해진다. 둘째, 노인들은 신경 반응이 둔화하여 정보판단 능력이 늦고 따라서 반응시간이 증가한다. 운전은 복잡한 교통상황에서 신속한 판단을 요구하는데, 노인들의 경우 이런 기능이 뒤떨어지면서 대처 능력이 저하된다. 셋째, 나이가 들면 근력이 약해지고 유연성도 감소해 운동 통제 능력이 저하된다. 이로 인해 핸들 조작 등에서 원활하고 민첩한 대응이 어렵다.[5]

게다가 노화 과정에서 발생하는 백내장으로 인해 교통 안내 표지판과 중앙선 등 노랑 계열의 시설물들이 하얀색으로 보이게 된다고 한다. 역시 결정적인 것은 장애물을 인지하고, 방향 전환 또는 브레이크 작동 등과 같은 차량의 제어 장치를 작동하는 데 필요한 시간이 길다는 것이다. 외부의 장애물을 발견하고 가속페달에서 발을 떼는 시간, 브레이크로 발을 옮기는 시간, 그리고 브레이크를 밟는 시간을 순차적으로 측정한 결과 노인들이 젊은 사람들에 비해 시간이 오래 걸린다.[6]

이런 점을 감안한다면 도로교통의 안전이라는 공공의 이익을 위해 노인 운전자의 권리를 제한하는 것이 불가피하다고 본다. 구체적인 방안으로는 신체검사 강화, 운전면허의 자진반납 등이 거론되는데, 심한 경우는 일정 나이 이상의 노인 운전자에게 일괄적으로 면허를 금지할 것을 제안하기도 한다.

반면 노인 운전에 대한 규제를 반대하는 사람들은 사고

---

5   이신숙, 앞의 글, 656~657쪽.
6   김경범, 「고령사회를 대비한 노인운전자 교통사고 특성 및 저감방안-제주지역을 중심으로」, 153~154쪽.

율로만 보면 노인들보다 오히려 10대나, 20대가 더 높다는 점에 주목한다. 그런 상황에서 유독 노인들에게만 규제를 가하는 것은 부당하다고 주장한다. 이들은 노인들이 신체적으로 다른 연령층에 비하여 약하다는 점을 인정한다. 하지만 노인 운전자들은 운전 경험이 많아서 사고를 예방할 수 있다고 본다. 또 노인들은 다른 연령대에 비해 과속을 하지 않는 등 안전 운전패턴을 보이기 때문에 자신들이 가진 신체적인 약점을 충분히 상쇄할 수 있다고 본다.

그래서인지 통계에 따르면, 노인 운전자의 62.8%는 자신들의 운전 능력을 신뢰하고 있으며, 따라서 운전을 그만두는 것을 생각해 본 적이 없다고 응답했다. 또 설사 운전 능력에 문제가 있어 운전을 그만둔다고 하더라도 그 시점은 스스로 판단해야지 국가가 강제로 규제할 사항은 아니라고 생각하는 노인이 전체 설문 대상 노인 중 66.0%였다.[7]

중요한 점은 안전운전을 할 수 있는 '능력 있는' 노인 운전자와 '능력 없는' 노인 운전자를 구분하기가 쉽지 않다는 점이다. 가령 일률적으로 나이 75세를 기준으로 하는 방법을 누군가 제시했다고 하자. 그런데 실제 운전 능력의 유무를 특정 나이로 무 자르듯이 자를 수 있는지다. 80세에도 안전운전을 해내는 노인 운전자가 있는 반면에 70세이지만 그

---

7   최문정 외, 앞의 글, 593쪽.

렇지 못한 운전자도 있을 수 있기 때문이다. 즉 특정 나이를 기준점으로 해서 능력 있는 운전자와 그렇지 않은 운전자를 확정하는 것은 잘못되었다.

검사제도도 한계가 많다. 현재 검사제도에서 중요한 것은 시력 테스트인데, 이것도 문제가 있다. 왜냐하면 시각 능력의 저하와 사고율의 상관관계는 생각보다 높지 않기 때문이다. 도로 주행 검사 또한 시간과 비용은 많이 들지만, 생각보다 정확성이 없다는 주장도 제기된다. 더 나아가 노인면허에 대한 제한을 강력하게 시행한다고 하더라도 그 실효성은 의심스럽다. 앞서 보았듯이 미국에서는 일리노이 주가 노인의 운전을 가장 강하게 제한하는 주이지만, 그렇게 강한 규제를 시행하는 일리노이 주가 다른 주보다 노인 운전자의 사고율이 줄어들었다는 것을 보여주는 데이터는 없다.[8]

규제 반대론자들이 가장 중요하게 생각하는 근거는 연령에 의한 운전면허 제한은 헌법상 보장된 평등권을 침해한다는 것이다. 미국의 경우, 그것은 수정헌법 14조 위반이다. 이들에 따르면 인간에게는 자기가 원하는 곳에 원하는 방식으로 이동할 권리, 즉 이동권(mobility right)이 있다. 그래서 자기가 원하는 방식으로, 즉 걷기, 자전거, 자가운전, 공공교통을 포함하는 모든 교통수단을 통해 원하는 곳에 갈 수 있

---

8   Mikel, 앞의 글, 363~364쪽.

도록 보장해야 한다.[9]

이동권은 자유주의 국가의 시민이라면 누구나 갖는 신체의 자유에 기초한 기본적인 권리로 어떤 경우에도 침해받을 수 없다고 주장된다. 그런데 이런 자유를, 나이를 이유로 규제하는 것은 연령차별에 기초한 것으로 평등권에 대한 심각한 침해이다. 더 나아가 이동권은 단순히 자신이 바라는 목적지로의 이동과 접근만을 의미하는 것이 아니다. 그것은 경제활동 및 사회 참여 활동을 원활히 수행하기 위한 기초 수단이다. 경제활동이나 사회 참여를 위해서는 대부분 집 밖으로의 이동이 필요한데, 자가운전을 하지 못하게 하는 것은 이런 목적을 수행하는 것에 대한 심각한 장애물이다.

논의를 정리해 보자. 첫째 쟁점은 교통사고 통계와 관련된다. 규제 찬성론자들은 노인 운전자의 사고율, 특히 사고의 치사율에 주목해 규제를 주장하는 반면, 반대론자들은 노인보다 오히려 10대와 20대 초반의 사고율이 높다는 점을 지적하면서, 유독 노인들만 규제하는 것은 부당하다고 본다.

둘째 쟁점은 검사제도 및 규제 효과의 실효성이다. 현재의 검사제도는 적성검사, 시각검사, 도로주행검사로 이루어져 있는데, 한계가 있는 것은 분명해 보인다. 현재의 검사제도로는 고위험군 노인 운전자를 제대로 식별하기가 쉽지 않

---

9   Aguiar 외, "The need for an Elderly centred mobility policy", 4356쪽.

다. 현재의 검사제도가 한계를 갖고 있다는 점에 대해서는 규제론자들이나 반대론자들이나 모두 동의하는 것으로 보인다. 차이는 규제론자들은 현재의 검사제도를 보완해 더욱 엄격하게 실시해야 한다고 주장한다면, 반대론자들은 제도 자체의 실효성을 의심한다는 것이다.

셋째 쟁점은 공공의 안전과 개인의 권리의 문제이다. 규제론자들은 도로교통의 안전이라는 공공 이익을 위해서 노인 운전 같은 개인의 이동권에 대한 규제가 불가피하다는 점을 강조한다. 반면 반대론자들은 그것은 연령차별에 기초해 개인의 이동권을 침해한 것으로써 정당화될 수 없다고 본다.

2. 운전 제한은 평등권 침해인가?

여기서는 노인의 운전면허를 제한하는 것이 연령차별주의에 기초한 것으로 과연 평등권을 침해한 것인가의 문제를 다룬다. 이와 관련된 우리나라 헌법 및 법률 조문은 다음과 같다.

헌법

제10조 모든 국민은 인간으로서의 존엄과 가치를 가지며, 행복을 추구할 권리를 가진다. 국가는 개인이 가지는 불가침의 기본적 인권을 확인하고 이를 보장할 의무를 진다.

제11조 ① 모든 국민은 법 앞에 평등하다. 누구든지 성별·종교 또는 사회적 신분에 의하여 정치적·경제적·사회적·문화적 생활의 모든 영역에 있어서 차별을 받지 아니한다.

제15조 모든 국민은 직업선택의 자유를 가진다.

제23조 ① 모든 국민의 재산권은 보장된다. 그 내용과 한계는 법률로 정한다.

제32조 ① 모든 국민은 근로의 권리를 가진다. 국가는 사회적·경제적 방법으로 근로자의 고용의 증진과 적정임금의 보장에 노력하여야 하며, 법률이 정하는 바에 의하여 최저임금제를 시행하여야 한다.

제34조 ① 모든 국민은 인간다운 생활을 할 권리를 가진다.

제37조 ① 국민의 자유와 권리는 헌법에 열거되지 아니한 이유로 경시되지 아니한다.

② 국민의 모든 자유와 권리는 국가안전보장·질서유지 또는 공공복리를 위하여 필요한 경우에 한하여 법률로써 제한할 수 있으며, 제한하는 경우에도 자유와 권리의 본질적인 내용을 침해할 수 없다.

교통약자법

제3조 교통약자는 인간으로서의 존엄과 가치 및 행복을 추구할 권리를 보장받기 위하여 교통약자가 아닌 사람들이 이용하는 모든 교통수단, 여객시설 및 도로를 차별 없

이 안전하고 편리하게 이용하여 이동할 수 있는 권리를 가진다.

규제 반대론자들은 모든 국민은 '행복을 추구할 권리'(10조)와, '인간다운 생활을 할 권리'(34조)를 가지며, 이와 관련해 '모든 국민은 평등하다'(11조)라는 점에 주목한다. 그리고 11조 평등권 조항은 "성별, 종교, 사회적 신분"이라는 차별금지 사유를 예시하는데, 여기에는 연령, 학력, 건강, 정치관, 출신 지역, 인종, 언어 등도 포함되는 것으로 통상적으로 간주된다고 본다. 따라서 연령을 이유로 해서 운전이라는 이동권을 제한하는 것은 위헌으로 정당화될 수 없다고 주장한다.[10]

그리고 택시 운전과 같은 직업적 운전 행위와 관련해서 모든 국민은 '직업선택의 자유'(15조)와 '근로의 권리'(32조)를 가지며, 그리고 운전을 통해서 얻는 이익, 즉 재산권(23조)을 보장받아야 한다고 주장한다. 이런 헌법 정신에 입각해 '모든 교통수단을 이용해 이동할 수 있는 권리'(교통약자법 3조)를 보장해 주는 법률이 구체화 되었다고 본다.

규제론자들도 규제 반대론자들이 인용하는 헌법상의 내

---

10 박정일, 「고령치매환자에 대한 운전면허 취소: 일본의 사례 등을 통한 우리 법제의 개선방안을 중심으로」, 104쪽.

용을 부정하지는 않는다. 다만 규제론자들은 이동권은 기본권에 해당하긴 하지만, 어떤 특정 교통수단, 가령 승용차를 운전하는 것까지 기본권으로 볼 수 있는가에 대해서는 의견을 달리한다. 그리고 모든 권리가 그러하듯, 이동권도 무제한적이고 절대적인 것은 아니라고 주장한다. 왜냐하면 헌법 37조에 의거해 이동권 또한 '국가안전보장, 질서유지, 공공복리'를 위하여 필요한 경우에는 제한될 수 있다고 보기 때문이다. 결국 관건은 이 37조와 관련된 논쟁으로 압축된다. 이는 곧 도로교통의 안전이라는 공공복리를 위해 운전이라는 노인의 이동권을 제한하는 것이 정당한가의 문제이다.

이와 관련해 먼저 일정 나이 이상에 해당하는 사람들에게 운전면허를 주지 않는, 이른바 '연령상한제(age caps)'가 법적으로 허용 가능한가의 문제를 다루어보자. 이와 관련해 참고할 것은 정년퇴직 제도다. 정년퇴직 제도는 일정한 나이가 되면 강제적으로 직업에서 배제하는 제도이다. 우리나라에서는 일반화된 제도이지만, 미국에서는 위헌으로 금지되어 있다. 미국에서는 '나이'를 이유로 해서 직업의 자유를 제한하는 것은 위헌으로 본다. 다만 예외가 있는데 대표적인 것이 경찰관, 소방관, 비행기 조종사 같은 특수 직무를 수행하는 경우이다.

실제로 이와 관련된 소송이 있었다. 1976년 대법원은 매사추세츠주 경찰관이 50세가 되면 자동으로 퇴직하는 규칙이 평등 보호 조항을 위반한 것이 아니라고 판시했다. 대법원에 따르면, 나이를 기준으로 한 제한은 매사추세츠주의 적법한 이익과 관련된다. 즉 주는 시민을 보호할 의무가 있고 이를 위해서는 체력적으로 문제가 없는 경찰관을 확보해야 한다. 체력은 경찰업무 수행에 필요하기 때문이다. 그리고 나이와 체력 간에는 상관관계가 있기 때문에 일정 연령이 지나면 경찰업무에서 배제하는 것이 정당하다고 본 것이다.[11]

비행기 조종사도 마찬가지이다. 미국 오하이오주 법원은 'Rasbery 대 National Life Company' 소송에서 62세에 비행기 조종사를 정년퇴직시키는 회사의 정책이 정당하다고 판결했다. 주 법원은 나이는 직업 제한의 합리적 요건으로, 승객들의 안전을 위해 필요하다고 보았다. 법원은 나이로 인해 발생할 수 있는 잠재적인 결함은 정확하게 테스트될 수 없고, 또 비행 조종 능력 측정을 위한 시뮬레이션도 실행 불가능하다는 점에서 나이에 따른 정년퇴직은 정당하다고 판시했다.[12]

그런데 나이가 특정 직무수행과 관련해 중요한 고려 사항이 된 이유는, 나이 그 자체에 기초한 것이라기보다는 체

---

11 Mikel, 앞의 글, 368쪽.

12 Mikel, 앞의 글, 374쪽.

력이라는 직무수행에 필요한 능력에 기초한 것이라고 볼 수 있다. 즉 나이가 많다고 해서 고령자를 배제한 것이 아니라, 해당 직무수행에 요구되는 신체적 능력을 갖추지 못했다고 해서 배제한 것으로 볼 수 있다. 마찬가지 논리로 운전면허에 연령제한을 두는 것은 정당한 것일 수 있다. 이는 도로교통의 안전을 확보하는 것은 주의 적법한 이익과 관련된 것이고, 안전을 확보하기 위해 안전운전에 요구되는 능력을 갖추지 못한 고령자를 배제하는 것이기 때문이다. 이런 각도에서 보자면 운전면허에 연령제한을 두는 것은 헌법에 보장된 평등 조항을 위배한 것이 아니라는 주장이 가능하다.

다만 차이는 경찰관 또는 비행기 조종사가 이른 나이에 퇴직할 때에는 반대급부로 퇴직 급여가 제공된다는 점이다. 퇴직 급여가 제공되기 때문에 퇴직자는 직무수행을 통해 얻을 수 있는 급여를 보충할 수 있다. 반면 운전면허 갱신을 거부당한 사람에게는 그에 상응하는 보상이 없다. 운전면허 갱신을 거부당한 사람은 자동차 운전을 할 수 없다는 점에서 상당한 불이익을 감수해야 한다. 특히 농촌에 거주해서 대중교통을 이용하기 어려운 노인의 경우 엄청난 불편에 직면하게 된다.

경찰관이나 조종사 같은 특수직의 정년퇴직 문제와 연령에 따른 운전면허 제한 문제를 비교하면 다음 3가지 요건이 쟁점이 된다는 점을 알 수 있다. 첫째, 나이는 직무수행과

연관성이 있는가? 둘째, 직무수행 여부를 테스트할 수 있는 객관적인 방법이 있는가? 셋째, 직무 배제로 인한 보상이 제공되는가?

첫째, 나이와 운전 능력 간의 연관성은 어느 정도는 인정해야 할 것 같다. 나이가 들수록 시각 능력 및 반사 능력 등이 쇠퇴하여 운전하는데 어려움이 발생하기 때문이다. 다만 경험이 많은 노인 운전자의 경우 이런 어려움을 운전 경험을 통해 상당 부분 극복할 수 있다는 점은 고려되어야 한다.

둘째, 직무수행 여부를 검증할 수 있는 객관적인 방법이 있는가 하는 것이다. 이 문제는 필자의 능력을 벗어나기 때문에 논의에서 제외하겠다.

셋째, 최소한 현재 시점에서는 운전 제한에 대한 적절한 보상이 제공되고 있지 않다는 점은 분명하다. 물론 몇몇 지자체 차원에서 노인들이 운전면허를 반납하면 10만 원에서 30만 원 정도의 혜택을 제공하기는 한다. 하지만 그 정도의 일회성 인센티브로 자가운전 기회의 상실로 인한 불이익을 상쇄할 수 없을지는 대단히 의심스럽다.

중요한 사실은 법에서 요구하는 평등이 일체의 차별이 없는 무조건적인 평등을 의미하지는 않는다는 점이다. 적절한 근거가 있는 차별은 평등주의의 원리를 훼손하지 않는다. 가령 청소년 문제를 살펴보자. 우리는 청소년, 가령 10세 어린이에게는 선거권을 부여하지 않는다. 그렇다고 해서 우리는 그것이 평등권을 침해했다고 보지는 않는다. 이들의 경우 민주사회의 시민이 갖추어야 할 판단력을 아직 갖추지 못한 미성숙 상태로 보기 때문이다. 나름 합당한 근거가 있는 것이다. 마찬가지로 미국 메릴랜드주는 10대가 운전면허 취득 후 151일 이내에는 가족이 아닌 다른 미성년자를 태우는 것을 금지한다. 이는 10대 운전자가 경험이 없어 사고 위험성이 높다고 판단하기 때문이다. 또 부모들은 자녀들에게 운전 제한을 가할 수 있다. 가령 같이 탈 수 있는 사람이나 운행 시간을 제한하는 것이 그것이다.[13]

반면 청소년에게 유리한 차별도 있다. 가령 우리나라에는 나이가 어린 이른바 촉법소년의 범죄에 대해서 처벌하지 않거나 감경하는 제도가 있다. 이는 나이 어린 자는 아직 미성숙한 상태에 있다고 보기 때문이다. 즉 우리 사회는 때로는 청소년 연령대에 유리한 것을 제공하기도 하고, 때로는 불리한 것을 부과하기도 한다. 자신에게 유리한 것은 취하면서 불리한 것은 거부하는 것은 온당치 않다.

노인 문제도 마찬가지이다. 노인들에게는 유리한 혜택이 있다. 대표적인 것이 65세 이상 노인에게 부여되는 노령연금과 지하철 무임승차이다. 물론 노령연금의 경우 모든 노인이 아니라 하위 70%에게만 제공된다는 점, 그리고 지

---

13   Mikel, 앞의 글, 376쪽.

하철의 경우 지하철이 있는 수도권 등 지역 노인에게만 실질적인 혜택이 돌아간다는 문제 제기도 있긴 하지만, 이것은 기본적으로 나이를 이유로 해서 노인들에게 제공되는 유리한 차별이다. 그것은 노인들이 일반적으로 경제 능력이 부족하다는 이유에서 제공되는 것이고 그런 점에서 정당성을 인정받는다. 그리고 노인 운전면허 제한은 노인들의 신체 능력이 부족하다는 점에서 부과되는 불이익으로 일정 정도 근거가 있는 것이다. 이런 점에서 노인 운전면허 제한을 거부하는 것은 '노인에게 유리한' 차별은 받아들이면서 '노인에게 불리한 차별'은 거부하는 모순된 입장이라는 비판도 가능할 것이다.

그렇다면 앞에서 제시한 3가지 요건을 만족시킬 경우, 노인 운전면허를 규제하는 것은 법률상의 평등주의를 훼손한 것은 아니라는 주장이 가능해 보인다. 하지만 설사 그렇다 하더라도 '이동'은 신체의 자유, 자유권의 일종에 해당하고, 개인의 자유권적 기본권을 제한하는 국가의 행위는 특별한 정당성을 갖추지 않으면 안 된다. 그리고 법치주의 원리에 입각해 '과잉금지의 원칙'에 어긋나서는 안 된다. 그렇지 않을 경우 기본권 침해 행위에 해당한다.[14]

---

14 우리나라는 기본권을 자유권을 '자유권적 기본권'과 '사회권적 기본권'으로 양분한다. 노인의 운전면허를 제한하는 것이 자유권적 기본권을 침해한 것이라면, 장애인이 장애인을 위한 엘리베이터 설치를 요구하는 것

과잉금지의 원칙은 '비례의 원칙'이라고도 불리는데, 이는 국민의 기본권을 제한하는 법이 헌법적으로 인정을 받으려면 목적의 정당성, 수단의 적합성, 침해의 최소성, 법익의 균형성 등 법적인 4가지 요건을 모두 갖춰야 한다는 헌법상의 원칙을 말한다. 앞서의 제37조 제2항이 이 원칙을 명시적으로 선언하고 있다. 필자가 보았을 때 노인의 운전면허를 제한하는 것은 도로교통의 안전이라는 목적의 정당성은 확보하겠지만, 다른 법적인 3가지 요건과 관련해서 상당한 문제를 내포한 것으로 생각된다. 이것은 매우 상세한 법률적인 논의를 요구한다는 점에서 다음 기회로 논의를 미루고자 한다. 다만 입법에 의해 보호하려는 공익과 침해되는 사익의 균형성을 갖추어야 한다는 점, 그래서 도로교통의 안전 확보라는 이익과 다른 한편으로는 위험 발생을 피하기 위해 감수해야 하는 운전면허 소지자의 이익 사이에 이익형량이 고려되어야 한다는 점만 지적하고자 한다.[15]

은 사회권적 기본권에 해당할 것이다. 헌법재판소는 자유권적 기본권에 대해서는 '과잉금지원칙'을, 사회권적 기본권에 대해서는 '과소보호금지원칙'을 적용하여 국가의 의무 위반이 있었는가 여부를 심사한다. 여기서 '과소보호원칙'에 따른 심사란 국가가 국민의 법익 보호를 위하여 적어도 적절하고 효율적인 최소한의 보호조치를 취했는가를 기준으로 판단하는 것을 의미한다(Lim, "Problems of Mobility Rights for Persons with Disabilities on the Basis of the Definition of Disabilities under the Current Law", 166~167쪽).

요약하면 앞에서 제시한 여러 가지 요건을 만족시킬 경우, 노인의 운전을 규제할 수 있다.[16] 그리고 그것은 부당한 연령차별로 볼 수는 없다. 법률적으로 평등주의의 원리를 훼손하는 것은 아니기 때문이다. 하지만 그렇다고 해서 노인 운전을 규제하는 것이 과연 바람직한가? 그렇지는 않다고 생각한다. 우선 앞의 세 가지 요건이 만족 되지 않았다. 특히 노인 운전을 규제했을 때 노인들이 감수해야 하는 불편에 대한 대책이 전혀 마련되지 않은 상태에서 노인 운전을 규제하는 것은 바람직하지 않다. 또 시야를 넓혀 문제를 바라볼 필요가 있다. 즉 개인의 권리와 공익 간의 대립 문제를 넘어, 좀 더 넓은 사회적 관점에서 바라보아야 한다고 필자는 생각한다.

3. 노인운전과 집합적 성취

한국 사회가 발전하면서 자가운전은 점차 보편화되고

---

15 백옥선, 「고령자 운전규제에 관한 법적 고찰-운전면허제도를 중심으로」, 182쪽.

16 다양한 규제 방법이 있다. 운전면허의 연령상한을 두는 방법, 운전면허 갱신 주기를 단축하는 방법, 일정 연령 이상이 되는 자의 경우에는 강화된 운전능력검사를 받도록 하는 방법, 고령 운전자에 대한 정신적 인지능력 검사를 시행하는 방법, 고령 운전자에 대해서는 지속적인 교육을 받도록 하는 방법, 의료진에게 진료 후 환자가 운전 능력이 없다는 것을 직접 신고하도록 하는 방법 등이 있다(백옥선, 앞의 글, 184쪽).

있다. 수십 년 전까지만 해도 우리는 걸어서 시장에 가고, 약국에 갔었다. 하지만 시대가 바뀌었다. 마트와 병원 같은 기본적인 생활시설도 걸어가기에 힘들 때가 있다. 체력이 약한 노인들은 더욱 차가 필요하다. 먼 거리를 걸어가기에는 체력이 부친다. 또 덜컹거리는 버스에 올라타고, 자리를 잡기 위해 이동하고, 또 내리는 과정에서 부상의 위험도 있다. 또 지금의 노인 세대들은 자녀의 수도 많지 않고, 근거리에 자식이 살고 있지 않은 경우가 많아 자식들의 도움을 기대하기도 힘들다. 더욱이 많은 노인이 농촌에서 생업에 종사하거나, 저렴한 가격의 주택을 찾아 교외에 거주한다. 그런데 대부분의 편의 시설은 도시에 있다. 대중교통이 미비한 지역의 노인들은 사적인 교통인 승용차에 의존해야 한다.

노인 인구는 점차 증가하는 추세이다. 얼마 전까지만 해도 전체 인구의 10% 남짓했지만, 수십 년 이내에 전체 인구의 40% 정도를 차지할 전망이다. 이제 노인은 더 이상 소수가 아니다. 이런 점들을 감안한다면 전체 교통체계를 개편해 노인 친화적 교통체계로 만들 필요가 있다.

그리고 노인의 삶에서 자율과 독립은 매우 중요하다. 만성 질병 상태의 노인도 독립적으로 자신의 일상을 수행하고, 자신의 필요를 만족시키고, 인간관계를 유지하기를 원한다. 그리고 그때 자신의 삶에 대해 긍정적인 의식을 갖는다. 삶에 대해 만족한다는 것은 단순히 생존한다는 것이 아니다. 자기가 원하는 바에 대해 자기 나름의 결정을 하고 실행하는 것이다.

집안에서 오로지 자신하고만 관계하는 단절된 삶은 바람직하지 않다. 집 밖을 나와 다양한 사람들과 상호작용할 때 만족스러운 삶을 경험할 수 있다. 그런데 농촌은 대중교통이 불편하다. 이때 승용차가 있고 운전을 할 수 있다면 자유롭게 다른 사람을 만나고 접촉할 것이다. 자가운전은 사회적 접촉과 참여의 기회를 제공하는 수단인 것이다. 만일 이 수단이 제한되면 사회적 활동의 제약이 발생한다. 자존감과 삶의 질은 떨어지고 우울감은 커진다. 통계에 따르면 운전을 하는 농촌 노인들이 운전을 하지 않는 노인보다 통계적으로 높은 수준의 사회활동과 낮은 수준의 우울감을 보였다.[17]

이제 노인을 하나의 균질적 집단으로 보기는 어렵다. 이른바 '인생 3기(the third age)', 대략 55세에서 80세까지의 노인은 여전히 생산 활동에 종사하기를 원한다. 생산 활동에 종사하기 위해서는 많은 경우 운전이 필수적인데, 그런 상황에서 운전면허의 제한은 생산 활동을 영위하는 데 커다란 걸림돌이 된다. 또한 노인 택시 운전기사의 면허 제한에도

---

17 황성조 외, 「농촌지역 남성노인의 운전이 우울과 사회활동에 미치는 영향」, 143~145쪽.

신중할 필요가 있다. 택시 운전이라는 직업 활동 자체가 불가능해지기 때문이다. 이들에게 운전은 생계를 위한 것인데, 이를 못 하게 하는 것은 생존권을 침해하는 것이다.

중요한 점은 이동의 문제를 전적으로 개인적인 문제라고만은 볼 수 없다는 점이다. 이동은 개인의 선택과 관련된 개인 차원의 문제이지만, 동시에 사회적 관계, 자연환경, 교통수단, 도로 인프라, 사회 정책 등이 연관된 사회 차원의 문제이다. 가령 70대 노인이 외출하는 이유가 단순히 마트나 병원을 가기 위한 것인가, 아니면 직업 활동을 하기 위한 것인가는 그 사회의 노동 정책과 관련이 깊다. 만일 그 사회가 노인의 직업 행위를 장려하는 사회라면 70대 노인의 집 밖 외출은 후자의 형태일 수 있겠지만, 사회의 노동 정책이 그렇지 않다면 후자의 형태일 가능성은 희박하다.

또한 70대 노인이 집안에서 쉴까, 아니면 집 밖에서 산책할 것인가를 결정하는 것도 외부의 자연적 사회적 환경과 관련이 깊다. 가령 보도가 노인이 걷기에 불편하고 경사 길도 많고, 중간에 쉴 수 있는 벤치도 없다고 가정하자. 그런 상황에서 노인은 어떻게 할까? 아마도 노인이 그냥 집에 머무르는 것을 선택할 가능성이 높다. 또한 도로 건널목을 건널 때 마주치는 신호등의 주기가 짧아서 노인의 걸음으로 감당하기 어렵다고 하자. 그리고 눈이 왔는데 그에 대한 제설작업이 부족해 노인이 넘어질 가능성이 높다고 하자. 그

상황에서 노인은 어떻게 할까? 아마도 노인은 집 밖으로의 산책을 포기하고 집에 머무르는 선택을 할 가능성이 높다.[18]

자동차 운전도 마찬가지이다. 도로의 폭이 좁고 조명도 부족해 어둡다고 하자. 그리고 도로 표지판 글씨도 작아 노인의 눈으로는 잘 식별되지 않는다고 하자. 그런 상태라면 아마도 노인은 자동차 운전을 주저할 것이다. 사고의 위험을 무시할 수 없기 때문이다. 이런 상태에서 정부가 도로 안전을 명분으로 노인 운전을 규제하는 정책마저 시행한다면 노인은 운전 행위 자체를 포기하고 운전면허를 자진 반납할 가능성이 높다. 이처럼 노인의 활동은 주변 여건에 따라 제한되고 노인들은 변화된 환경에 스스로 적응시킬 것이다.

노인의 집 밖으로의 이동은 개인적인 행위를 넘어 사회적인 행위이기도 하다. 그것은 사회적 관계와 제도, 외부의 물리적 환경에 적지 않게 의존하기 때문이다. 외적 상황의 변화에 따라 노인들은 일상생활과 집 밖으로 나가는 활동을 새로운 방식으로 조직한다. 외부 환경이 뒷받침해 주지 않으면, 노인들은 외부 활동을 포기하고 외출 없는 생활을 선택한다. 운전도 마찬가지이다. 사회 환경이 노인 운전을 제한하는 방식으로 작용할 경우 노인들은 운전을 제한할 가

---

18 Gorman 외, "Older People, Mobility and Transport in Low- and Middle-Income Countries: A Review of the Research", 7쪽.

능성이 높고, 반면 사회 환경이 노인 운전을 가능한 방식으로 작용할 경우 노인들은 자신감 있게 운전을 선택할 것이다. 이런 점에서 집 밖으로의 이동, 그리고 노인의 운전은 전적으로 개인적인 선택이 아니라 본질적으로 '집합적 성취(collective achievement)'이다.[19]

필자는 노인 이동과 노인 운전에 대한 '배제적(exclusive)' 접근이 아니라 '보정적(compensatory)' 접근이 필요하다고 본다. 배제적 접근이 운전 기회를 제한하거나 박탈하는 것이라면, 보정적 접근은 고령자들의 운전을 더 안전하고 편안한 것으로 만드는 것이다. 배제적 접근은 어떤 의미에서는 적자생존(survival of fittest)의 원리에 기초한다. 그래서 노인들의 능력 부족을 이유로 사회로부터 격리시키고 노인들이 기존에 보유하고 있는 권리를 빼앗는 방식이다. 반면 보정적 접근은 '생존을 위한 적응(fitting for survival)'의 원리에 입각한다. 그것은 노인들이 자신들의 삶을 활력 있게 영위할 수 있도록 도와주고 적응할 수 있게 해주는 것이다. 보정적 접근은 노인들에게 잃어버린 기회를 찾아주거나 권리의 자발적 포기를 강요하지 않는 방식이라는 점에서 윤리적으로 권장할 만하다.[20]

---

19   Luoma-Halkla 외, "Independent living with mobility restrictions: older people's perceptions of their out-of-home mobility", 264쪽.

배제적 접근에는 일정 연령이 되면 고령자의 운전면허를 취소하는 극단적 방식도 있지만, 점차 면허 갱신을 어렵게 만드는 방식이 일반적이다. 가령 노인에 대한 적성검사 요건을 강화하는 방식이다. 반면 보정적 접근은 노인 운전자의 부족한 기능과 능력을 보완해 주는 방식이다. 노인 운전자를 위해 자동차 제어 기술을 개발하고, 도로 시설물을 개선하는 방식이 보정적 접근이 될 것이다.

최근 첨단과학이 발전하면서 보정적 접근이 확대될 토대가 조성되고 있다. 대표적인 것이 첨단운전자보조시스템(ADAS, Advanced Driver Assistant Systems)이다. 이것은 다양한 센서와 카메라 등을 사용해 운전자의 안전성과 편의성을 높여주는 기술 체계이다. 이는 후방 감시, 전방 충돌 회피, 차선이탈 경고, 사각지대 감시 등 다양한 기능을 제공함으로써 시야가 제한되고 거리 감각이 저하된 운전자들의 안전 운전을 도와준다. 여기에는 최근 논란이 되는 급발진 사고를 예방하는 기술도 포함된다. 가령 페달 오조작 급발진 억제 장치(PMSA)가 그것이다. 이 장치는 장애물을 인식한 상태에서 운전자가 급격한 페달 조작을 할 경우 모터 토크를 제한하고 전력(연료) 공급을 차단하는 장치이다. 노인들과

---

20 임상수, 「고령자 운전면허 관리의 윤리적 쟁점」, 247~249쪽; 258쪽; 김인석, 「고령운전자 교통사고 예방대책: 운전면허 제도를 중심으로」, 152~153쪽.

장애인들이 이런 보조시스템의 최대 수혜자가 될 것이다. 아마도 장기적으로는 자율 운행 자동차의 개발이 보정적 접근의 마지막 목표가 될 듯싶다.

도로 환경의 개선도 중요하다. 가령 차로 폭을 확대하는 것, 야간이나 우천 시에 차선이 잘 보일 수 있도록 발광 다이오드(LED)를 설치하는 것, 표지판 폰트를 크게 하는 것, 표지판 도료의 반사휘도를 운전자에게 적절하게 하는 것, 표지와 안내선을 운전자가 쉽게 직관적으로 알 수 있게 인식시키는 것, 도로변에 휴식처를 설치하고 안전시설을 확장하는 것 등등을 통해 노인 운전자의 부족한 시각 능력 및 체력을 보완할 수 있을 것이다.[21]

필자가 보기에는 우리는 궁극적으로 현재 일반인 기준으로 설치되어 있는 도로 시설 일체를 노인 기준으로 변화시키는 것도 한번 생각해 볼 수 있다. 그리 멀지 않은 시기에 노인 인구는 전체 인구의 40%까지 확대될 것이기 때문이다. 이제 더 이상 노인 운전자는 소수가 아니다. 이미 택시 운전기사에서 노인이 차지하는 비중은 60%를 넘어섰다. 그렇다면 일반인 기준의 현행 교통체계, 가령 도로 폭, 표지판 등은 더 이상 효율적인 것이 아니라, 오히려 교통사고를 유발하는 요인들이다. 효율성과 안전을 위해서도, 그리고 노

---

21 임상수, 앞의 글, 250쪽.

인을 포함한 전체 국민의 행복을 위해서도 교통체계를 노인친화적으로 전환해야 할 시점이 된 것이다.

4. 교통약자를 위한 교통체계

교통약자의 입장에서 이 문제를 고려할 필요가 있다. 우리나라 <교통약자의 이동편의 증진법>에서는 교통약자를 장애인 고령자 임산부 영유아를 동반한 사람, 어린이 등 일상생활에서 이동에 불편을 느끼는 사람으로 정의하면서, "교통약자는 인간으로서의 존엄과 가치 및 행복을 추구할 권리를 보장하기 위하여 교통약자가 아닌 사람들이 이용하는 모든 교통수단, 여객시설 및 도로를 차별 없이 안전하고 편리하게 이용하여 이동할 수 있는 권리를 가진다."라고 규정한다.

우리는 일반인의 입장에서 사회적으로 효율적인 교통정책을 추진해야 하지만, 동시에 교통약자들도 안전하고 편리하게 이동할 수 있는 교통정책을 추진해야 한다. 그렇다면 왜 우리는 이들 교통약자의 처지를 고려해야 할까? 이와 관련해 롤스(J. Rawls)가 『정의론』에서 시도한 방식을 참고해 보자. 롤스의 제안대로 우리가 '무지의 베일(veil of ignorance)'을 덮어쓴다고 가정해 보자. 우리는 무지의 베일을 덮어썼기 때문에 우리의 처지를 알지 못한다. 내가 누구인지, 즉 내가 노인인지 장애인이지 전혀 알 수 없는 상황이라고 가정해 보자. 그때 우리는 어떤 선택을 할까? 자신의 처지에 대해 알지 못하는 '무지의 베일'을 덮어쓴 상태에서 과연 우리는 규제 중심의 접근, 즉 배제적 접근이 바람직하다고 선택할 것인가? 내 생각에는 배제적 접근을 선택할 것 같지 않다. 장애인 같은 교통 약자의 입장에서도 그렇지만 노인의 입장에서도 특히 그렇다. 노인은 운 나쁘게 중간에 조기 사망하는 경우를 제외하고는 누구나 겪어야 할 인간의 숙명이다. 자기 자신도 언젠가는 노인이 되리라는 점을 의식한다면, 미래의 자신에게 불리한 배제적 접근방식을 선택할 것 같지는 않다. 늙었다고 운전도 못하게 하는 사회, 우리는 과연 그런 사회를 원할까? 이런 점을 고려해 볼 때 배제적 접근방식은 바람직하지도 않지만, 정의롭지도 않다. 어려운 상황에 빠진 약자를 도와주기는커녕 무시하고 배제하기 때문이다.

이런 점에서 노인 운전규제 여부는 단순히 개인의 권리와 공공 이익 간의 대립 문제가 아니다. 그리고 앞서 노인의 자동차 운전은 전적으로 개인 차원의 행위가 아니라, 사회 차원의 집합적 성취라는 점을 지적했다. 이제 사회 차원에서 자동차 운전, 자가운전의 문제를 살펴보자. 지금까지 우리는 각 개인은 자기의 차를 소유할 수 있고 그것을 운전할 권리가 있다는 전제에서 논의를 진행하였다. 그런데 문제는 현재의 개인 승용차 중심 교통체계가 사회적 차원에서 바람직한가 하는 것이다. 주지하듯이 기후변화는 지구촌 차원의 중요한 화두이다. 문제는 현재의 개별 승용차 중심 교통체계가 과연 지구촌 차원에서 지속 가능하고 바람직한가 하는 것이다. 승용차에서 발생하는 이산화탄소로 인해 지구의 온도가 상승하는 것도 문제이고, 이로 인해 과다 사용되는 에너지의 부족도 문제이다. 지금까지의 논의와 이 문제를 연결해 살펴볼 필요가 있다. 때때로 개인이 누리는 삶의 질과 집합적 삶의 질은 충돌할 수 있는데, 이 문제가 전형적인 사례가 아닌가 싶다.[22]

다른 한 가지는 노인 중에는 자가운전을 하지 못하는 노인들이 매우 많다는 점이다. 여성과 빈곤 노인이 그렇다. 현재 여성 노인들은 대부분 자동차 운전면허를 갖고 있지 못하다. 이런 상태에서 기대수명이 여성보다 짧은 남성 배우자가 사망할 경우 여성 노인들은 자동차를 이용할 수가 없다. 또 경제적인 여유가 없어 자신의 자동차를 소유하지 못한 노인들도 매우 많다. 거기에다가 장애나 질병으로 인해 자동차 운전을 하지 못하는 노인들도 많다. 앞서 이야기했던 80세를 넘어선, 이른바 '제4기' 노인들 대부분이 그런 상황에 처해 있다.

이제 우리는 개인 승용차를 운행할 수 없는 사람들의 이

---

22 Aguiar, "The need for an Elderly centred mobility policy", 436쪽.

동권을 고민해야 한다. 이들은 현실적으로 대중교통을 이용할 수밖에 없다. 과거에 비해 대중교통, 즉 버스, 지하철, 택시가 좋아졌지만, 여전히 불편한 것도 사실이다. 노인들 입장에서 불편한 것은 대략 다음과 같은 것이 아닐까 생각한다.

먼저 노인들이 버스를 이용하는 데에는 어려움이 많다. 정거장까지 노인에겐 적지 않은 거리를 걸어가야 한다는 점, 차를 타고 내릴 때의 힘겨움, 노인들 입장에서는 적지 않은 교통 요금, 좌석의 확보 여부, 시간표에 쫓기는 버스 기사의 달갑지 않은 태도 등등이 있을 것 같다. 그리고 이제는 온라인 앱을 통해 교통 시간표가 제공되고 좌석도 예약하는데, 노인들이 이에 대한 접근성이 약하다. 좌석제로 운영되는 고속버스, 시외버스, 기차 등 예약이 필요한 교통체계에서 노인들은 불리한 점이 많다. 터미널에서 좌석표를 구하지 못해 서성이는 사람 중에는 노인들이 많다. 또한 농촌 지역의 경우, 인구가 줄어들면서 노선버스 운행이 줄어들어 이를 이용하는 데 추가적인 어려움이 발생한다.

이런 문제를 해결하려면 어떻게 해야 할까? 필자가 이 문제에 대한 온전한 해결책을 제시하기에는 역량 부족이고, 여기서는 아는 범위에서 간단히 두 가지 방안만 제안한다. 우선 저상버스 보급을 확대할 필요가 있다. 저상(低床)버스는 장애인이나 노인 등, 거의 모든 유형의 교통약자들의 이동 편의를 도모할 수 있는 버스라고 할 수 있다. 그런데 그

보급률은 2021년 기준으로 27.8%에 지나지 않고, 더구나 시외 이동을 위한 저상버스는 전혀 없는 실정이다. 이런 점에서 개선이 시급하다.[23]

농촌지역의 경우 노선버스가 줄어들고, 지금 있는 노선버스 회사들도 승객 부족으로 만성적인 경영상의 어려움을 겪고 있다. 현재 이용객도 많지 않고, 앞으로는 더욱 농촌인구가 줄 가능성이 높기 때문에 노선버스를 무작정 늘리기도 힘든 상황이다. 이런 상황에서 대안으로 거론되는 것은 수요응답형 교통수단(DRT: Demand Responsive Transport)이다. DRT는 정시 정규 노선을 운행하는 노선버스와 택시의 중간에 있는 대중교통 서비스로, 대중교통수단의 저렴한 통행요금과 개인교통수단의 편리한 승하차 신속성을 혼합시킨 교통수단이다.

우리나라에서는 2018년 농촌형 공공형 교통 모델이 보급되면서 신안군, 창녕군, 봉화군 등 일부 지역에서 시도되고 있다. 저렴한 요금(100원~1,000원) 으로 농촌 주민들이 활용할 수 있는 시스템이다. 주로 택시나 소형 승합차가 활용되고, 시외버스터미널, 관공서, 병원 등을 경유하는 방식으로 운영된다고 한다. 노선버스 대신 DRT를 활용함으로써 정류장까지 걸어가는 시간이 28분에서 8분으로, 대기시간

---

23 Lim, 앞의 글, 163쪽.

이 34분에 11분으로 단축되고, 읍면 소재지까지 소요 시간도 37분에서 18분으로 단축되었다고 한다. 교통수단이 편리하다 보니 시골 노인들의 외출 횟수가 월 4.2회에서 6.9회로 증가하고, 만족도도 44.7점에서 91.8점으로 상승했다고 한다. 문제는 현재는 국비를 지원하는 시범사업 형태로 전체 수혜 인구가 5% 미만이라는 점이다.[24]

여기서는 노인 친화적 대중교통체계의 사례로 두 가지만 언급했지만, 앞으로 다양한 방안이 모색되어야 할 것 같다. 이 과정에서 우리는 안전, 이동권, 복지, 공동체, 환경, 경제적 효율성 등 다양한 목표들과, 그것들 간의 균형을 추구해야 하지 않을까 생각된다. 이를 위해서는 도시계획가, 건축가, 공학자, 도로안전 전문가, 운전기사, 건강전문가, 심리학자, 사회학자, 윤리학자, 환경전문가 등 다양한 분야의 전문가들의 다학문적 접근, 그리고 정부, 시민단체, 일반시민 등과의 협업이 필요할 것이다.[25]

5. 맺는말

지금까지의 논의를 요약해 보자. 앞서 지적한 여러 가지

---

[24] 이상진 외, 「초고령사회에서 고령자 운전면허반납제도의 인권친화적 개선방안에 관한 연구」, 126쪽.

[25] Webber, "Mobility in Older Adults: A Comprehensive Framework", 444쪽.

요건들이 만족되지는 않았지만, 만일 이들 요건이 만족된다면 노인 운전면허에 대한 규제는 부당한 연령차별이나 평등권의 침해로 보기는 어렵다. 그 이유는 노인 운전에 대한 규제는 단지 나이에 근거한 것이 아니라 실제적인 안전운전 능력에 기초한 차별이기 때문이다. 안전운전 능력과 체력, 그리고 나이 간에는 일정한 상관관계가 있음을 부인하기는 어렵다.

그러나 이 문제를 단지 안전이라는 공익과 노인의 이동권 간의 대립 문제로만 접근해서는 안 된다. 사회적이고 포괄적인 접근이 필요하다. 왜냐하면 노인의 운전은 전적으로 개인 차원의 선택이 아니라 사회 차원에서 이루어지는 집합적 성취이기 때문이다. 이런 점에서 배제적인 접근이 아니라 보정적 접근이 이루어져야 한다. 그리고 지구촌 차원의 환경을 생각하고, 아울러 여성 노인과 빈민 노인, 장애인 노인 등을 위한 교통체계를 모색해야 한다. 교통 약자를 위한 교통체계에 대한 고민이 필요한 시점이다.

4장

노년의 일: 정년제 논쟁

1. 들어가는 말

수명 증가와 저출산 현상이 맞물리면서 전체 인구 중에서 노인 인구가 차지하는 부분이 급증하고 있다. 이에 따라 웰 에이징(well ageing), 즉 훌륭한 노화에 대한 관심도 증대하면서, 액티브 에이징(active ageing), 생산적 에이징(productive ageing)의 이념이 대두되고 있다. 액티브 에이징은 나이가 들어서도 자기를 실현하고 활기차게 활동하는 것이 바람직한 노년 생활의 핵심이라고 보는 관점이다. 생산적 에이징은 노년기도 활기찬 사회활동을 할 수 있는 시기라는 점을 강조한다는 점에서 액티브 에이징과 유사하지만, 경제적 활동에 방점을 두고 있다는 점에서 차이가 있다. 이 입장은 노인도 시장에서 재화나 서비스를 생산할 수 있는 유용한 인적자원이라는 점에 초점을 맞춘다.

생산적 에이징과 관련해 정년제에 대한 반성적 검토가 요망된다. 정년제는 본인의 능력 및 의사와는 무관하게 일정한 나이가 되면 강제적으로 일자리에서 물러나는 제도를 말한다. 정년제는 나이를 이유로 직업의 기회를 박탈한다는 점에서, 연령차별적인 제도라는 비판이 제기된다. 이번 장에서는 정년제가 과연 정당화될 수 있는지, 그리고 지금 이 시대에 과연 적합한 제도인가 하는 문제를 다룬다. 그리고 웰에이징과 관련해 정년제도의 변화를 모색하고자 한다.

이를 위해 먼저 정년제의 현황과 찬반 논의를 소개할 것이다. 둘째 사회의 변화에 따라 우리 사회도 정년제의 폐지 또는 정년 연장을 고려해야 한다고 주장할 것이다. 셋째 정년 연장을 위해 먼저 요구되는 선행조건에는 어떤 것들이 있는지, 그리고 함께 고려해야 사항들에는 어떤 것들이 있는지 살펴볼 것이다.

2. 정년제 현황

현재 정년제를 폐지한 나라는 미국과 영국이다. 다른 나라들은 대부분 정년제를 유지하고 있지만 점차 정년 연령을 연장하는 추세이다. 국제노동기구(ILO)는 연령을 이유로 한 근로자의 고용상 차별을 금지한다. 구체적으로 국제노동기구는 1980년 <고령근로자에 관한 권고>(제162호)에서 "회원국은 연령과 관계없이 근로자의 평등한 기회 및 대우를 촉진하는 국가정책과 이에 관한 법령과 관행의 틀 내에서 고령 근로자에 관한 고용 직업상의 차별을 금지하는 조치를 취하여야 한다."라고 규정하여(제3조), 정년제에 명확히 반대하는 태도를 보인다.

미국은 정년제를 철폐했다. 미국은 1986년 <고용상의 연령차별금지법>에 의해, 연령상한을 폐지하여 지금은 정년제가 없다. 법으로 정년퇴직제는 금지되었지만, 다만 다음의 예외는 인정한다.

> 첫째, 65세 이상으로 경영간부직이나 사업주로부터 연간 44,000달러 이상의 퇴직연금을 수급할 수 있을 때
> 둘째, 경찰과 소방 공무원, 항공관제사
> 셋째, 업무가 일정 연령 이상의 근로자 대부분이 효율적으로 수행할 수 없는 업무라고 사업주가 입증할 수 있을 때

요약하면 특수한 경우를 제외하고는, 제도로서의 정년제는 폐지된 것이다. 영국 또한 2011년 4월 기본정년연령(Default Retirement Age)을 폐지함으로써 미국과 같은 길을 가고 있다. 반면 다른 대부분의 나라는 정년 제도를 유지하고 있다. 그렇지만 정년 나이는 점차 연장되는 추세다. 독일은 2013년 이미 정년을 60세에서 65세로 연장했고, 2029년부터는 정년을 67세로 연장할 예정이다. 중국도 정년 60세

에서 65세로 연장을 검토하고 있고, 일본의 경우 1973년 55세 정년에서 시작해, 1998년 60세, 2013년 단계적으로 2025년까지 65세까지 연장하는 중이다.[1] 프랑스는 2023년 1월 정년을 62세에서 64세로 연장했다.

우리나라는 2013년 고령자보호법(고용상 연령차별금지 및 고령자 고용촉진에 관한 법률) 제4조의4에서 고용상 연령차별금지를 규정했다. 하지만 동법 제4조의5에서 정년제를 예외로 허용하고 있다. 그리고 동법 제19조 제1항에서 "사업주는 근로자의 정년을 60세 이상으로 정하여야 한다."라고 하고 규정함으로써, 그전까지는 55세였던 정년을 법 개정을 통해 60세로 연장했다. 이법은 2016년부터 300인 이상 사업장에서 시행되었고, 2017년부터는 300인 미만 사업장에도 확대 적용되었다.

정년제 존폐 문제는 기본적으로 연령을 근거로 차별하는 것이 과연 정당한가 하는 평등권 규정에 관한 것이다. 하지만 동시에 고용 유연성, 임금체계, 그리고 연금 문제와 관련이 깊다. 가령 우리나라는 해고제한 규정이 엄격히 적용되고 있는 나라여서, 정년까지는 해고가 쉽지 않다. 반면 미국은 고용이 유연한 임의 고용을 원칙으로 해서 연령 이외의 다른 사유로도 해고가 용이한 편이다. 또 미국은 해고도

---

1   이희자, 『60세 정년관리와 임금피크제』, 52~63쪽.

쉽지만, 직무급 임금체계로 되어 있어서 우리와는 사정이 다르다.

연금 문제도 중요하다. 영국이 2010년 기본정년연령을 폐지한 것은 연금 문제와 관련이 깊다. 노동단체와 연령차별 반대단체는 정년연령 폐지를 "퇴직에 관한 결정을 사용자들이 아닌 근로자 스스로 하는 것이라는 점을 명확히 하는 계기"라는 점에서 환영 자축했다. 하지만 당시 집권 세력이었던 영국의 보수-자민당 연정은 기업 친화적 노동 정책을 표방했고, 정년 연령을 폐지한 것은 사실 연금으로 인해서 정부에게 가해지는 압박을 피하기 위한 것이라는 해석이 일반적이다.[2]

2010년 프랑스 정부가 정년을 60세에서 62세로 늦추는 것에 대해 오히려 노동계가 반대한 것도 같은 맥락이다. 당시 프랑스 노동계는 정년 연장을 골자로 한 연금개혁 법안에 반대했는데, 이는 정년이 늦춰지면서 그만큼 연금 수급 개시 연한이 늦춰지기 때문이다. 노동자들은 "일을 할 만큼 하고 이제 쉬고 싶은데 왜 일을 더 시키려고 하느냐"라며 반발했다. 프랑스에서 정년 연장 논란은 얼마 전에 재현되었다. 2023년 1월 프랑스의 마크롱 대통령은 연금 개혁을 하면서 정년퇴직 나이를 현행 62세에서 64세로 상향한다고 발

2　김근주, 「영국의 기본정년제 폐지 이후 판례와 시사점」, 44쪽.

표했다. 이 과정에서 노동조합과 시민들의 거센 반발에 부딪힌 바 있다.

3. 정년제 찬반 논거

정년제에 대해서는 찬반양론이 분분하다. 먼저 정년제에 대한 반대론을 살펴보자.

첫째, 정년제는 법적인 측면에서 평등권을 침해한다. 성이나 인종을 이유로 직업 선택을 제한하는 것이 부당한 것처럼, 나이를 이유로 직업 선택을 제한하는 것도 부당하다. 일할 능력도 있고, 일하고 싶어 하는 사람을 단지 나이가 많다는 이유로 직장에서 강제로 내모는 것은 헌법에 보장된 기본권을 침해한 것이다. 그것은 민주주의 사회의 기본원칙인 기회균등의 원칙을 위반한 것으로 용납될 수 없다. 그리고 인간의 기본권인 직업선택의 자유를 침해한 것이고, 또 노동을 통한 자아실현을 막는다는 점에서 개인의 행복추구권을 침해하는 행위이다.

둘째, 정년제는 적절하지 않은 기준에 근거한다. 단지 나이가 일정 단계에 접어들었다고 해서 그 사람을 직장에서 내모는 것이 적절하지 않다. 정년제에서 기준이 되는 것은 달력상의 연대기적 나이(chronicle age)이다. 그런데 연대기적 나이는 실제 건강상의 나이, 또는 기능상의 나이(functional age)와 다르다. 사람에 따라서는 자기 나이보다 훨씬 더 건강하고 더 잘 일을 수행할 수 있는 사람이 있다. 팔모어에 따르면, 연대기적 나이가 아니라 기능상의 나이가 노동시장에서 능력을 표시하는 척도여야 한다. 그리고 기능상의 나이를 측정하기 위해서는 육체적, 정신적, 사회적, 경제적, 정치적 능력을 종합적으로 고려해 판단해야 한다. 그리고 직업에 따라 요구되는 기능상의 나이는 다 다르다는 점에서, 획일적으로 특정 나이를 규정해 정년퇴직시키는 것은 잘못이다.[3]

또 나이를 잣대로 해서 사람을 평가하는 것은 사람을 개별 주체로 보는 것이 아니라 하나의 동질적인 나이집단의 구성원으로만 보는 것이다. 연령차별주의는 이런 점에서 성차별주의나 인종차별주의와 유사하다. 이것들은 모두 개인을 개별 주체로 보지 않고, 성이나 인종, 또는 나이라는 특정 범주에 가두어 놓고 사람을 평가해 기회와 권리, 자존감을 박탈하는 것이다. 이것은 개인을 개인으로서 평가하지 않는 탈 개인적 방법으로, 보편적인 인권에도 어긋난다는 비판이 가능하다.[4]

셋째, 정년제는 개인적으로도 사회적으로도 바람직하지 못하다. 당사자의 의사와 무관하게 개인을 직장에서 내모는

---

[3] Palmore, *Ageism: Negative and Positive*, 51쪽.

[4] Coupland 외, "Discourses of Ageism and Anti-Ageism", 281쪽.

것은 개인의 생활과 복지에 심대한 타격을 준다. 때때로 "나는 쓸모없는 사람이 아닌가."라는 생각에서 오는 자존감의 상실과 스트레스를 야기하고, 이는 건강에도 좋지 않은 영향을 미친다. 또한 정년제는 사회적으로도 바람직하지 못하다. 경험이 많고 숙련된 노동자를 작업장에서 배제하는 것은 작업장의 효율성을 저하하는 요인이 된다. 나이 많은 근로자는 일반적으로 직장에 대한 충성도가 높고, 고객에 대한 서비스도 좋다. 또 작업장에서 나이 다양성이 확보되면 확보될수록, 작업장의 분위기도 좋아진다고 한다. 또한 고령층을 직장에서 조기에 밀어내는 것은 노인에게는 빈곤을 야기하고, 국가에는 복지 부담을 가중하는 부작용도 있다.[5]

넷째, 정년제는 잘못된 노동자상(像)에 기초해 있다. 정년제는 오로지 직장에만 헌신하는 노동자가 '이상적'인 노동자라는 관점에 기초해 있다. 사회학자 맥나마라(T. McNamara)에 의하면, 이상적인 노동자상은 19세기 말에 출현했다. 이런 관점에 따르면, 노동자들은 오로지 자기 직장에 충실하고 헌신해야 한다. 이상적인 노동자들은 자신의 직업에 매진해 자신이 갖고 있는 모든 체력과 열정을 쏟아야만 하는데, 이 과정에서 노동자들은 가족을 돌보는 책임

---

5   Stypinska 외, "Ageism and Age Discrimination in the Labour Market: A Macrostructual Perspective", 101쪽.

으로부터도 면제될 정도로 직장 일에 최선을 다해야 한다. 그런데 이런 노동을 감당할 수 있는 존재는 중년 노동자들이다. 여성과 노인은 이런 이상적인 노동자에게 맞지 않는다. 여성들은 집안일을 해야 하고, 노인들은 이 정도의 헌신적인 능력을 보이기에는 체력적으로 충분하지 않기 때문이다. 이렇듯 노동자를 오로지 직장에만 헌신해야만 하는 존재로 보는 극단적인 노동자상은 여성과 노인을 직장에서 배제한다. 동시에 가정과 직장을 완전히 분리시킨다는 점에서도 바람직하다고 보기는 어렵다.[6]

다섯째, 정년제는 노인을 허약한 존재로 보는 잘못된 관념에 기초해 있다. 이것은 노인을 타자에 의해 지배되고 보호되어야 하는 대상으로 보는 잘못된 이데올로기이다. 그것은 일종의 '동정적(compassionate)' 연령차별주의의 형태라고 할 수 있다. 여기서 노인들은 연약하고 도와야 하는 존재로, 그리고 아이처럼 자기 스스로 의사 결정도 할 수 없는 존재로 취급받는다. 이런 가부장적, 보호 지향적 접근은 노인들을 보호 대상으로만 보아 기회와 권력으로부터 배제하며, 만일 노인들이 기회와 권력을 요구하면 그런 노인들은 자기 몫 이상을 요구하는 '탐욕스러운 괴짜(greedy geezer)'로 간주한다. 이런 허약한 노인상은 아주 나이가 많거나 건강이 좋

---

6   McNamara, *Ageism: Past, Present, and Future*, 104~105쪽.

지 않아 타인의 보호가 있어야 하는 노인들에게는 해당할지 모르겠지만, 노인 일반에게 적용하는 것은 잘못이다. 오늘날 노인들은 그렇게 허약한 존재가 아니다.[7]

헌법상 보장된 평등의 원칙에 어긋난다는 점에서 법학자들은 대부분 정년제 폐지를 주장할 것 같아 보인다. 하지만 많은 법학자, 특히 노동자의 권익에 대해 우호적인 입장의 노동법학자들은 의외로 정년제 폐지를 망설인다. 그것은 나름대로 이유가 있는데, 구체적인 내용은 다음과 같다.

첫째, 정년제는 직업의 안정성을 보장해 주는 측면이 있다. 정년제는 말 그대로 일정한 나이가 되면 그만두어야 한다는 것이지만, 뒤집어 보면 그때까지는 고용이 보장된다는 측면이 있다. 즉 양면성이 있는 것이다. 다시 말하면 정년이 60세라고 할 때 60세가 되면 직장을 떠나야 하지만, 동시에 60세까지는 특별한 이유가 없으면 고용이 보장된다. 고용 안정이 중요한 관심사인 노동자들의 처지에서 보면, 이것은 적지 않은 의미를 지닌다.[8]

이는 정년제가 폐지된 미국은 고용 안정성이 없지만, 정년제가 유지되고 있는 우리나라는 고용 안정성이 있다는 사

---

7   McNamara, 앞의 책, 115~118쪽.

8   이율경, 「연령평등과 정년제의 딜레마에 관한 법적 검토」, 30쪽.

실에서도 잘 드러난다. 미국의 경우 정년제는 불법이지만, 능력이나 성과 부족 등의 사유로 비교적 자유롭게 해고가 가능하다. 그래서 만일 우리나라도 정년제를 폐지할 경우, 지금 확보한 고용 안정성이 흔들릴 수 있다는 우려가 있는 것이다. 이런 점에서 노동자 권익에 우호적인 학자들은 정년제 폐지에 반대하는 경향이 있다.

둘째, 능력에 대한 평가는 쉽지 않다. 고용 상한연령을 두지 않고 나이와 관계없이 능력에 따라 평가되는 사회가 이상적인 사회일 수도 있다. 하지만 평가 기준의 객관성과 공정성을 확보하기는 쉽지 않고, 그런 상태에서의 능력 평가는 근로자에 대한 고용 보호를 훼손할 위험이 존재한다.

앞서 정년제 폐지론자들은 연대기적 나이가 아니라 기능상의 나이가 적절하다고 주장한 바 있다. 하지만 기능상의 나이를 측정하기는 쉽지 않다. 이런 점에서 정년제를 옹호하는 사람들은 나이를 직업과 관련한 하나의 '유의미한' 속성으로 본다. 일반적으로 20대가 기술과 경험이 없다고 한다면, 60대는 신체 능력이 떨어진다고 보는 것이 합리적이다. 이렇게 본다면 나이는 직업과 관련한 유의미한 속성이고, 이것에 따라 직업에 적절한지 판단하는 것도 합리적일 수 있다고 주장한다.

물론 이에 대해 일종의 '통계적 차별'이라는 비판도 가능할 것이다. 개인적으로 젊지만 경험이 많은 사람도 있고, 나이가 많지만 신체능력은 떨어지지 않는 사람도 있을 수 있기 때문이다. 이에 대해 정년제 옹호자들은 고용자들은 개개인에 대한 완벽한 지식을 가질 수 없기 때문에 통계적으로 접근할 수밖에 없는 것이 현실이라고 주장한다. 이런 현실을 감안한다면 통계적으로 접근하는 것에 대해 무작정 비판할 수만은 없다는 주장이 가능하다.[9]

셋째, 정년제를 유지하는 것이 더 효율적이다. 일반적으로 근로자의 나이가 50세를 넘어가면, 육체적 능력과 정신적 집중도가 떨어져 업무수행 능력이 저하된다. 그런데도 우리나라의 경우 현재 55세 이상의 근로자 임금은 34세 이하 근로자들과 비교하면 3배에 달한다.[10] 근로자의 임금과 생산성은 기업의 이윤과 생존에 직결된다. 만일 정년이 늘어나 고용 비용이 여기서 더 증가하면, 기업은 생존할 수 없을 것이고 근로자들은 삶의 터전을 잃게 될 것이다.

또 나이가 많은 사람들이 많아지게 되면 인사 적체가 발생해서 조직의 순환에 문제가 발생한다. 직장인들이 원하는 것 중의 하나가 승진이다. 그런데 정년을 연장하거나 철폐할 경우, 나이 든 근로자들이 사업장에 많이 남게 되어 젊은 근로자들의 승진은 적체될 것이다. 승진이 적체되면 젊은

---

9 McNamara, 앞의 책, 102~103쪽.

10 류기정, 「정년연장에 대한 경영계 입장: 쟁점과 대안」, 61쪽.

근로자들의 근로 동기는 저하될 것이고, 이를 막기 위해 승진을 자꾸 시키다 보면 기업의 조직구조는 비효율적인 기형이 될 것이다. 그런데 우리는 몇 년 전 정년을 55세에서 60세로 연장하면서, 이런 경험을 이미 한 바 있다. 가령 실제로 2012년 부장이 전체 종업원의 5.8%였던 회사가 2016년에는 12.6%, 2020년에는 21.2%가 되는 현상이 발생했다. 이렇듯 정년을 철폐하거나 연장하는 것은 기업이 감당할 수 없는 비효율을 결과할 것이다.

넷째, 정년제는 생애 전체의 관점에서 보면 불평등한 것이 아니다. 나이에 근거해 고용을 종료하는 정년제는 다른 차별적인 제도나 관행과는 다르다. 가령 성차별 또는 인종차별은 평생 그로 인해 특정 개인이 평생 이익 또는 불이익을 얻는다는 점에서 부당한 제도일 것이다. 반면 연령차별은 생애 전체의 관점에서는 공정할 수 있다. 고령에 도달한 자는 이미 젊은 시절에 향유할 수 있는 이익을 누렸고, 현재 이익을 향유하고 있는 젊은 세대 또한 언젠가는 나이에 따른 불이익을 맞게 되어 정년퇴직을 할 것이다. 즉 생애의 특정 시점에서는 불리하지만, 생애의 다른 시점에서는 유리한 셈이다. 따라서 결국 모든 사람은 생애 전 과정에서는 이익과 불이익을 동일하게 겪게 되므로, 장기적인 관점에서는 연령에 근거한 구별은 불평등한 것이 아니다. 결국 정년제는 궁극적으로는 평등하고, 모든 세대에게 이득이 된다는 것이다. 나이는 시간의 흐름과 더불어 발생하는 생애주기에 나타나는 연속체(continuum)이기 때문이다.[11]

4. 인구구조의 변화와 웰 에이징

지금까지 정년제 현황과 찬반 논의를 살펴보았다. 필자는 다음 2가지 이유에서 현재의 정년제를 재고해야 한다고 생각한다. 하나는 인구구조의 변동이다. 현대사회가 고령화사회로 급속히 이행하면서 근로 인력은 부족하고, 연금의 지속가능성도 흔들리고 있다. 다른 하나는 노인들의 수명 연장과 건강 증진으로 웰 에이징과 생산적 에이징에 대한 요구가 증대하고 있다는 점이다.

고령화의 대표적인 나라는 일본이다. 2050년 60세 이상 인구 비율은 일본 41.7%, 한국 41.2%로 고령화에서 한국은 일본에 버금가고, 고령화사회로의 변화 속도를 감안한다면 상황은 한국이 더 심각하다.[12]

고령화사회의 문제는 첫째 경제활동인구의 부족, 즉 노동력의 부족 현상이다. 이와 관련해 제기되는 해법은 외국인 노동자의 유입이다. 아시아 등 제 3세계에서 값싼 노동력을 유입하는 것이다. 그런데 이 방법은 당장의 해법이 될지

11　Nagele, "Work Environment and the Origin", 83쪽.

12　Magnus(홍지수 역), 『고령화시대의 경제학』, 74~81쪽.

는 몰라도, 장기적으로는 문제가 많다. 외국인 노동자들은 일반적으로 3D나 제조업 등 내국인이 기피하는 업종에 취업하게 된다. 그리고 가난한 제 3세계에서 유입된 외국인 노동자들은 저임금을 감수하기 때문에 이 분야의 임금은 더 낮은 수준으로 고착화 된다. 그러면 내국인 노동력은 더더욱 제조업 분야를 기피하게 되어, 나중에 더 큰 부담이 야기된다.[13]

또 외국인 노동자의 유입은 지구촌 차원에서도 결과가 좋지 않다. 가령 일찍부터 스페인은 고령화로 노동인구가 부족해지자, 같은 스페인어권인 에콰도르에서 이민을 많이 받았다. 현재 인구가 1,450만 명인 에콰도르에서 한창 일할 나이의 청장년 70만 명이 스페인에서 살고 있는 실정이다. 그 결과 에콰도르의 경제가 심각해져, 현재 에콰도르 정부는 해외에 이주한 자국민의 귀국을 장려하는 정책을 시행하고 있다.[14] 우리나라의 경우 외국인 노동자를 유입한다면, 아마도 1차적으로 베트남과 필리핀 등 동남아시아 지역이 유입될 전망이다. 그것은 장기적으로 그 나라의 경제에도 좋지 않을 것 같고, 그 나라 또한 에콰도르처럼 노동력 수출을 제한할 가능성이 있다. 즉 계속적인 외국인 노동자 유

---

13   김태유, 『은퇴가 없는 나라: 국가경제를 이모작하라』, 162~163쪽.

14   Fishman(안세민 역), 『회색쇼크: 고령화, 쇼크인가 축복인가』, 138쪽.

입이 언제까지 지속할 수 있는지도 의문이다.

고령화의 또 다른 문제는 연금의 지속가능성이다. 통계청의 노인 부양비 추이를 살펴보면, 2000년에는 생산가능인구 10명이 노인 1명을 부양했는데, 현재 2020년에는 생산가능인구 5명이 노인 1명을, 앞으로 2065년에는 생산가능인구 1명이 노인 1명을 부양해야 하는 상황이다. 이런 상황을 고려하면, 앞으로 연금이 지속될 수 있을지 심각한 의문이 든다. 연금 재정이 바닥나면 부족분은 국민 세금으로부터 충당될 것이고, 그것은 경제활동인구인 젊은 층에 엄청난 부담을 줄 것이다. 세금에 부담을 느끼는 젊은 층들이 대거 외국으로 이주해 상황이 더 악화하는 현상을 우리는 이미 그리스 등에서 목격한 바 있다.

정년 연장 시 노년부양비 감소

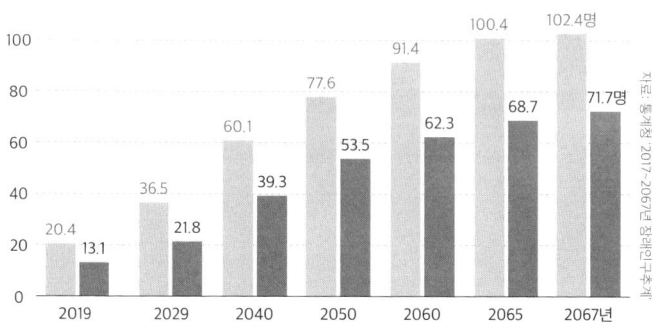

노년부양비: 생산가능인구 100명 당 부양하는 고령인구의 수

■ 정년 60세(생산가능인구 15~64세) ■ 정년 65세(생산가능인구 15~69세)

※ 중위 추계를 정년 5세 연장 가정하여 분석한 결과

대부분의 국가는 이 문제를 극복하기 위해 연금개시연령을 순차적으로 높이는 방안을 취하고 있다. 우리나라도 국민연금 개시연령을 1953년생은 61세, 1957년생 이후는 62세, 61년생 이후는 63세, 65년생 이후는 64세, 69년생 이후는 65세로 고친 바 있다. 정년은 60세인데 연금은 65세부터 받을 수 있는, 이른바 '소득절벽(crevasse)'이 발생하는 것이다. 정년 연령과 국민연금 개시연령의 차이는 고령자들의 기본생활마저 힘들게 한다는 점에서 결코 가벼운 문제가 아니다. 정년 나이를 연장해 고령인구를 경제활동 영역으로 편입시킬 필요가 있는 것이다.

필자가 생각하기에 이제 우리는 노년기를 활력 있고 생산적으로 보낼 필요성이 있다. 통계청 통계에 따르면, 한국인의 평균 수명은 1980년 65세에서, 1990년 71세, 2000년 76세, 2010년 80세, 2023년 83.6세로 증가했다. 아마도 2050년경에는 상당수가 90세를 넘어 100세 인생을 경험하게 될 것이다.

평균 수명이 증가함에 따라 노년기 자체가 확장되고 있다. 노년기에 막 진입한 60세 전후의 노인과 90세 이후의 노인을 같다고 보기 힘들다. 30년에서 40년 이상의 연령 차이가 나는 노인집단을 하나의 단일 집단으로 보기 어려운 것이다. 이런 현실을 인식하여 노년층을 '제3의 연령기(the third age)'와 '제4의 연령기'로 구분하고, 전자를 비교적 건강하고 활동적인 노인층으로, 후자는 80세 이상의 최고령 연령층으로 장애와 질병의 고통을 받기 쉬운 노인층으로 구분하자는 주장이 나온다. 앞서 본대로 새들러(William Saddler)는 노화와 의존, 죽음을 기다리는 제4 연령기와는 달리 제3 연령기는 고령화로 인하여 생겨난 우리 생애 중 가장 긴 시기로서, 자아실현을 추구하는 생활의 시기임을 강조하였다.

제3기에는 액티브 에이징, 더 나아가 생산적 에이징을 추구할 필요가 있다. 액티브 에이징이 말 그대로 활력 있는 노후를 추구해 노인들의 취미생활, 운동, 여가 활동, 봉사활동을 강조한다면, 생산적 에이징은 주업이든 부업이든 노인들의 경제활동을 강조한다. 사회의 급격한 노령화로 인한 근로 인력의 부족은 이제 액티브 에이징을 넘어 생산적 에이징을 요구한다고 하겠다.

건강 상태 개선으로 현재 제3 연령기의 상당수 노인은 건강 상태가 양호하다. 강한 체력이 요구되는 일부 직종의 일은 힘들겠지만, 대다수 직종에서의 활동은 가능하다. 물론 신체 능력은 20대에서 30대 초반에 정점을 찍은 후 쇠퇴한다. 하지만 정신적 능력은 상대적으로 천천히 감소하고, 감소 폭도 작은 편이다. 정신적 능력 중에서도 언어능력 판단능력 소통능력 사무능력 업무지식 경험적 혁신력은 나이가 들어서도 크게 감퇴하지 않는다고 한다. 이런 능력이 요구

되는 관리자 사무원 서비스 교육 저술 컨설팅 직종은 나이가 들어도 생산성 감소가 그리 크지 않다.[15]

또 중요한 점은 60대 상당수의 사람이 일하기를 희망한다는 점이다. 근로 희망 나이를 질문해 본 결과, 가구 소득에 따라 다르지만 평균적인 근로 희망 나이는 67세이다.[16] 고령자들이 일할 의지와 능력이 있는 한, 연령에 구애받지 않고 일할 수 있도록 사회 시스템을 만들어야 한다.

생산적 에이징에 대한 우려와 비판도 적지 않다. 생산적 에이징에 대한 요구를 복지국가의 퇴각을 알리는 신호탄으로 인식하는 것이다. 비판자들은 생산적 노화를 강조하는 입장을 주류 노년학의 담론이라고 비판한다. 비판자들이 보기에, 주류노년학은 생산성과 효율성을 강조하면서 끊임없이 시민들을 노동 현장으로 동원한다. 여기에는 인간을 항상 바쁘게 일해야만 하는 존재로 보는 일종의 청교도주의가 숨어 있다. 그리고 임금노동만이 사회적으로 승인된 노동이라고 본다.

이에 대해 비판자인 크룩생크는 "나는 쓸모 있는 존재로 살아가는 데 지쳤다. 지금은 그저 존재하고 다만 멈춰서 바

15　김태유, 앞의 책, 36~37쪽.
16　장철준 외, 「헌법상 평등원칙에 입각한 정년제도와 기대은퇴연령: 미국과의 비교를 중심으로」, 389~394쪽.

라보고 느끼고 생각하는, 나 자신에게 침잠해 들어가서 고요함을 즐길 수 있는 나만의 시간을 갖고 싶다."라고 말한다.[17] 아마도 이들은 자신들이 쉴 수 있도록 국가는 '복지국가'로서 자신의 역할을 다해야 하고, 기존에 국민에게 약속했던 대로, 연금을 지급해야 한다고 주장할 것이다. 앞서 살펴보았듯이 프랑스에서 노동조합이 정년 연장과 그에 따른 연령개시연한의 연기를 거부한 것도 이런 맥락에서 이해될 수 있다.

하지만 앞으로의 인구구조의 변동을 고려하면, 이 또한 무책임하다는 비판이 가능하다. 먼저 과거 국민연금의 대전제가 무너졌다는 점을 인정해야 할 것 같다. 과거의 약속은 평균 수명이 70세 전후일 때 이루어진 것인데 앞으로 수명이 90세까지 연장됐을 때도 그 약속이 지켜져야 한다고 주장하는 것은 현실성이 결여된 것이다. 경제활동인구의 노인 부양비를 보면, 2000년에는 경제활동인구 10명이 노인 1명을 부양했다면, 지금은 5명이 1명, 그리고 2065년에는 1명이 1명을 부양해야 하는 상황이다. 연금의 지속가능성을 생각할 때, 인식의 변화가 요구된다. 생태학의 제1 법칙은 "공짜 점심은 없다"라는 것이다. 후속세대가 감당할 수 없는 약속, 지속가능하지 않은 약속을 이행하라고 강요하는 것은

---

17 Cruikshank(이경미 역), 『나이듦을 배우다: 젠더, 문화, 노화』, 355쪽.

합리적이라고 보기 어렵다.

웰 에이징을 연구하는 학자들이 공통적으로 주장하는 웰 에이징의 4대 요소는 1)건강 2)인간관계 3)경제력 4)일이다. 여기서 일은 대부분의 사람들에게 있어 경제력을 위한 필수조건이다. 또한 일은 인간관계에서도 중요한 역할을 한다. 우리는 노동을 통해 대부분의 인간관계를 형성하기 때문이다. 동시에 노동은 단순한 생계 수단을 넘어 자아실현의 통로이다. 노동을 통해 우리는 사회적 존재로서의 역할을 인식하고 아이덴티티를 느끼는 것이다. 소득이 생기고 근로활동을 통해 오히려 건강도 유지된다. 내가 아직 쓸모 있는 사람이구나 하는 자존감, 그리고 내가 사회에 기여한다는 보람은 결코 적은 것이 아니다.

5. 정년연장의 선행조건과 고려 사항들

1) 정년연장의 선행조건: 임금구조 개편과 나이에 의한 위계문화 개선

지금까지 정년제를 재고할 필요가 있다고 주장했다. 궁극적으로는 정년제를 폐지하고, 단기적으로는 정년을 연장하는 것이다. 하지만 이런 변화 이전에 선행되어야 할 것도, 그리고 함께 고려해야 할 사항들도 있다. 먼저 요구되는 것은 임금구조의 개편과 나이에 의한 위계적 조직문화의 개선이다.

앞서 보았듯이 55세 이상 근로자의 생산성은 34세 이하

근로자에 비해 떨어졌지만, 임금은 오히려 3배 정도 많이 받았다. 이는 근무연한에 따라 호봉과 임금이 올라가는 연공서열제에 기초했기 때문이다. 한국과 일본은 연공서열제를 채택하고 있는 대표적인 나라로, 생산성 기여에 따라 임금을 책정하는 다른 나라들과 대조된다. 연공서열제의 장점은 근속 기한이 길면 길수록 임금이 올라가 노동자들로 하여금 장기근속의 동기를 갖게 만든다는 점, 또 노동자들의 직장에 대한 충성도를 높인다는 점이다. 그리고 나이가 많을수록 생활비용이 많이 드는 사정을 고려해 준다는 것도 장점일 것이다. 실제로 20대 30대보다는 40대와 50대가 자녀 교육 등으로 지출해야 할 생활비용이 더 많다.

하지만 외국과 비교해 보면 우리나라의 장기 근속자에 대한 대우는 그 정도가 지나치다. 한국은 국내 제조업의 20년 차 이상의 근로자 임금은 신입 직원에 비해 2.8배 높은데, 이는 스웨덴 1.1배, 프랑스 1.3배, 영국 1.5배, 독일 1.9배에 비해 지나치게 높은 수준이다.[18] 기업 입장에서 보면 생산성 이상의 임금을 지급하는 것은 비효율적인 것이고, 따라서 근속연한이 긴 근로자를 어떤 식으로든 정리해야 할 필요가 있다. 조기퇴직과 명예퇴직이 우리나라에서 남발되는 이유가 될 것이다. 그렇다면 나이 많은 근로자 입장에서 보아도

---

18 노순규, 『정년 60세 연장법과 경영방법』, 243쪽.

직장에서 쫓겨나 실업자가 되는 것보다는 차라리 생산성에 맞는 임금을 받는 것이 나을 것이다. 이런 점에서 임금의 기준을 연공서열제에서 점차 직무제, 성과급제로 전환할 필요가 있다. 임금피크제는 연공서열제에서 직무제, 성과급제로 이행하는 과도기에 선택할 수 있는 하나의 대안일 것이다.

또 하나 요구되는 것은 나이에 의한 위계적 조직문화의 개선이다. 우리나라의 조직문화는 일반적으로 상급자와 하급자 간의 상명하복을 기본으로 하는 조직문화이다. 한국의 장유유서 전통과 맞물려 상급자는 근속기한이 긴 나이 많은 사람이 맡고, 하급자는 근속 기한이 짧은 나이 어린 사람이 맡는 것이 일반적이다. 이런 조직문화 속에서 상급자들은 나이가 많은 하급자들을 꺼리게 마련이고, 이는 나이가 많은 하급자 입장에서도 직장을 떠나게 만드는 요인이 될 것이다. 이런 위계 사회의 문제점은 조기퇴직이 생산직보다 위계가 더 심한 사무직에서 더 빈번하게 발생한다는 점에서 확인할 수 있다.

그래서 사무직들은 승진하지 못하면, 후배와 경영진 눈치를 보다가 알아서 명예퇴직 형식으로 그만둔다. 법정 정년은 60세지만 실제로는 "45세가 정년"(사오정)이고, "56세까지 회사 다니면 도둑놈"(오륙도)이라는 말까지 나온다. 대부분은 법적 정년을 채우지 못하고 권고사직, 명예퇴직, 구조조정 등의 이유로 조기 퇴직하는 것이 현실이다. 그런데 실제 노동시장에서의 퇴장은 평균 67세에 이루어지고 있다. 주된 일자리에서 퇴직한 후 생계를 위해 열악한 2차 노동시장에 20년간 머무르고 있는 실정이다.

이런 현실은 그간 쌓아온 경력과 노하우로부터 단절이라는 점에서, 사회적으로도 비효율적이라는 점을 인정해야 한다. 이런 점에서 위계적 조직문화를 수평적 조직문화로 전환해야 한다. 나이 많은 상급자와 나이 어린 하급자 간의 상명하복을 근간으로 하는 직장문화를 업무와 능력 중심의 질서로 재편해야 한다. 미국 영화 <인턴>에서처럼, 나이 많은 직원이 어린 상사와 함께 일하는 것이 자연스러운 분위기가 조성되어야 한다. 나이는 어리지만 능력 있는 상급자 밑에서 그를 보좌하는 것을 더 이상 어색하게 생각해서는 안 된다.

2) 고려 사항들: 청년실업과 노동시장의 이중구조

정년제 재고와 관련해 함께 고려해야 할 사항이 있다. 청년실업의 문제이다. 가뜩이나 청년실업 문제가 심각한데, 정년을 늘려 고령 노동자 고용을 촉진하는 것은 청년들의 일자리를 그만큼 없앤다는 주장이 있기 때문이다. 과연 노년의 일자리를 늘리면, 청년의 일자리는 감소하는가? 이에 대해서 상반된 연구보고가 있다.

몇몇 연구보고서는 노년 일자리가 증가한다고 해서 청

년 일자리가 감소하는 것은 아니라고 주장한다. 가령 한국노동연구원이 발간한 보고서는 고령자 고용의 증가가 청년층 고용을 감소시킨다는 것을 보여주는 증거가 없다고 주장한다.[19] 그것에 따르면, 노인세대와 청년세대 간 고용대체 가설은 성립하지 않는다. 오히려 양자 간에는 보완관계가 존재한다. 이 입장에 따르면, 일자리의 총량을 주어진 것으로 보는 것은 '노동총량 불변의 오류(Lump of labour fallacy)'이다. 노동의 총량은 고정된 것이 아니라 상황에 따라 변한다. 그래서 노인 노동자들이 증가해도, 새로운 노동 수요가 발생해 젊은이들의 고용 또한 증가할 수 있다고 본다. 이들은 자동화와 인공지능(AI)으로 인해 노동 수요가 감소하리라는 예측은 있었지만 실제로는 그렇지 않았다고 지적한다. 기술혁신으로 생산성이 향상하면 잉여가 발생하여 인간의 새로운 욕망이 나타나고 이를 충족시키는 새로운 직업이 창출된다고 본다. 실제로 농업에서의 기계화 영농으로 인해 80%였던 농업인구는 2%로 줄었으나, 78%가 실업자가 된 것이 아니다. 이들은 제조업과 서비스업으로 새로운 일자리를 찾게 된다. 이런 사실을 지난 수백 년 간의 산업혁명의 역사가 잘 보여준다고 지적한다.

반면 다른 입장도 있다. 한요셉은 포르투갈의 여성 정년

---

19   방하남, 『기업의 정년실태와 퇴직관리에 관한 연구』 참고.

연장, 이탈리아의 정년 연장, 노르웨이의 조기 은퇴 사례와 그것들을 실증적으로 다룬 연구들을 인용하면서, 고령 고용 증가가 청년 고용 감소로 이어질 것이라고 주장한다. 그의 예측에 따르면, 정년 연장의 예상 수혜자가 1명 증가할 때, 청년층(15~29세) 고용은 약 0.2명 감소한다.[20] 예를 들어 교사의 정년을 연장할 경우, 신규 교사의 채용은 불가피하게 감축될 것이라는 예측이 가능할 것이다.

필자는 이 분야의 전문 학자가 아닌 사람으로서 이에 대한 명확한 입장을 내릴 수 있는 위치에 있지 않다. 따라서 이 문제에 관한 판단은 유보한다. 분명한 것은 노인 실업만큼이나 청년실업도 문제라는 점이다. 보는 각도에 따라서는 청년실업 문제가 더 심각한 문제일 수 있다. 청년은 고령자에 비해 신체 능력도 좋고, 생산성도 비교적 높다. 또 청년실업이 심화한다면, 거시적 차원에서 청년들의 일 경험 축적이 저해되면서 장기적으로 총생산 하락이 심화할 가능성도 배제할 수 없기 때문이다.

더욱이 청년실업은 가뜩이나 심각한 '저출산' 문제를 악화시킬 수 있다는 점에서 이 문제는 가볍게 다룰 사안이 아니다. 청년들이 결혼도 하지 않으려 하고, 또 결혼한다고 하

---

20 한요섭, 『60세 정년 의무화의 영향, 청년고용에 미치는 영향을 중심으로』, 25쪽.

더라도 자녀를 갖지 않으려는 현재의 추세는 우리나라 공동체의 존립 자체를 위태롭게 한다는 점에서 문제의 심각성이 있다.

세대 간 정의의 관점에서도 고령자 취업을 위해 청년 취업을 희생시킬 수는 없을 것 같다. 현재 노년층들은 경제성장 시기에 청년기를 보냈고 일자리를 확보하는 것이 지금보다는 용이했다. 또 부동산 가격의 상승으로 인해 자산을 축적할 기회도 젊은 세대보다 더 많았던 것 같다. 반면 청년층은 IMF 이후 경쟁이 심해지면서 비정규직 세대로, 그리고 88만 세대로 방치된 측면이 없지 않다.

이런 점에서 노인 일자리 문제는 청년 일자리 문제와 연동해 사회 전체 관점에서 다뤄질 필요가 있다. 이와 관련해 김태유의 견해는 고려해 볼 만하다. 그는 가치창출 영역과 가치이전 영역으로 직업을 나누고, 전자에는 청년층 취업을 우선하고 후자에는 고령층을 취업시키는 전략을 국가적 차원에서 추진하자고 주장한다.

그에 따르면, 가치창출 영역은 생산적인 분야로 새로운 상품과 용역을 만들어, 경제활동의 기반이 되는 부가가치를 새로이 창출하는 활동이다. 유형(有形)의 제품을 만드는 제조업이나 무형(無形)의 지식과 콘텐츠를 만드는 기술기반 서비스업이 여기에 해당한다. 그가 보기에 청년층은 신기술이나 신제품을 창출하는 제조업에서 장점이 있다. 또 소프트

웨어, 콘텐츠 개발, 건축, 영화, 음악, 패션, 출판, 통신, 방송 등 서비스 부문에서도 비교우위가 있기 때문에 이 분야의 취업을 유도할 필요가 있다. 반면 가치이전 영역은 직접적으로 가치를 생산하는 분야가 아니라 가치창출 활동을 직간접적으로 지원하는 분야이다. 이 분야에 고령층을 투입하자는 것이 김태유의 입장이다. 그중에서도 컨설팅 법률 행정 복지 교육 금융 회계 등과 같이 전문적인 지식이 필요한 분야에는 고경력 고령층을, 그리고 유통 숙박 식당 운전 등과 비교적 단순한 분야에는 저경력 고령층을 투입하는 것이 적절하다고 그는 주장한다.[21]

이런 방식으로 고령자들을 취업시키기 위해서는 먼저 고령 친화적 근무문화를 조성해야 할 것이다. 유연고용제를 선택해 1주일에 2~3일씩 전일근무를 하거나, 아니면 하루 4~5시간씩 주 5일 근무하게 하는 방식이다. 전일제로 주 5일 근무하기 힘든 노인들도 있기 때문이다. 물론 임금은 일한 만큼만 받아야 한다. 노동한 시간에 맞게 시간급으로 지급하거나, 전업 근무의 30~60% 수준을 지급하는 방식이다. 고령 구직자는 일반적으로 임금 수준 못지않게 일의 양과 시간을 중시한다. 따라서 소득이 다소 낮더라도 여가 활용이 가능한 일자리를 원하는 경우가 적지 않기 때문에, 시간

---

21 김태유, 앞의 책, 39~44쪽.

선택에서 유연성이 있는 다양한 형태의 일자리가 창출될 수 있도록 관련 제도를 정비할 필요가 있다.

다른 한 가지 고려해야 할 사항은 우리나라에 뿌리박힌 노동시장의 이중구조이다. 우리나라의 노동시장은 한편으로 대기업 및 공공부문, 그리고 중소기업의 이중구조, 다른 한편으로 정규직과 비정규직의 이중구조를 갖고 있다. 대기업과 공공부문은 높은 급료와 직업 안정성을 누리지만, 중소기업은 그렇지 못하다. 정규직과 비정규직 간의 차이는 두말할 필요가 없다.

현재도 정년까지 근무할 수 있는 직장은 일부 공공부문에 국한된다. 기업은 노동비용 증가를 감내할 수 없기 때문에 대부분 명예퇴직과 조기퇴직을 강요해 왔다. 그런데 정년을 연장하는 시도는 정년을 55세에서 60세로 높인 2013년처럼 입법 위주의 급격한 행정명령으로 시행될 가능성이 높다. 그럴 경우 정년 연장의 혜택은 공공부문이나 소수의 대기업 등 일부 부문에 집중되고, 이미 심각한 노동시장의 이중구조는 더 심화할 우려가 있다.

정년연장의 혜택이 일부 괜찮은 직장에 한정되는 것은 바람직하지 못하다. 그리고 정규직만 혜택을 누리는 것도 마찬가지이다. 이미 기득권을 누리고 있는 사람들만 새로운 또 하나의 혜택을 누리는 것은 정의롭지 못한 것이다. 이런 방식으로 일이 진행되면, 더욱 많은 청년이 괜찮은 일자리를 얻기 위해 구직 준비에 장기간 매달리게 되는 현상이 벌어지게 된다. 이는 거시적인 측면에서는 노동력이 부족하지만, 청년 실업 문제는 지속되는 상황을 야기할 가능성이 있다.

이런 상황을 막기 위해서는 노동시장의 이중구조를 완화하기 위한 정책적 노력이 선행되어야 한다. 이런 준비 없이 정년연장만을 강행할 경우, 소수만이 그 혜택을 누리고 노동시장의 이중구조는 더욱 심화할 것이다. 좋은 일자리를 얻기 위한 청년들의 경쟁은 더 치열해져, 청년실업은 더욱 장기화하고, 생산 현장은 인력 부족 현상을 겪게 되어 우리 경제에 심각한 타격을 줄 것이다.[22]

6. 맺는말

요약하면, 정년연장을 추진하되 국가는 개입 방식에 신중할 필요가 있다. 수년 전 최저임금의 급격한 상승이 최하층의 실업을 증가시키는 등 그 취지와는 상반된 결과를 낳았다는 사실을 상기할 필요가 있다. 문재인 정부 초기에 행해졌던 최저임금의 급격한 상승은, 편의점 주인 같은 자영업자로 하여금 시간제 근로자와 알바 근로자의 해고를 초래

---

22   한요셉, 앞의 책, 72쪽.

했다. 결국 최하층은 최저임금의 상승이라는 혜택은 누리지 못하고, 대신 해고라는 치명적 손실을 감수해야 했다. 정년 연장도 마찬가지다. 청년실업 문제를 악화시키지 않는 범위 내에서 섬세하게 진행되어야 한다. 그리고 그 혜택은 소수만이 아니라 국민 다수가 누릴 수 있도록 공정하고 순차적으로 진행되어야 할 것이다.

정년제는 평등주의 관점에서 문제가 많은 제도이다. 다만 그것이 갖고 있는 고용 안정 같은 장점은 인정해야 할 것 같다. 하지만 고령화 사회로 급격히 이행하면서 발생하는 새로운 문제, 인구구조의 변동에서 오는 노동 인력의 부족과 연금의 지속가능성, 그리고 웰 에이징과 생산적 에이징에 대한 요구를 고려하면 정년제는 재고되어야 한다. 당장 정년제를 폐지할 수는 없겠지만 장기적으로는 정년제의 폐지를, 단기적으로는 정년 연장을 고려해야 한다.

하지만 이를 위해서는 선행되어야 할 조건도, 또 함께 고려해야 할 사항도 있다. 연공서열에서 직무급, 성과급으로의 전환, 나이에 의한 위계적 조직문화의 개선 등이 정년제의 변화 이전에 선행되어야 할 조건이라면, 청년실업 문제와 노동시장의 이중구조 완화 등은 정년제 변화를 시도할 때 함께 고려해야 할 사항이다.

이 많은 것들을 우리는 종합적으로 고려해야만 한다. 그런데 이것들은 상당 부분 가치와 관련된 문제이다. 평등, 고용안정, 효율, 자립, 복지, 공정성, 책임 등 수많은 가치가 개입되어 있다. 이 문제는 국민 전체의 복지 증진이라는 관점에서 신중하게 고려되어야 한다. 그리고 가치와 관련된 물음들은 어느 한 탁월한 정치 지도자가 결정할 사항이 아니라, 관련된 모든 국민이 참여한 공론화 과정을 통해 결정되어야 할 것 같다. 아마 그 과정은 쉽지 않을 것이지만 우리가 반드시 겪어야 할 과정이고, 그 실행은 단계적으로 점진적으로 행해져야 할 듯싶다. 마지막으로 하고 싶은 말은 노인에게 불리한 연령차별도 문제지만, 노인에게 유리한 연령차별도 문제라고 생각된다. 정당화되지 않은 것이라면, 노인에게 불리한 차별과 유리한 차별 모두 거부해야 한다. 공정과 평등이 원칙이 되는 사회에서 모두가 동의할 수 있는 규범과 제도를 우리는 만들어내야 하는 것이다.

5장

연금과 세대 간 윤리

1. 배경

저출산 고령화로 인해 인구 구성 비율이 급격히 변화하고 있다. 1980년에는 0세에서 14세 사이의 인구 비율은 34%였으나, 2020년 8.5%, 2070년에는 7.5%에 불과해진다고 한다. 반면 65세 이상 인구는 1980년 3.8%에 불과하였으나, 2020년에는 15.7%이고, 2070년에는 46.4%에 달할 예정이다. 인구구조의 변화를 실감이 나게 하는 것은 중위연령의 변화이다. 중위연령은 전체 인구의 중간 나이로 1980년에는 21.8세였던 것이, 2020년 43.7세이며, 2060년에는 61.2세가 될 예정이다. 즉 2060년에는 우리 사회의 중간 나이가 61세의 늙은이가 되는 셈이다. 이는 국민연금과 의료보험 등 노인복지를 둘러싼 갈등을 예고한다.

민주주의 국가에서 이런 갈등 현안에 대한 의사결정은

선거 과정을 통해 이루어진다. 문제는 청년 유권자 비율은 감소하고, 노년 유권자는 증가해 노년층이 '과잉 대표(over representation)'된다는 것이다. 물론 노년층 유권자가 자신의 이익뿐만 아니라 자신의 자식 혹은 손주의 이익을 고려하여 책임 있는 선택을 할 것이라는 주장도 있지만, 이런 주장은 경험 자료에 의해 뒷받침되지 않는다. 특히 자식이 없는 1인 가정의 비율이 높아지는 상황에서, 후손들에 대한 책임 의식에 기대는 입장은 점차 그 설득력이 약해지고 있는 실정이다.[1]

실제로 미국의 경우 사회보장제도 관련 현안이 부각되면, 평소에 정치에 관심이 없던 노년층 유권자들, 특히 저소득 노인들은 자신들이 받아왔던 사회보장제도를 지키기 위해 적극적으로 정치참여 한다는 연구 결과가 있다. 우리나라도 국민연금제도를 개혁해야 한다는 논의가 빈번히 제기된다. 이때 중장년층 유권자들은 자신의 연금 수령액을 줄이거나 수령 시기를 뒤로 미루는 개혁안에 동의하지 않을 가능성이 크다.

실제로 2021년 한국종합사회조사 설문자료에 따르면, 환경문제를 '매우 걱정한다'고 답한 응답자의 비율은 18~40

---

[1] 하상응, 「세대 간 정의 실현을 위해서 노년층 유권자는 배제되어야 하는가」, 4쪽.

세(총 308명)에서는 12.6%이고, 61세 이상(총 406명)에서는 18.5%로 확인된다. 이 숫자만 보면 노년층이 환경문제의 심각성을 인지하는 정도가 더 높다. 그런데 같은 조사에서 환경문제 해결을 위해 정부가 지출을 '훨씬 더 늘려야 한다'고 답한 응답자의 비율은 18~40세에서 19.8%이지만 61세 이상에서는 11.1%밖에 되지 않는다. 서로 바라보는 시간 지평이 다른 것이다.[2]

젊은 세대(20~30대)들의 불만도 크다. 이들 세대는 부모 세대보다 못사는 첫 번째 세대로, 부모 세대에 대한 불만이 있다. 경쟁과 불안으로 점철된 생애과정을 거쳐 온 오늘날의 젊은 세대는 한국경제의 황금기와 그 과실을 향유한 윗세대에게 상대적 박탈감을 느끼고 있다. 그래서 연금 일자리 의료비 등과 관련해 젊은 세대에게 양보를 요구하는 것은 또 한 번의 희생을 강요하는 것이며 불공정한 것으로 인식한다.[3]

보통 베이비붐 세대는 1955~1963년 출생자로 규정되고 있으나, 1974년까지 태어난 세대까지 포함시킨다면 1,650만

---

2   하상응, 앞의 글, 7쪽.

3   황선재, 「인구고령화와 세대갈등: 자원배분을 둘러싼 세대 간 형평」, 150쪽.

명을 차지하는 거대 인구집단이다. 이들이 노동시장에서 대부분 은퇴하는 2030년대 이후 상당한 충격이 예상된다. 특히 기초노령연금의 증가로 베이비 붐 세대가 모두 노년기에 접어드는 2040년대는 재정 부담이 극대화될 것으로 전망된다. 더 큰 문제는 한국경제가 성장기를 지나 정체기에 들어서면서 이를 감당할 여력이 없다는 점이다.[4]

이렇듯 문제는 매우 심각한 상황이고, 상황이 그나마 조금 더 나은 지금부터라도 확실하게 준비를 할 필요가 있다. 현재 우리나라에서 연금개혁에 대한 논의가 진행되고 있다. 필자의 생각으로는 연금정책은 노동정책과 함께 논의해야 한다. 연금정책과 노동정책은 밀접하게 연관되어 있기 때문이다. 구체적으로 연금 수급 개시연령을 늦추는 것은 그만큼 정년을 연장하는 것과 관련된다. 최근 프랑스에서 정년을 연장하고 동시에 연급 수급 개시연령을 늦추려는 정부의 시도에 프랑스 노조가 반대운동을 전개한 것도 이런 맥락에서이다.

2. 연금과 일자리

우리나라에서 연금은 1986년 국민연금법이 제정되면서

---

4 김용하 외, 「베이비붐 세대의 규모, 노동시장 충격, 세대 간 이전에 대한 고찰」, 40~41쪽.

시작했다. 당시 일본의 구모델(1986년 연금개혁 이전의 구제도)을 답습해, 보험료를 9%로 정해놓았다. 이미 그때 한국개발원(KDI)은 장기적으로는 25%로 보험료율을 인상해야 제도가 유지된다고 주장했지만, 현재까지 9%의 법정보험율은 유지되고 있다. 1998년 1차, 2007년 2차 국민연금개혁을 통해 소득대체율을 낮추고 수급개시연령을 상향 조정했다.[5] 하지만 국민연금이 지속가능한지는 여전히 회의적인 것이 사실이다.

우리나라의 국민연금은 낸 것보다 많이 받게끔 설계되어 있다. 연금제도 초기에는 초기 세대가 후기 세대에 비해서 낮은 보험료율을 적용받는 것이 보통이다. 초기 세대의 이런 초과이익은 경제성장이 이루어지는 경우에는 정당화될 수도 있다. 그런데 1970년대 중반 오일쇼크와 경기침체가 발생하면서 상황이 달라진다. 복지국가는 비판 대상이 되고, 연금 수혜자들은 '탐욕스러운 노인들(greedy elders)'이라는 비판이 제기된다. 현재 우리나라는 노인 세대가 급격하게 증가하는 반면 미래세대의 규모는 급격하게 줄어든다는 점, 그리고 한국 사회가 성장기를 지나 정체기를 맞이하고 있다는 점에서, 연금개혁에 대한 본격적인 논의가 필요

---

5 윤수정, 「세대 간 형평성의 문제에 관한 헌법적 고찰-국민연금을 중심으로」, 22~26쪽.

하다. 연금의 지속가능성과 세대 간 공정성에 대한 심각한 위협이 제기되고 있기 때문이다.

연금은 세대 간 계약의 전형이다. 노령층의 사회적 부양을 약속한 세대 간 계약인데 세대 간의 직접적인 계약이 아니라 국가가 매개한다는 특징을 갖는다. 이때 계약의 단서는 1) 노인 세대를 부양하기 위한 성인 세대의 부담이 과하지 않아야 한다는 것 2) 미래세대의 규모가 급격하게 줄어들어서는 안 된다는 것이다.[6] 물론 노령층의 사회적 부양은 매우 중요한 가치이다. 하지만 그 부담을 동시대를 사는 사람들이 감수해야지 무작정 미래세대에게 전가하는 것은 무책임한 일이다. 즉 노령층의 사회적 부양도 필요하지만, 사회의 지속가능성과 세대 간 공정성도 중요한 가치임을 인정해야 한다. 이렇듯 연금에 대한 논의는 인구구조의 변화, 경제적 환경변화, 국민복지 등을 아우르는 대단히 폭넓은 접근을 필요로 한다.

연금제도에 대한 논의는 노동정책, 특히 정년제와 관련해 같이 논의해야 한다. 연금제도가 취약한 우리나라에서 일자리가 없으면 최저생계비도 확보할 수 없다. 우리나라가 노인 자살률이 세계 1위라는 사실도 이점과 무관하지 않다. 그런데 앞으로 무작정 연금제도를 확충하기도 어렵다. 현재

---

6   윤수정, 앞의 글, 13~15쪽.

생산가능인구 약 5명이 노인 1명을 부양하는 것도 버거운 상태인데, 2050년에는 60세 이상 인구 비율이 41.2%에 이르러, 1.4명이 1명을 부양해야 하는 상황이다. 젊은 층의 부양 부담을 완화하기 위한 대안이 요구되고, 이런 점에서 정년 연장의 필요성이 제기된다.

일정 나이가 되면 일자리에서 물러나는 정년퇴직제도는 그 제도가 오랫동안 유지되어 온 우리나라 사람들이 보기에는 당연한 제도라고 생각하기 쉽다. 그러나 정년퇴직은 당연한 제도가 아니다. 미국과 영국에서는 정년퇴직을 위헌으로 판정해 금지한다. 위헌인 이유는 성과 인종을 이유로 노동의 권리를 부정하는 것이 부당한 것처럼, 나이를 이유로 노동의 권리를 부정하는 것은 부당하기 때문이다. 성차별과 인종차별이 부당하다면, 연령차별도 정당화될 수 없다. 그래서 미국은 조종사 경찰관 소방관 등 특수 직종, 그리고 임원 및 연금이 확보된 자에 대해서는 예외 규정을 두고 있지만, 기본적으로 정년퇴직을 법으로 금지한다. 이것이 가능한 배경은 미국의 경우 능력에 따른 해고를 광범위하게 인정하는 고용 유연성을 확보하고 있어, 나이가 아니라 능력을 이유로 해고할 수 있기 때문이다. 미국과 영국을 제외한 대부분의 나라들은 정년퇴직제도를 인정하는데, 고령화 사회로 인해 정년은 점차 연장되는 추세이다. 프랑스 독일의 경우는 70세까지, 일본의 경우는 65세까지 단계적으로 연장하고 있다.

웰 에이징의 관점에서 보면, 일할 수 있고 일을 원하는 노인은 일을 해야 한다. 엑티브 에이징 측면에서도 생산적 에이징 측면에서도 그렇다. 그런데 일자리와 관련해 세대갈등이 있다. 고령층이 일자리를 오래 차지하고 있으면, 청년층 일자리가 줄어든다는 것이다. 이 입장은 노동 수요량은 고정되어 있고, 청년층과 고령층은 제한된 일자리를 두고 갈등하는 대체재라는 입장이다. 그래서 정년연장은 가뜩이나 심각한 청년실업 문제를 악화시킬 수 있다는 것이다. 실제로 2021년 현대자동차 노조가 최대 65세로 정년연장을 요구했을 때, 20~30대 현대자동차 직원, 이른바 MZ세대 직원들이 "또 정년연장이냐"고 반발한 바 있다.[7]

결론은 정년 연장을 고려해야 하지만, 신중하게 해야 한다는 것이다. 우선 노동생산성과 임금의 괴리 문제부터 극복해야 한다. 현재 상황에서는 고용주가 생산성 이상의 임금을 지불해야 하는 정년연장에 동의하기 어렵다. 노동생산성과 임금의 괴리를 줄이려는 다양한 노력이 선행되어야 한다. 여기에는 연공서열제를 완화하고 대신 임금피크제, 성과급, 직무제 등 다양한 제도적 노력이 필요하다. 그다음 청년

---

7 정미경 외, 「독일의 노동시장 취약계층(청년과 고령자)의 세대 간 일자리 연대」, 90쪽.

실업 문제를 동시에 고려해야 한다. 우리나라의 경우 정부 주도로 정년을 연장하게 될 경우 우선적으로 시행될 가능성이 높은 곳은 공무원, 교사, 공사 등 공공부문이다. 이것은 심각한 문제를 초래할 것이다. 많은 청년이 진입하기를 선호하는 인기 직장에로의 진입이 그만큼 어려워지기 때문이다. 청년 실업의 증가는 세대갈등을 야기하고, 무엇보다 가뜩이나 심각한 저출산 현상을 더욱 악화시킬 것이다. 동시에 사회적 형평성의 문제도 야기한다. 이미 다른 직종에 근무하는 사람들보다 사회적으로 혜택을 받아왔던 좋은 직장에서 일했던 사람들만 더 혜택을 받는다는 점이 그것이다. 이 모든 사항을 다 고려하는 매우 지난한 노력이 요구된다.

3. 제도적·법적 접근

연금문제는 전형적인 세대 간 갈등 문제이다. 현재 연금개혁과 관련해 사회적인 논의가 이루어지고 있다. 지금의 정책 결정은 현재에도 영향을 미치지만 미래에도 영향을 미친다. 특히 2060년경 연금재정이 고갈될 경우, 그 시대를 살 사람들은 심각한 상황에 봉착할 것이다. 그 사람들 중에는 지금의 청년세대와 미성년 세대도 있겠지만, 아직 태어나지 않은 세대(unborn generation)가 있어, 이른바 미래세대(future generation)의 문제가 제기된다. 미래세대의 문제는 환경 기후 분야와 관련해 많이 다루어졌는데, 연금에 대한 논의도 이것을 참고할 필요가 있다. 먼저 정치학계와 법학계에서 이루어지는 제도적, 법적 논의를 살펴보자.

정치학계가 주목하는 것은 민주주의의 구조적 문제이다. 실제로 현행 민주주의는 구조적인 결함을 갖고 있다. 민주주의 정치제도의 요체는 4~5년마다 치르는 선거이고, 이때 선거에는 현세대 20세(또는 18세) 이상의 유권자들만이 참여할 수 있다. 이 과정에서 유권자의 이해관계만 반영되고 유권자가 아닌 존재의 이해관계는 무시되기 십상이다. 더욱이 실버(silver) 민주주의가 등장하고 고령자들이 기득권을 고수하려는 경향을 보이고, 정치에 과도한 영향력을 행사하는 현상마저 발생하고 있다. 가령 현재 연금정책을 결정하면서 현세대 노인층에게 과도한 혜택이 주어지는 현상이다. 그 여파로 연금재정이 무너질 경우 그 피해는 고스란히 다른 사람들에로 전가된다. 여기에는 1) 현재의 청년층 유권자 2) 현재의 1~20세의 미성년자 3) 아직 태어나지 않았지만 그 때는 존재하는 사람(구체적으로 2025년 이후 출생자)이 포함된다.

현재의 연금정책의 결정으로 실질적인 영향을 받는 미래세대가 참여할 수 없는 것은 심각한 문제이다. 이와 관련해 롤스는 세대 간 형평성을 확보하기 위해서는 현재의 민주주의 체제에 제한을 가할 필요가 있다고 주장한다. 롤스에 따르면 현재의 민주주의 원칙은 현세대의 소망에 의해 정책을 결정하는 것으로, 현재 유권자들의 견해를 무시하는 것을 허용하지 않는다. 이런 현세대 중심의 민주주의 원리가 정당화될 경우, 민주주의 정부는 세대 간의 문제에서 엄청난 부정의를 행할 우려가 있다고 롤스는 본다.[8]

이 문제를 극복하기 위한 방안으로 호주의 정치철학자 구딘(Robert Goodin)은 현세대의 사람들이 자신들뿐만 아니라 미래세대의 이해관계를 고려하여 균형 있게 정책결정을 하자고 주장한다. 자기뿐만 아니라 타자를 생각하는 보편적 관점에서 미래세대의 이해관계를, 더 나아가 자연을 헤아리는 심도 있는 '내적 숙의(internal deliberation)'가 필요하다는 것이다.[9] 문제는 이 주장은 지나치게 이상적이고, 현세대의 '선의(善意)'라는 우연성에 미래세대의 운명을 맡긴다는 비판에 취약하다는 점이다.

윤리적 접근이 아닌 정치적 제도적 접근도 있다. 가령 청년 비례대표제를 도입이 그것인데, 일정 비율 이상의 청년을 국회 비례대표 의원으로 선정하자는 제안이다. 현재 청년층은 투표권은 있지만 영향력은 미미하다. 실제 투표율은 저조하고, 경력이 일천하다보니 실제 배출되는 20, 30대 국회의원의 수는 몇 명에 불과한 수준이다. 그래서 이들

---

8   Rawls(황경식 역), 『정의론』, 393쪽.

9   Goodin, "Democratic Deliberation within" 참고.

이 노년이 될 시점, 가령 2060년 발생할 수 있는 연금재정의 붕괴를 막기 위해 자기 목소리를 내기 어려운 실정이다. 이런 점을 개선하기 위해서는 '차별시정을 위한 적극적 조치(affirmative action)'가 필요하다고 주장된다. 다양한 방안들이 나오는데, 그중 하나는 비례대표의 50%를 청년비례대표 몫으로 배정하자는 것이다. 이를 통해 의회에서 이들이 목소리를 낼 수 있게 하는 것이다. 이는 여성의 대표성 확보를 위해 일정 비율의 여성 공천을 의무화하는 것과 마찬가지 맥락이다.[10]

연령이 낮아 아직 투표권이 없는 어린이들을 위한 제안도 있다. 가령 카프카와 워렌(G. Kavka & V. Warren)은 투표권이 없는 어린이들을 대리하여 부모가 후견자로서 이들의 관점에서 선거권을 행사해야 한다고 주장한다. 결국 부모들은 자신의 표 이외에 1표를 더 행사하는 셈이다.[11] 한편 아직 태어나지 않은 미래세대를 위한 제안도 있다. 저명한 환경정치학자 돕슨(Andrew Dobson)은 대리 유권자와 대리 대표자의 개념을 제시한다. 현세대의 일정 수를 미래세대를 대리하는 유권자로 설정하고, 이들에 의해 선출된 대표들이

---

10 이현출, 「인구의 정치학: 실버민주주의의 도래와 세대 간 정의」, 85~110쪽.

11 Kavka & Warren, "Political representation for future generation".

의회에 참석하여 미래세대의 권익을 대변하도록 하자는 제안이다. 돕슨은 주로 환경단체가 이 역할을 할 수 있다고 보았다.[12]

법학계에서도 미래세대의 권리가 쟁점이 되고 있다. 문제는 누가 태어났는지 아직 확정되지 않은 상태에서, 즉 존재하는지가 아직 확인되지 않는 자에게 권리를 귀속시키는 것이 가능한가 하는 것이다. 이른바 파핏(Derek Parfit) 패러독스가 말하는 미래세대의 '비동일성(non-identity)' 문제이다. 실제 2021년 독일 연방헌법재판소는 기후관련법 소송에서 기후변화를 위한 노력의 필요성은 인정하면서 청구인으로 어린이 등 미성년자들은 포함시켰지만, 아직 출생하지 아니한 미래세대는 청구인에 포함시키지 않았다. 이는 아직 존재하지 않은 자의 법적 권리를 인정할 수 없다는 뜻이다.

김현준은 대안으로 '주체가 없는 권리(subjektlose Rechte)'의 가능성을 모색한다. 실제로 우리나라 법은 '사자(死者) 명예훼손'을 범죄로 규정하면서 '사자의 인격권'을 인정한다. 사자는 죽었기 때문에 실제로는 주체로서 존재할 수 없음에도 불구하고 생존자에 '준하는' 것으로 우리나라 법은 본다는 뜻이다. 마찬가지로 미래세대도 현재 실재하는 않지만, 사자처럼 현존하는 존재에 준하는 것으로 볼 수 있

---

12 Dobson, "Representative Democracy and Environment".

다는 것이다. 그리고 그는 '개별성 없는 권리'의 가능성도 모색한다. 그래서 개체뿐만 아니라 미래세대와 동물의 종(種) 같은 집합적 존재의 권리를 '잠재적 권리'로 인정하자고 제안한다.[13]

한편 장철준은 미래세대의 권리를 헌법에 명문화 하자고 주장한다. 그래서 "모든 미래세대 국민은 생존과 생태적 삶에 대한 권리를 갖는다. 국가는 헌법 질서의 범위 안에서 법률로써 미래세대의 권리와 이익을 보호하여야 한다."라는 미래세대 헌법을 신설하자고 제안한다. 또한 헌법 11조 평등조항("성별, 종교, 사회적 신분과 무관하게"모든 국민은 법 앞에 평등하다)을 확장해 '세대와 무관하게'를 삽입할 것을 제안한다.[14] 실제로 세계 각국의 헌법은 지난 수십 년 동안 '미래세대의 보호'의 필요성을 인정하면서 헌법에 명문화하기 시작했다. 세대 간 정의에 대한 일반조항을 부가하기도 하고, 생태학적 관점에서 환경보호 그리고 국가재정에서 국가부채를 제한하는 조항을 삽입하기도 했다. 브라질, 독일, 핀란드, 프랑스, 그리스, 이탈리아, 라트비아, 리투아니아, 네덜란드, 폴란드, 남아공, 포르투갈, 스웨덴, 스위스, 슬로바키아,

---

13   김현준, 「환경법에서의 세대 간 정의」, 15~18쪽.

14   장철준, 「헌법상 평등원칙에 입각한 정년제도와 기대은퇴연령: 미국과의 비교를 중심으로」, 179쪽.

슬로베니아, 스페인, 체코, 헝가리, 우루과이 등이 여기에 속한다.[15]

헌법 평등조항에 '세대와 무관하게'를 삽입시키거나 '미래세대의 보호'를 인정해 헌법에 명문화하는 것은 중대한 의미를 지닌다. 헌법은 기본적으로 법률과 각종 제도의 틀을 정하는 원칙인 동시에 법률과 제도, 정책 결정의 한계를 규정하는 근본 원칙이다. 그래서 헌법으로 어떤 원칙이 제정되고 나면, 그 원칙에 어긋나는 법과 제도는 위헌결정을 받아 지탱될 수 없다. 만일 현재의 연금정책이 헌법상 규정된 미래세대의 평등권을 침해하는 것으로 판정될 경우, 헌법에 의해 제약될 수밖에 없다. 그런 점에서 원칙으로서 헌법의 역할은 대단히 중요하다.

물론 연금이나 기후변화 같은 당장 시급한 현안에 집중해야지, 한가하게 헌법 같은 추상적 원리에 집착하는 것이 바람직한가 하는 지적도 있을 수 있다. 그런데 필자의 생각은 다르다. 급할수록 원칙에 충실할 필요가 있다. 구체적인 정책 결정에 있어서 미래의 관점에서는 정당하지만 당장 현세대에게 부담이 되는 정책에 직접 합의하기는 쉽지 않다. 인간은 현재의 자기 자신의 이익에 집착하는 경향이 있기 때문이다. 반면 원칙에 대해서는 오히려 좀 더 쉽게 합의

---

15   홍종현, 「세대 간 정의와 국가 재정의 지속가능성」, 255쪽.

할 수 있을 것 같다. 그런데 일단 우리가 원칙, 즉 헌법에 합의하게 되면 그것은 우리의 법률과 정책을 규제하기 때문에 사회변화를 위한 유용하고 오히려 빠른 방법으로 생각된다.

연금 이외에도 미래세대에 영향을 미치는 것들은 많다. 대표적인 것이 국가채무이다. 최근 홍종현은 1) 국가채무에 대한 헌법상 제약을 부과하고, 이와 관련해 '세대 간 회계(generational accounting)' 개념을 적용해 GDP 대비 이자 부담률에 일정한 제약을 부과하고 2) 국가 예산을 외주화해 연방감사원이나 중앙은행 같은 독립기관에 위임해야 한다고 주장한 바 있다.[16]

실제로 국가예산 계획은 현세대들의 정치적 흥정물로 전락해 미래세대에게 피해를 줄 가능성이 높다. 정당은 선거를 통해 집권을 해야 하기 때문에 대중에 영합하는 포퓰리즘 정책을 쓰기 쉽다. 그러다 보니 단기성과에 매몰되어, 때로는 국가채무를 늘리면서까지 과도하게 경기부양을 하려는 특성이 있다. 최근 코로나 전염병이 확산되고 세계 각국은 확대재정정책을 펴면서, 각국의 채무는 증가하였다. 이 과정에서 우리나라의 채무구조도 급격히 악화되었다. 그러다보니 국내총생산(GDP) 대비 국가채무총액의 비율을 40% 내지 60% 선에서, 그리고 재정수지의 적자를 국내총생산의

---

[16] 홍종현, 같은 글, 275~276쪽.

2% 내지 3%에서 억제하자는 재정건전화법안이 논의되고 있다.

물론 공공투자사업이 필요하고, 고용률도 국민복지도 중요하다. 하지만 미래세대에게 피해를 주는 것은 피해야 한다. 경기침체에 대응하기 위해 재정적자를 선제적으로, 그리고 전략적으로 감수해야 한다는 지적도 있다. 이를 뒷받침하는 과정에서 국민소득 증대와 고용율 증가를 위해 재정을 투입하면 '확장적 승수효과(expansionary multiplier effect)'가 있다는 케인즈 이론이 동원되기도 한다. 그리고 정부가 아닌 다른 조직에 외주화한다고 해서 독립성이 확보될 수 있는가 하는 지적도, 또한 정부의 예산정책과 통화정책이 조화를 이루어야 하지 않는가 하는 지적도 있을 수 있다.

하지만 예산의 건전성과 균형성은 필요하다. 그래서 선진국에서는 중장기 정책 시야를 가질 수 있는 중앙은행에 통화정책을 보장하고, 독립성을 부여하는 것이다. 국가예산도 이런 점에서 중장기적 시각이 필요하다. 물론 모든 제도가 한계를 갖고 있듯이, 앞서 우리가 제안한 청년 비례대표 제도 한계는 있을 것이다. 청년 비례대표로 선임된 사람이 과연 청년을 제대로 대변할 수 있을지 의심스럽고, 현실의 비례대표들은 사실상 정당 지도부의 거수기 역할에 불과하다는 지적도 가능할 것이다. 그렇지만 이 모든 것을 감안한 상태에서 우리는 차근차근 미래세대를 배려하는 정책을 추진해야 한다.

4. 규범적 접근

지금까지 살펴보았듯이 정치학계와 법학계 일각에서는 현세대 중심의 민주주의 정치체제와 법체계의 문제점을 지적하면서, 구체적인 제도적 법적 변혁을 요구하고 있다. 필자는 이러한 주장에 동감하면서, 이들 주장을 뒷받침해 줄 수 있는 규범적 접근이 필요하다고 생각한다. 제도적 법적 변혁은 "왜 우리가 우리세대만의 이익이 아니라 미래세대의 이익까지 고려해야 하는가." 하는 삶의 근본적인 물음을 제기하기 때문이다. 이런 점에서 우리는 규범적 접근이 필요하고, 이것은 본질적으로 철학과 윤리학의 과제이다.

필자는 이와 관련해 오늘날 자유주의 철학의 대표적인 이론가인 롤스(John Rawls)에 주목한다. 그는 '정당한 저축률'과 관련해 세대 간 계약에 대한 논의를 진행한 바 있다. 아울러 필자는 좋은 삶에 대한 아리스토텔레스의 견해, 그리고 그를 계승해 '세대를 초월한 공동체(trans-generational community)'를 제안한 이스라엘의 철학자 드샬리트(Avner de-Shalit)의 논의에 주목한다. 이를 통해 계약론적 접근을 넘어, 미래의 공동체에 대한 규범적 접근이 가능한가를 살펴볼 것이다.

먼저 롤스의 자유주의, 계약주의적 접근을 살펴보자. 자유주의와 계약주의가 오늘날 사회철학의 기본 토대이기도 하지만, 롤스의 관심 사항이 헌법적 요체(constitutional essentials)와 '기본적 정의'로, 세대 간 정의를 헌법을 통해 구현하려는 이 글의 논의와 정확히 일치하기 때문이다. 롤스는 개인의 이익 추구를 인간의 본성으로 인정하면서도, 공평한 배분을 합리적으로 추구하는 자유주의 철학을 제안한다. 그리고 계약주의의 관점에서 원초적 상태에서 '무지의 베일'을 둘러쓴 계약자들은 자신이 불리한 처지에 빠질 수도 있다는 생각에서 공평한 차등의 원칙을 선택한다고 주장한다.

롤스의 정의론은 기본적으로는 한 국가를 구성하는 구성원들의 공정한 사회계약을 염두에 두고 있다. 그렇지만 롤스는 자신의 정의론이 국가 차원을 넘어 국가 간의 관계인 국제사회로, 그리고 현세대를 넘어 미래세대 간의 계약으로 확장될 수 있다고 믿는다.[17] 애당초 롤스는 기념비적인 그의 저서 『정의론』 44절에서 '정의로운 저축(just saving)'을 논의하면서, 세대 간 정의에 관련된 논의의 단초를 마련해준다. 롤스에 따르면, 사회 정의의 문제는 한 세대 내에서만 아니라, 세대들 간에도 일어난다. 예를 들어 자본 절약을 통한 저축률 문제나, 천연자원의 사용, 자연여건의 보호(기후변

---

17   Rawls(장동진 역), 『정치적 자유주의』, 25쪽, 304쪽.

화) 등이 그것이다.

롤스에 따르면 자신의 세대를 모른다는 가정 아래, 각 세대는 정의로운 사회를 유지하기 위한 부담을 자신의 몫으로 인정하는 데 합의해야 한다. 각 세대가 장기적 전망을 취하게 되면 미래세대의 최소수혜자의 이해관계를 고려해야 하고, 이를 위해서는 각 세대의 정당한 저축이 필요하다. 만일 정당한 저축이 이루어지지 않는다면, 다음 세대의 기본 인권과 기회균등의 조건이 만족되지 않기 때문이다.

롤스는 이와 관련해 먼저 공리주의는 거부한다. 우리가 고려해야 할 시간의 경계가 길다고 가정할 경우, 수만 세대에 이르는 전체 세대의 효용 총량을 극대화하기 위해 한 세대에게 과도한 고율의 축적을 요구할 수 있기 때문이다. 이는 나중에 우리보다 더 잘 살 세대들의 큰 이득을 위해 더 가난한 현세대의 사람들에게 무거운 희생을 요구하는 것으로, 잘못된 것이라고 롤스는 판단한다. 그렇다고 해서 우리세대가 다음 세대를 염두에 두지 않는 것도 잘못이다. 왜냐하면 각 세대는 선행 세대들로부터 무엇인가 물려받은 것이 있기 때문이다. 우리가 후속세대를 위해 저축해야 할 비율은 발전단계에 따라 다르다고 본다. 사회가 가난하면 낮은 저축률이 요구되고, 반면 부유한 사회에서는 저축의 실제 부담이 적을 것이므로 더 많은 저축이 요구된다는 것이다. 그 비율은 정확히 말할 수 없지만 극단은 배제해야 한다는 것이

롤스의 입장이다.[18]

롤스에 따르면, 각 세대는 자신들이 '어버이들'이라고 상상하면서, 자신들의 아버지와 할아버지 세대들에 대해 어느 정도 요구할 권리가 있는지에 주목해 봄으로써, 그들이 자신들의 자식과 손주 세대들을 위해 어느 정도 저축해야 하는가를 확인하게 된다. 여기서 롤스는 지금 당장 자기가 사는 시간대를 나중의 시간보다 중요하게 생각하는, 이른바 '순수시간선호(pure time preference)'를 거부한다. 그 이유는 개인들이나 세대들에 있어 시간상의 위치가 다르다고 해서 그들을 서로 달리 취급한다는 것은 그 자체로 정당화될 수 없다고 보기 때문이다. 비록 어떤 결정이 현재 내려져야 한다고 할지라도, 미래에서 현재를 대수롭지 않게 생각할 이유가 없듯이 현재에서 미래를 대수롭지 않게 생각할 이유가 없다고 본다.[19]

필자는 롤스가 세대 간 정의 문제를 다루면서 부가 조건으로 현세대는 후속세대에 관한 관심을 두고, 자기 자식과 손주를 염려하면서 '가계(family line)'의 이해관계를 고려한다는 '동기적 가정'을 언급한 점에 주목한다. 이는 직계 후손에 대한 염려를 통해 미래세대에 대한 책임을 인정했다는

---

18   Rawls(황경식 역), 『정의론』, 382~385쪽.

19   Rawls(황경식 역), 같은 책, 386~391쪽.

것으로 해석되기 때문이다.[20] 이런 롤스의 논의는 아리스토텔레스의 공동체주의와 연결될 수 있는 여지를 남긴다고 생각된다.

웰 에이징에 대한 논의에서 아리스토텔레스는 중요한 의미를 지닌다고 생각된다. 아리스토텔레스에서 최고선은 에우다이모니아(eudaimonia)이다. 에우다이모니아는 어원상으로 보면, '좋은(eu)'과 '영혼(daimon)'의 합성어로 '훌륭한 영혼'이라는 뜻이다. 보통은 행복(happiness)으로 번역하지만, 학자에 따라서는 좋은 삶(good life), 웰빙(well-being)으로 번역하기도 한다. 아리스토텔레스에서 좋은 삶은 인간으로서 잘 산다는 것이다. 에우다이모니아는 '가장 완전한 최고의 탁월성을 드러내는 영혼의 활동'으로 이성의 사용을 포함하는 활동이다.[21] 마찬가지로 아리스토텔레스적 의미에서 웰 에이징은 단순히 생명 연장에 대한 욕구 실현은 아닌 것 같다. 좋은 삶이 인간으로서 훌륭한 삶인 것처럼, 웰 에이징은 인간으로서 훌륭한 노년이다. 아리스토텔레스에서 좋

---

20 롤스의 이런 입장이 롤스 계약론의 기본 전제, 즉 개인은 각자 자기 이익을 추구하는 상호무관심적인 존재라는 입장과 과연 일치하는가와 관련해 논란이 있다. 이는 롤스의 '이론적 일관성'과 관련된 중요한 문제이긴 하지만, 이에 대한 본격적인 논의는 차후로 미루겠다. 이에 대해서는 Heyd(2012, 174~175), 그리고 손철성(2022, 322~324)을 참고할 것.

21 Aristoteles(천병희 역), 『니코마코스 윤리학』, 38~40쪽.

은 삶은 공동체 속에서 이루어지며, 우애(시민정신)를 기반으로 한다. 여기서 본 연구자는 공동체에 대한 책임과 의무의 가능성을 확보할 수 있다고 생각한다.

특히 필자가 주목하는 것은 '세대를 초월한 공동체(trans-generational community)'를 제안한 드샬리트(Avner de-Shalit)의 논의이다. 아리스토텔레스가 인간은 폴리스를 떠나서 존재할 수 없다는 주장을 했다면, 드샬리트는 공동체는 과거 세대 및 미래세대를 떠나 존재할 수 없다고 본다. 세대를 넘어선 공동체의 전통에서 우리의 문화가 계승되고, 우리 자신의 의미가 확인될 수 있다고 주장한다.[22] 필자는 드샬리트의 논의가 미래세대에 대한 합당한 책임 개념을 이끌어낼 수 있다고 보고, 롤스가 말한 '가계'에 대한 논의와 접점을 찾을 필요가 있다고 생각한다.

드샬리트가 보기에 공동체 없는 인간은, 인간 이하의 존재(subhuman)이거나 슈퍼맨(superhuman)이다. 즉 인간은 사회적 관계에 의해 규정되는 존재로 그것을 제거한다면 인간은 자신의 아이덴터티를 상실하게 된다. 주목할 점은 드샬리트가 과거가 나의 자아의 일부이듯이, 미래도 나의 자아의 일부라고 본 점이다. 그는 미래를 포함하는 자신의 공동

---

22 de-Shalit, *Why Posterity Matters: Environmental Policies and Future Generation*, 14~17쪽.

체주의가 개인의 영혼불멸을 가정하는 신비주의는 아니며, 자아와 공동체를 연결하고 공동체를 통해 과거, 현재, 미래를 연결하는 구조라고 주장한다.

드샬리트는 공동체주의에 기초해 미래세대의 의무를 도출하는 것이 공리주의나 계약주의에 비해 장점이 있다고 본다. 즉 공리주의나 계약주의는 미래세대가 무엇을 실제로 원하는가를 안 다음 그것을 감안해 의사결정 하는 방식인데, 문제는 먼 미래에 발생할 일을 알 수 없다는 점이다. 따라서 공리주의나 계약주의는 미래세대가 원하는 바를 알 수 없기 때문에 그것에 대해 고려할 수도 없고 그래서 고려할 필요도 없다는 반론에 취약하다. 반면 공동체주의는 우리가 바라는 공동체의 미래 모습에 대한 것이기 때문에 그런 난점을 피할 수 있다고 본다. 예를 들어 우리가 힘들게 특정 자연경관을 보전해 남겨주었지만, 실제 미래세대는 그것을 원하지 않을지도 모른다는 주장이 제기될 수 있다. 공리주의와 계약주의의 관점에서 중요한 것은 미래세대의 선호인데, 우리는 미래세대의 선호를 알 수 없다는 점에서 난점에 빠진다. 반면 공동체주의에서는 이런 문제가 발생하지 않는다. 왜냐하면 우리는 미래세대의 선호에 기초해 결정한 것이 아니라 우리가 바라는 공동체의 모습과 관련해 결정한 것으로, 우리 입장에서 할 만큼 하면 되기 때문이다.[23]

롤스와 드샬리트의 입장을 비교해 보자. 롤스는 기본적

으로 계약주의자이다. 계약주의에서 공동체는 구성원들을 위한 수단일 뿐, 실체는 아니다. 따라서 롤스에서 중요한 것은 공동체 자체가 아니라 공동체를 구성하는 다른 구성원들과의 형평성이다. 롤스는 세대 간 형평성의 차원에서 미래 세대의 사람들에 대한 책임을 확보해낸다. 반면 드샬리트는 공동체주의자이고, 공동체 자체에 대한 의무가 우리에게 있다고 본다. '공동체가 없는 나'는 존재 의미도 아이덴터티도 확보할 수 없기 때문이다. 그는 미래세대에 대한 책임은 공동체 자체에 대한 책임에서 비롯된다고 본 셈이다. 우리 공동체는 과거-현재-미래로 향해가는 초세대적 공동체이기 때문에 우리는 미래의 공동체에 대한 책임을 갖게 된다. 결론적으로 롤스는 미래세대의 구성원들과의 형평성 차원에서, 그리고 드샬리트는 초세대적 공동체 자체에 대한 책임의 차원에서 미래세대에 대한 책임을 확보한다. 방법과 근거는 다르지만 결론은 유사한 것이다.

그런데 먼 미래세대까지 고려하고, 그들에 대한 책임을 요구하는 것은 너무 무리한 요구가 아닌가라는 비판이 제기될 수 있다. 현실적으로 그런 측면이 있다. 먼 세대, 그래서 수만 세대에 이를 때까지 책임을 요구하는 것은 지나친 측면이 있다. 실제로 우리 세대의 이익을 수만 세대 중의 하나

23　de-Shalit, 같은 책, 130쪽.

로 계산해 정책을 결정하는 것은 인간 현실에 맞지 않다.

이와 관련해 드샬리트가 미래세대를, 가까운 미래세대와 먼(remote) 미래세대로 구분한 것은 주목을 요한다. 가까운 미래세대는 현세대의 아들 손자 세대에 해당하고, 먼 미래세대와 구분해야 한다. 먼 미래세대의 공동체가 우리와 동일한 공동체라는 의식은 희박하지만, 적어도 아들 손자 대의 공동체에 대해서는 우리와 같은 공동체라는 의식을 갖고 있기 때문이다. 그런 점에서 가까운 미래세대에 대한 책임은 각별할 수밖에 없다.[24]

이것은 대부분의 사람이 갖는 직관에도 일치하는 듯 보인다. 우리는 아들 손자에 대해서는 많은 염려를 하지만, 먼 미래세대, 가령 수만 년 뒤에 이 땅에 존재할 우리의 후예들까지 그렇지는 않다. 한 예로 나는 나의 자식과 손주가 나를 기억해 주기를 바라고, 그들이 살아갈 미래에 대해 염려를 하면서 내가 해주어야 하는 것은 무엇인가 고민한다. 하지만 나는 수만 년 뒤에 이 땅에 살아갈 나의 후예에 대해서는 그런 것 같지 않다. 이와 관련해 롤스가 '가계'의 이익관심을 언급하면서 자식과 손주를 지목한 것에 주목해야 한다. 롤스의 무지의 베일은 자기의 특수 관계에 대한 무지의 베일이지, 인간 본성과 심리에 대한 일반지식에 대한 무지의 베

---

24 de-Shalit, 같은 책, 62~65쪽.

일은 아니다. 우리의 관심은 주로 가까운 미래세대, 가령 아들과 손주 세대에 집중되어 있다는 것이 인간 심리에 대한 일반적 지식임을 가정해 볼 때, 롤스도 우리의 관심을 가까운 미래세대에 집중해야 한다는 드샬리트의 주장에 동의할 것이라고 예상된다.

그렇다고 롤스나 드샬리트가 먼 미래세대에 대해 전혀 무관심한 것은 아니다. 롤스의 관점에서 우리가 자식과 손주를 염려하듯이, 우리의 손주 또한 자신의 자식과 손주를 염려할 것이다. 이런 연쇄적인 관심의 사슬을 통해 먼 미래세대에 대한 관심과 노력으로 이어질 수 있다. 드샬리트도 마찬가지이다. 우리가 자식과 손주 시대의 공동체에 대해 고민하듯이, 그들도 자신들의 자식과 손주 시대의 공동체에 염려할 것이다. 그리고 그런 연쇄적인 관심의 사슬을 통해 미래의 공동체에 대한 노력으로 이어질 수 있다.

5. 맺는말

이 글은 연금개혁과 관련된 논의를 소개했다. 현재 상황은 연금정책과 관련해 현세대가 후세대의 평등권을 침해하지 않는다고 단언할 수 없는 상황이다. 그리고 이를 막기 위한 법학계와 정치학계의 논의를 소개했다. 핵심은 헌법 11조 평등조항(성별, 종교, 사회적 신분과 무관하게 모든 국민은 법 앞에 평등하다)에 '세대와 무관하게'를 삽입하고, '미래세대의 보호'를 헌법에 명문화하는 것이다. 그 이외에 국가채무에 대한 헌법상 제약을 부과하고, 국가예산을 외주화 함으로써 그것이 현세대들의 정치적 흥정으로 전락하는 것을 방지하는 것이었다. 그리고 의회에 미래세대와 청년세대를 위한 '적극적 조치'가 필요하다고 주장했다.

제도적 법적 변혁은 이를 위한 규범적 접근이 필요하다. 그것은 "왜 우리가 미래세대를 배려해야 하는가?"하는 철학적 윤리적 물음에 대한 응답일 것이다. 이와 관련해 필자는 드샬리트의 주장대로 공동체의 범위를 '초세대적 공동체'로 넓혀야 한다고 생각한다. 우리 세대만이 아니라, 조상-우리-후손으로 이어지는 공동체 의식이 필요하다고 본다. 그리고 그것이 아리스토텔레스적 의미의 '좋은 삶'에 부합한다고 생각한다.

또 롤스의 주장대로 세대 간 형평성이 요구되며, 이를 위해서는 현재의 민주주의 체제에 제한을 가할 필요가 있다고 생각한다. 현세대 중심의 민주주의 원리가 정당화될 경우, 그것은 세대 간의 문제에서 엄청난 부정의를 행할 우려가 있다. 이런 우려를 불식시키기 위해서라도 법적 제도적 개혁이 필요한데, 그 핵심은 헌법 개혁이 될 것이다.

6장
관계재와 행복

1. 이스털린의 역설

앞서 노년에 행복하기 위해서 갖추어야 할 네 가지 조건을 언급한 바 있다. ①건강 ②경제력 ③일 ④인간관계가 그것이다. 지금까지는 노년에 있어서 '일'의 중요성을 언급했다면, 여기서는 인간관계의 중요성을 다룬다. 인간은 기본적으로 사회적 동물이다. 가족, 친구, 친지 등과 좋은 인간관계를 맺지 못한 상태에서 행복하기는 어렵다.

행복해지려면 일정 정도의 경제력은 필요하다. 하지만 경제력이 있다고 반드시 행복한 것은 아니다. 실제로 돈은 많지만 행복하지 않은 사람들은 얼마든지 있다. 1974년 제기된 이스털린의 역설(Easterlin Paradox)은 이런 사실을 잘 보여준다. 미국의 경제학자인 이스털린(Richard Easterlin)은 소득이 증가한다고 해서, 곧바로 행복이 증가하지 않는다는 사실을 경험적으로 입증했다. 특히 이것은 우리나라에서 적지 않은 시사점을 던져준다. 왜냐하면 우리나라는 소득은 높은데, 국민이 체감하는 행복지수는 낮은 대표적인 나라이기 때문이다.

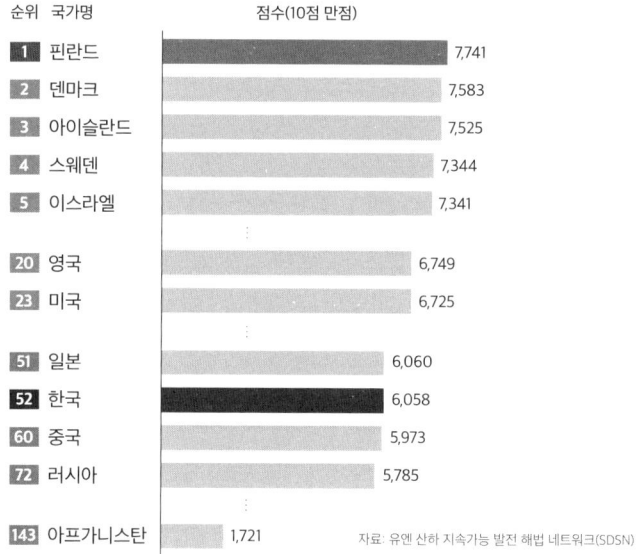

2024년 세계행복보고서 단위: 점

순위	국가명	점수(10점 만점)
1	핀란드	7,741
2	덴마크	7,583
3	아이슬란드	7,525
4	스웨덴	7,344
5	이스라엘	7,341
20	영국	6,749
23	미국	6,725
51	일본	6,060
52	한국	6,058
60	중국	5,973
72	러시아	5,785
143	아프가니스탄	1,721

자료: 유엔 산하 지속가능 발전 해법 네트워크(SDSN)

그동안 경제학은 소득이 증가하면 행복도 증가할 것이라고 가정했고, 그 결과 소득 증가와 경제성장을 최우선의 정책 목표로 보았다. 이스털린의 역설은 이런 경제학의 전제에 근본적인 의문을 제기한다. 이와 관련해 행복경제학

(happiness economy)이 등장한다. 행복경제학은 국민의 소득 증진이 아니라, 행복 증진을 목표로 한다. 그래서 행복을 구성하는 요소는 무엇이고, 국민의 행복을 증진하려면 어떻게 해야 하는가를 탐구한다. 이 과정에서 등장한 관계재(relational goods) 개념은 인간관계가 인간의 삶과 행복에서 어떤 의미를 지니는가에 대한 논의를 동반하는데, 이는 기본적으로 철학적 성찰을 요구하는 내용이다. 그렇다면 경제학과 철학의 논의는 서로 완전히 분리되어서는 안 되고 함께 연구될 필요가 있다. 그런데 그동안 경제학은 철학적인 논의를 가치와 관련된 주관적인 문제를 치부하고 연구 대상에서 배제해 왔다. 관계재 개념, 그리고 행복경제학의 등장은 이렇듯 경제학과 철학을 분리하는 방식에 대한 반성이라고 할 수 있다. 여기서는 관계재와 관련해 경제학계에서 이루어진 연구 성과를 소개하고, 아리스토텔레스를 중심으로 그것의 철학적 측면을 논의할 것이다.

1974년 이스털린은 「Does Economic Growth Improve the Human Lot? Some Empirical Evidence」이란 논문을 발표한다. 그는 이 논문을 통해 국가 차원에서 국민소득과 행복지수 간의 관계를 분석하면서, 소득이 증가한다고 해서 인간이 느끼는 행복지수가 증가하지 않는다는 사실을 실증적으로 입증한다. 그에 따르면, 미국은 1946년부터 1970년까지 25년간 1인당 국민소득은 60퍼센트 이상 증가했지만,

사람들이 느끼는 만족도는 거의 변화가 없었다. 사람들의 소득은 증가했지만, 자신이 어느 정도 행복한가에 대한 물음에 대한 응답에서 보인 만족도는 별 차이가 없다. 이스털린은 이후에도 유사한 조사를 진행했는데 그 결과도 마찬가지였다. 미국에서 1946년과 1991년 사이에 1인당 실질소득은 2.5배 증가했는데(1996년 물가를 기준으로 하면 대략 11,000달러에서 27,000달러로), 행복 수준은 거의 변화가 없었다.

이런 현상은 일본에서 더욱 두드러진다. 일본의 경우 1958년부터 1991년 1인당 소득은 6배가량 증가하는 그야말로 기록적인 경제성장을 달성했다. 경제성장을 통해 일본인들의 생활 수준은 엄청나게 상승했다. 일본인들은 그전과 달리 실내 화장실을 사용할 수 있게 되었고, 세탁기, 전화, 컬러TV, 그리고 자동차까지 갖게 되었다. 하지만 이러한 물질적 풍요에도 불구하고 일본인들이 느끼는 평균적인 만족도에는 변화가 없었다. 4점 만점으로 1958년 2.7점이던 것이, 1991년에도 여전히 2.7점을 기록한 것이다.[1]

소득이 아주 낮을 때는 소득이 증가하면 만족도도 증가한다. 밥도 제대로 먹지 못하는 절대 빈곤 상태에서는 소득이 조금이라도 증가하면 사람들이 느끼는 만족도도 증가하

---

1 Frey 외(유정식 외 역), 『행복, 경제학의 혁명: 행복 연구가 21세기 경제학의 지평을 바꾼다』, 45쪽, 85~86쪽.

미국인의 평균수입과 행복(1957-2002)

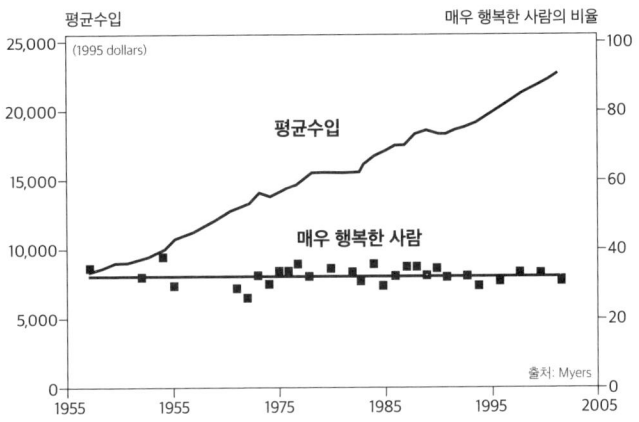

기 마련이다. 끼니 걱정을 더는 데에서 오는 행복은 작은 것이 아니기 때문이다. 그런데 위의 표가 보여주듯 국민소득이 일정 수준을 넘어서면 사정이 달라진다. 일정 정도 먹고사는 문제가 해결되면 소득이 증가한다고 해서 만족도는 증가하지 않는다. 그 기준점은 물가 수준에 따라 다르겠지만, GDP 기준으로 대략 만 달러에서 이만 달러 사이라고 한다.

이스털린의 문제 제기가 있고, 이후 1997년 학술잡지인 『이코노믹 저널(Economic Journal)』에서 이를 특집 주제로 다루면서 논의가 본격화되었다. 그리고 2005년 레이어드(Richard Layard)와 2008년 프레이(Bruno Frey) 등에 의해 일반인을 상대로 한 저서들이 출간됨으로써 행복경제학은 학계를 넘어 대중적인 관심을 얻게 된다.

2. 이스털린의 역설에 대한 세 가지 설명

이스털린 역설에 대한 설명은 현재 다음 세 가지 방식으로 이루어지고 있다.

1) 쾌락적응이론과 설정값이론

첫 번째는 심리학자들의 설명으로, 쾌락적응(hedonic adaptation) 이론이다. 이 이론에 따르면 소득이 증가하더라도 일정 시간이 지나면 그로 인한 만족감의 정도는 원래 자리로 되돌아온다. 소득이 증가하면 처음에는 만족도가 올라가지만, 사람들은 점차 그것에 익숙해져 그런 생활에 적응해 일정 시간이 지나면 그것을 당연한 것으로 여기게 된다. 예를 들어 소득이 늘어 새 차를 샀다고 가정해 보자. 처음 새 차를 사게 되면 그 기쁨은 상당하다. 자기 소유의 차를 가지고 있을 때와 그렇지 않을 때는 매우 다르다. 그런데 인간은 적응의 동물이다. 우리는 점점 승용차에 적응해 자기가 승용차를 소유하는 것을 당연한 것으로 생각하게 되고, 차를 소유하는 데에서 느끼는 즐거움은 점차 소멸하게 된다. 마찬가지로 소득이 증가해도 사람은 높아진 소득 수준에 곧 익숙해져서 소득의 한계효용이 점점 줄어들어 결국은 '영(zero)'으로 수렴하게 된다.

이를 심리학자들은 '쾌락 쳇바퀴(hedonic treadmill)'에 비유하기도 한다. 이는 헬스클럽의 러닝머신에서 뛰는 것처럼, 우리는 쳇바퀴 위에서 계속 뛰고 있지만 그 쳇바퀴가 같은 속도로 반대 방향으로 돌고 있기 때문에 뛰는 사람은 항상 그 자리에서 제자리뛰기를 하고 있는 것과 마찬가지이다.

이것은 설정값(set-point) 이론으로 나아가기도 한다. 심리학자들에 따르면, 인간이 누리는 행복의 설정값은 애초부터 정해져 있다. 유전적 선천적 요인으로 인해 사람이 갖는 개성이나 성향은 정해지고, 이에 의해 각자가 느끼는 행복의 정도는 태어날 때부터 이미 설정되었다는 것이다. 이런 측면에서 보자면 인간의 행복 수준은 거의 변하지 않는다. 상황과 환경이 바뀌면 그 사람이 느끼는 만족도는 잠시 변화하지만, 일정 기간이 지나면 원래의 자리로 돌아온다.

가령 연애와 결혼의 예를 들어보자. 처음 사랑하는 사람을 만나 결혼을 하게 되면 일반적으로 만족도는 높아진다. 물론 상황과 사람에 따라 느끼는 만족도는 다르겠지만 평균적인 만족도는 증가한다. 하지만 대부분 그러한 만족감은 신혼 초로 한정된다. 평균적으로 2년 정도는 행복을 느끼지만, 결혼생활이 곧 일상이 되면서 부부가 느끼는 만족의 정도는 결혼하기 이전으로 회귀한다. 이런 현상은 사랑과 결혼 같은 좋은 일뿐만 아니라, 실직, 부상, 질병 등과 같은 역경에도 발생한다. 실직을 하면 사람들은 처음에는 "인생의 끝자락이구나." 하는 좌절감을 느낀다. 하지만 인간은 적응의 동물이다. 그것도 일정 기간이 지나면 "그냥 그런가 보다"하는 식으로 적응하게 되고, 실직 이전에 원래 자신이 느꼈던 만족도로 회귀한다고 한다. 원래의 지점보다는 다소 만족도가 떨어지긴 하지만, 넓게 보면 원래의 자리로 회귀한다고 볼 수 있다.

요약하면 기쁜 일이건 슬픈 일이건 간에, 그런 일을 겪게 되면 각자가 느끼는 행복의 정도는 변한다. 하지만 그것은 일시적일 뿐이다. 쾌락 적응 메커니즘이 작동하여 일정 기간이 지나면 행복의 정도는 원래의 설정값으로 되돌아가게 된다.[2]

2) 상대소득가설

두 번째는 사회학자들의 설명으로, 이른바 상대소득가설이다. 이에 따르면, 인간이 느끼는 행복의 정도는 절대적 소득 수준뿐만 아니라 상대적 소득 수준에 의해 영향받는다. 상대적 소득 수준이란 다른 사람과 비교한 나의 소득 수준을 의미한다. 다시 말하면, 나의 소득이 증가하더라도 다른 사람의 소득도 함께 증가하면 나의 상대적 지위는 그대로이므로 나의 만족도는 변하지 않는다. 예를 들어 내가 좋

---

2   Bruni 외(강태훈 역), 『행복의 역설』, 16~24쪽.

은 집을 갖고 있더라도, 옆에 내 집보다 더 좋은 집이 들어서면 나는 불행하다고 느낀다. 이것은 자동차도 마찬가지다. 처음에 내가 그랜저 같은 비싼 차를 샀다면, 나는 적지 않은 행복감을 느낄 것이다. 그런데 내 옆에 사는 친구가 내차보다 더 비싼 차, 가령 제네시스를 사게 된 것을 보게 되면 상황은 달라진다. 그전에 내가 느꼈던 행복감은 저 멀리 사라지고 오히려 상대적 박탈감을 느끼게 된다.

이것이 의미하는 바는 인간은 사회적인 존재로, 타인과의 비교에서 행복과 불행을 느낀다는 것이다. 타인들로부터의 인정은 인간의 행복을 구성하는 중요한 요인이고, 인간 행위의 많은 부분은 이점을 고려할 때 설명이 가능하다. 이에 대한 고전적 설명이 베블렌(Thorstein Veblen)의 과시소비론이다. 베블렌이 보기에 인간은 합리적인 경제행위를 하지 않는다. 합리적인 소비자라면 상품의 효능을 꼼꼼히 점검하고 가격이 적절할 때 상품을 구매할 것이다. 그런데 현실은 그렇지 않을 때가 많다. 대표적인 것이 '명품백'이다. 수백만 원 하는 명품백이나 몇만 원 정도 하는 '그냥백'의 실제 사용 용도는 별 차이가 없다. 그런데 왜 사람들은 비싼 명품백을 살까? 베블렌에 따르면, 인간은 소비를 위해서가 아니라 과시를 위해 상품을 구매하기 때문이다. 그래서 좋은 품질이지만 낮은 가격의 상품은 오히려 피하고, 남들과 대비되어 우월감을 얻기 위하여 고가의 명품백을 구매한다. 이런 인간의 본성에서 보면 나의 소득이 설사 높아졌다고 하더라도, 이웃의 소득이 더 높아지면 전혀 행복하지 않다.

베블렌의 과시소비론이 발전된 형태가 허쉬(Fred Hirsh)의 지위재(positional goods) 이론이다. 지위재는 말 그대로 '지위'에서 발생하는 재화이다. 그것의 효용은 다른 것과의 상대적 비교에 의존한다. 지위재의 생산과 공급은 제한되어 있는데 소수만이 누릴 수 있어야 한다. 그렇지 않고 생산과 공급이 늘어나 소수가 아니라 다수가 구매할 수 있게 되면 그것은 더 이상 지위재가 아니다. 구체적으로 최고급 차는 그 수효가 한정되어 있다. 만일 다른 사람들도 다 같이 최고급 차를 사게 된다면 그 차는 더 이상 최고급 차가 아니라 '국민차'가 된다. 수십 년 전 소나타는 꽤 고급 차였지만 지금 국민차가 된 것을 생각해 보자. 수십 년 전에 누렸던 쏘나타 차 소유주의 지위는 계속되지 않는 것이다. 한정된 지위재를 얻기 위한 경쟁, 즉 지위 경쟁은 항상 제로섬 게임의 속성을 갖는다. 많은 사람이 얻을 수 있는 것은 더 이상 지위재가 아니다. 그런 점에서 지위재의 생산으로 인한 사회적 효용은 한정된 것이고, 그로 인한 효용은 소수만이 누리게 된다.[3]

이와 관련해 이준구는 사교육을 한국 사회의 대표적 지

---

3 김균, 「이스털린 역설과 관계재」, 31~32쪽.

위재로 본다. '최고의' 교육여건을 제공하는 사교육은 항상 제한될 수밖에 없고, 이런 사교육은 한국 사회의 '한정된 지위'를 차지하기 위한 투자이다. 그래서 사람들은 강남 대치동 학원가로 몰리는 것이 아닐까? 그냥 '좋은' 교육여건이 아니라 '최고의' 교육여건은 한정되어 있다. 최고의 교육여건은 말 그대로 한정되어 있고, 그래서 이를 위한 투자는 사회적 총효용의 증가와는 무관하다. 이런 점을 고려해 이런 사회 분위기를 제어하는 교육정책이 필요하다고 이준구는 주장한다.[4]

3) 관계재 이론

셋째는 경제학자들의 주장으로 관계재 이론이다. 관계재(relational goods)란 관계를 맺고 교류하는 데에서 발생하는 재화이다. 보통 관계재는 가족, 친구, 친지 등과의 교류 및 관계를 형성하면서 발생하는데, 이는 행복에 중대한 영향을 미친다.

다른 사람과 교류하고 관계를 맺는 데에는 시간이 필요하다. 그리고 그 시간은 다른 상품의 생산, 즉 그만큼의 개인 소득을 포기해야만 확보할 수 있다. 관계재 획득을 위해서는 소득 포기라는 기회비용이 발생하는 것이다. 바로 이

---

[4] 이준구, 「행복의 경제학: 정책적 함의」, 151쪽.

런 점에서 관계재는 대가를 지불해야만 얻을 수 있는 재화이고, 희소성이라는 경제재의 속성을 갖는다. 그런데 소득을 더 올리기 위해 시장에서의 경제활동을 확대하면 관계재에 쏟을 시간이 축소되기 마련이다. 여기서 관계재는 시장의 상품재와 대체 관계에 있게 된다.

그리고 소득 수준이 높아지면 관계재에 지출되는 시간의 기회비용이 그만큼 더 증가해, 관계재의 생산을 더욱 어렵게 하는 현상이 발생한다.[5] 가령 자신이 1시간 일했을 때 발생하는 소득이 1만 원이었는데 2만 원으로 증가했을 경우, 관계재 생산을 위해 1시간을 지출하려고 한다면 이제 1만 원이 아니라 2만 원의 기회비용을 각오해야 한다.

3. 관계재의 정책적 함의

이스털린의 역설을 설명하는 데에는 이 세 가지 접근 방법 모두가 유효하다고 생각된다. 여기서는 관계재를 중심으로 논의를 전개하겠다. 관계재 이론은 이스털린의 역설을 설명하는 데 유용하다고 생각된다. 우리가 소득을 증가시키려면 그만큼의 시간을 더 쏟아야 하고, 우리가 쓸 수 있는 전체 시간은 한정되어 있기 때문에 가족 및 친구들과 보내는

---

5   Becchetti 외, "Income, Relational Goods and Happiness", 279쪽; 한재명 외, 「관계재가 행복에 미치는 영향에 관한 분석」, 106쪽.

시간은 줄어들게 들면서 각자가 체감하는 행복의 정도는 낮아지는 현상이 발생한다.

다양한 활동에 따른 행복도

활동 (한 번에 한 가지 이상의 활동이 가능)	평균 행복도	일일 평균 시간
섹스	4.7	0.2
사교활동	4.0	2.3
휴식	3.9	2.2
기도·예배·명상	3.8	0.4
먹기	3.8	2.2
운동	3.8	0.2
TV 시청	3.6	2.2
쇼핑	3.2	0.4
요리	3.2	1.1
전화로 수다 떨기	3.1	2.5
양육	3.0	1.1
컴퓨터·이메일·인터넷	3.0	1.9
집안일	3.0	1.1
직장일	2.7	6.9
통근	2.6	1.6

자료: Kahneman et al.(2004)

위의 도표에 대한 행복경제학자 레이어드(Richard Layard)의 분석을 살펴보자.[6] 소득 증가를 위해 요구되는 활동에 대해 사람들이 느끼는 만족도는 매우 낮았다. 위의 도표에서

---

6 Richard Layard(정은아 역), 『행복의 역설』, 42~44쪽.

함께하는 사람에 따른 행복도

상호 작용 대상 (한 번에 한 가지 이상의 활동이 가능)	평균 행복도	일일 평균 시간
친구	3.7	2.6
친척	3.4	1.0
부부·파트너	3.3	2.7
자녀	3.3	2.3
고객·손님	2.8	4.5
동료	2.8	5.7
혼자	2.7	3.4
상사	2.4	2.4

일과시간 중 느끼는 평균 행복도

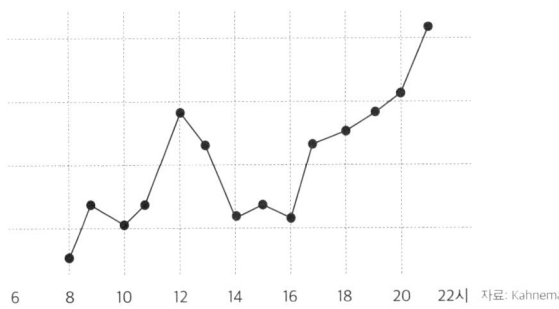

자료: Kahneman et al.(2004)

보이듯 직장 일과 통근이 주는 평균 만족도는 최하위권으로 각각 5점 만점에 2.7과 2.6으로 매우 낮았다. 그런데 우리는 소득을 위해 직장 일에 6.9시간, 통근에 1.6시간을 소요했다. 반면 사교활동과 휴식은 각각 만족도가 4.0과 3.9로 높은 편이지만, 여기에는 각각 2.3시간과 2.2시간을 사용했다. 소득을 높이기 위해 직장 일에 더 시간을 사용하려 한다면, 평균 만족도가 높은 사교활동과 휴식 시간을 줄일 가능성이 높다. 소득 증가를 위해 만족도가 높은 사교활동과 휴식은 줄이고, 만족도가 낮은 직장 일에 드는 시간은 늘려야 하는 셈이다. 이는 결과적으로 우리의 전체 만족도를 떨어뜨린다. 즉 소득은 증가하지만, 만족도는 낮아지는 현상이 발생한다.

인간관계에 사용하는 시간에서도 이런 현상은 다시 나타난다. 위의 도표에서 보이듯 친구(3.7), 친척(3.4), 가족(3.3)과 보내는 시간에서 오는 만족도는 높은 편이다. 반면 직장상사(2.4), 직장동료(2.8), 고객(2.8)과 보내는 시간에서 오는 만족도는 현저히 낮다. 그런데 우리가 소득을 올리기 위해서는 친구, 친척, 가족과의 교류 대신 직장상사, 직장동료, 고객 등과의 교류에 더 많은 시간을 할애해야만 한다. 결국 소득 증가를 위해 별로 유쾌하지 않은 사람들과의 교류에 시간을 더 사용해야 하고, 여기서 다시 전체 만족도가 떨어지는 현상이 나타난다.

행복에 대한 관심이 높아지면서, 행복도 조사는 전 세계에서 다양한 형태로 행해지고 있다.[7] 우리나라에서도 최근 이와 관련된 조사가 있었다. '생활시간 조사'라는 형태로 국

---

7   대표적인 것으로는 앞에서 인용한 Becchetti의 논문이 그렇다. 이것은 82개국 10만 명 이상을 대상으로 한 설문조사에 기초한 것이다.

민이 하루 24시간을 어떻게 보내고 있는지를 조사한 것이다. 여기서는 생활시간을 ①노동시간 ②개인학습시간 ③관계시간(가족, 사회관계, 참여봉사) ④여가시간(문화레저산업 참여, TV 시청 등) ⑤기타시간으로 분류하고 각각에 대한 만족도를 조사했다.

조사 결과에 따르면, 노동시간이 긴 사람일수록 만족도가 낮았다. 이는 노동시간 자체가 만족감이 떨어지는 것에도 원인이 있지만 노동시간이 긴 사람일수록 노동 이외의 다른 곳에 사용할 시간이 상대적으로 짧았다는 점에 기인한다. 높은 소득은 그 자체로는 높은 만족감을 발생시킬 수 있지만 높은 소득을 유지하기 위해 투입해야 하는 노동시간은 관계 시간을 위축시켜 낮은 만족감을 초래할 수 있다.[8]

관계 시간이 긴 사람일수록 만족도가 높았는데, 주목할 점은 관계 시간 중에서도 참여봉사 시간이 생활 만족도에 미치는 긍정적인 영향력이 가장 강했다는 점이다. 참여봉사를 위한 경우가 일반적인 교제나 가족관계를 위한 경우보다 더 높은 만족도로 이어졌다. 이런 분석 결과를 진지하게 고려하면 참여봉사활동의 확대를 통해 행복을 증진할 수 있다는 결론이 나온다.[9]

---

[8] 한재명 외, 앞의 글, 114쪽.

[9] 한재명 외, 앞의 글, 109~120쪽.

이 조사가 함의하는 정책적 시사점은 분명하다. 첫째, 국민 전체의 행복을 증진하기 위해서는 관계재의 생산 및 소비와 조화될 수 있는 노동 정책을 강구할 필요가 있다. 우리나라는 OECD 국가 중에서 노동시간이 긴 나라로 유명하다. 국민 전체의 행복 관점에서 이에 대한 고민이 필요하다. 몇 년 전에 '저녁이 있는 삶'에 대한 논의가 있었다. 가정에서 가족들과 같이 식사하면서 시간을 보내는 것이야말로 많은 사람들이 생각하는 행복의 출발점일 것이다. 그런 행복을 보장하는 사회야말로 우리가 지향해야 할 사회가 아닌가 싶다.

한편 노동시간 단축 정책은 일자리 나누기 차원에서도 바람직하다고 생각된다. 쓸 만한 일자리가 많지 않은 상황에서 어떤 사람들은 실업의 고통을 감수하고 있고, 또 다른 어떤 사람들은 긴 노동시간으로 고통스러워하는 것은 사회 전체 행복의 관점에서 바람직하지 않다. 우리나라 자동차 공장 생산직 근로자들은 연장 근무 형태로 특근 수당을 받아 높은 소득을 얻는다고 한다. 제대로 된 일자리를 구하지 못하는 사람이 많은 상황에서 이것이 과연 바람직한지 사회적인 고민이 필요한 시점이다.

둘째, 참여봉사 활동이 행복에 미치는 긍정적 효과가 크다는 점을 고려할 때 그와 관련된 다양한 정책을 실행할 필요가 있다. 가령 협동조합과 사회적 기업을 지원 육성하는 것이 그것이다. 효율성의 관점에서 보면 사회적 기업과 협동조합을 육성하는 것보다는 경쟁력 있는 대기업을 집중적으로 육성하는 것이 바람직할 수도 있을 것이다. 그것이 자유경쟁을 강조하는 세계 경제 체제의 기본원리에 맞기 때문이다. 하지만 대기업이 진출하기에 적절하지 않은 분야도 있다. 그런 분야에서는 협동조합과 사회적 기업을 육성하는 것이 필요하다. 시장의 효율성과 복지국가의 이념 간의 균형이 요구된다.[10]

4. 관계재에 대한 경제학적 논의

경제학에서 관계재에 대한 논의가 한창이다. 그것은 행복경제학(economics of happiness)의 일환이다. 행복경제학은 행복이 무엇이고, 그것을 실현하기 위해 사회적으로 우리는 어떤 정책을 추구해야 하는가 하는 문제를 다룬다. 이것은 그동안 경제학이 추구했던 방법으로는 사람들의 복지와 행복이 실현되기 어렵다는 자각에 기초한다. 20세기 후반 이후 다양한 학자들에 의해 시도되고 있는 행복경제학은 심리학, 사회학, 정치학, 철학의 도움을 받아 주관적인 요소, 제도적인 요소를 포함할 수 있도록 복지의 새로운 척도를 개발하고 그것에 걸맞게 경제학 체계를 변혁시키려는 노력이

---

10   한재명 외, 앞의 글, 130쪽.

라고 할 수 있다.

행복경제학은 그간 성장 위주의 경제학에 대한 반발이라고 할 수 있다. 경제학의 일반적 입장은 어떤 재화나 서비스를 소비함으로써 사람들이 느끼는 만족도는 주관적인 것이지만, 화폐로 표현할 수 있다는 것이다. 그래서 후생 일반에서 화폐로 측정할 수 있는 부분을 '경제적 후생'이라고 규정하고, 이 경제적 후생을 극대화하는 조건을 연구하였다. 그것에 따르면, 소득 또는 부의 증진이 효용의 증진이기 때문에 소득의 크기가 클수록 후생은 증가한다. 이것은 결국 사회적 총효용을 높이기 위해서는 사회적 총생산을 증가시켜야 한다는, 이른바 '성장의 경제학'으로 나아간다. 하지만 이스털린의 역설에서 보이듯이, 일정 수준 이상이 되면 소득이 높아진다고 해도 행복감은 그만큼 높아지지 않았다는 사실은 경제학의 기본가정에 대한 의문을 제기한다.[11]

실제로 소득 이외에도 행복에 영향을 미치는 요소들은 많다. 그 한 예가 실업이다. 실업은 삶의 만족도에 미치는 영향이 지대해, 단순한 소득 상실 이상을 의미한다. 가령 유럽에서 1975년부터 1992년 기간 실업수당이 많이 늘어나면서 실직자의 경제적 어려움은 사라졌다. 그런데도 실업자들과

---

[11] Frey 외(유정식 외 역), 『행복, 경제학의 혁명: 행복 연구가 21세기 경제학의 지평을 바꾼다』, 46~89쪽.

일자리를 가진 사람들 사이의 행복 격차는 좁혀지지 않았다. 그 이유는 실업은 경제적인 빈곤 이외에 불안과 우울을 낳고, 자존감과 개인의 통제 능력도 떨어뜨리기 때문이다. 즉 실업은 인간에게는 경제적 빈곤 이상의 의미가 있다. 아울러 가족, 우정, 사회적 연대감, 정치제도 같은 요소들도 행복에 큰 영향을 미친다. 실제로 정치제도, 특히 참여민주주의의 장치를 통해 보통 시민들이 정치에 참여할 수 있는 기회는 삶의 만족 수준을 결정하는 데 중요한 역할을 한다고 한다.[12]

이런 점에서 국민의 행복 정도를 평가하는 데에 있어서 국민총생산(GNP)과 국내총생산(GDP)과 같은 전통적인 척도는 한계가 많다. 그것들은 시장에서 거래되는 재화와 서비스만을 포함해, 인간의 행복에 지대한 영향을 끼치는 것들을 누락시킨다. 시장에서 거래되지 않아 화폐단위로 계산되지 않는다는 이유에서다.[13] GNP, GDP 척도의 문제점을 개선하기 위한 대안으로 경제후생지표, 지속 가능 경제복지지표, 인간개발지수 등 다양한 지표들이 속속 개발되고 있다. 그래서 소득, 수명, 건강, 교육, 환경, 문화, 안전 등 다차

12　Frey 외(유정식 외 역), 같은 책, 95~97쪽, 249~250쪽.

13　Stiglitz 외(박형준 역), 『GDP는 틀렸다: '국민총행복'을 높이는 새로운 지수를 찾아서』, 129~163쪽.

원적인 삶의 조건들을 측정함으로써 객관적인 삶의 질을 측정하려고 시도한다. 이러한 지표들은 점차 '삶의 만족도'라는 주관적 지표를 보조적으로 사용하기 시작했다.[14]

인간관계, 즉 관계재에 주목하는 이유도 이런 맥락에서 이해될 수 있다. 관계재에 대한 대표적인 이론가 브루니(Luigino Bruni)에 따르면, 관계재는 인간관계와 결부되어 있는 비물질적인 재화이다. 그것은 연인, 가족, 친구나 친지, 이웃, 지역사회와의 교류에서 형성되는 것으로, 사랑, 우정, 시민적 우애가 대표적인 관계재라고 할 수 있다. 관계재는 상호합의에 의해서만 소유할 수 있으며, 다른 사람과 함께하는 공동행위가 있어야만 존재하는 재화이다. 따라서 그것은 혼자 생산하고 소비할 수 있는 재화가 아니다. 그것은 다른 사람과 나누는 상호작용에 의존하며, 그 안에서 발생한다는 특성을 갖는다. 그래서 관계재는 개인 차원이 아니라 인간관계의 차원에 속한다.[15]

브루니에 따르면, 관계재에 대한 논의는 아리스토텔레스 연구자인 누스바움(Martha Nussbaum)의 논의에서 시작되었다. 누스바움은 아리스토텔레스에 있어서 우애(philia)는 좋은 삶에 없어서는 안 될 본질적인 요소라고 본다. 아리

---

14 Frey 외(김민주 외 역), 『경제학, 행복을 말하다』, 68~81쪽.
15 Bruni 외(제현주 역), 『21세기 시민경제학의 탄생』, 337쪽.

스토텔레스에서 우애는 오늘날의 개념으로 하면, 우정, 사랑, 시민적 헌신 같은 것인데, 누스바움은 이것이야말로 관계적 선(relational goods)의 전형이라고 생각한다. 브루니는 누스바움의 아리스토텔레스 해석을 받아들여, 인간의 좋은 삶은 관계적 선(좋음)을 전제하고 있다고 주장한다. 즉 친구, 연인, 가족, 동료 시민 등과의 좋은 교류 없이는 좋은 삶과 행복은 불가능하다고 본다.[16]

'relational goods'을 철학자들은 '관계적 선'이라고 부르지만, 경제학자들은 '관계재'로 부르면서 경제적 재화의 하나로 규정한다. 일반적 시장교환에서 인간관계는 재화와 서비스를 획득하는 과정에서 발생하는 부수적인 것이지만, 관계재의 경우 관계 자체가 목적이고 재화(goods)이다. 관계재의 특징은 '상호성(reciprocity)'이다. 예컨대 사랑과 우정은 두 사람이 공동으로 생산하고 향유한다. 혼자서는 할 수 없는 것이고 이런 점에서 상호적이고 호혜적인 것이다. 관계재의 또 다른 특징은 무상성(gratuitousness)이다. 관계는 경제적 동기와 무관하고 그 자체로 의미를 갖기 때문이다. 우리는 돈이나 경제적 이득을 위해 사랑하고 우정을 쌓는 것이 아니고, 또 사랑과 우정을 얻기 위한 대가로 돈을 지불하지도, 돈을 받지도 않는다. 그것들은 경제적인 동기가 아니

---

[16] Bruni 외(제현주 역), 앞의 책, 338~340쪽, 352쪽

라, 그 자체의 가치를 위해 행해진다. 시장에서 교환의 기본 원칙이 등가교환이라면, 관계재의 경우는 상호성이다.[17]

관계재는 '무상성'을 특징으로 하지만, 그것도 경제재의 일종이라고 할 수 있다. 왜냐하면 관계재 생산과 소비에는 시간이 필요하고 이 시간은 다른 상품을 생산하고 소비하는 것을 그만큼 포기해야만 확보할 수 있기 때문이다. 다른 상품 생산을 포기해야 한다는 점에서, 그만큼의 소득의 포기라는 기회비용이 발생한다. 바로 그 점에서 관계재는 희소하고 따라서 경제재라고 할 수 있다.

경제학자들, 특히 우리나라 김균 교수처럼 정치경제학을 전공하는 경제학자들이 관계재 개념에 주목하는 이유가 있다. 이들은 관계재를 경제학과 다른 학문을 연결해 주는 핵심 개념으로 보기 때문이다. 그들에 따르면, 그동안 경제학은 사회 현상을 수량적 경제적 요소로 환원하여 질적 사회적 요소를 방법론적 차원에서 배제해 왔다. 그런데 관계재 개념은 인간관계와 상호작용 같은 내용을 담고 있다는 점에서 도덕철학, 사회학, 정치학 등과 경제학을 연결해 주는 고리라는 점에서 중요한 의미가 있다.[18]

실제로 관계재, 그리고 관계재가 함의하는 것―관계성,

17　Bruni 외(제현주 역), 앞의 책, 355쪽.

18　김균, 앞의 글, 38~39쪽.

상호성, 사회성—은 주류경제학에서 본질적인 것 아니라, '부수적'인 것으로 취급되어왔다.[19] 오랫동안 경제학은 개인을 자기 이익을 극대화하는 합리적인 존재로 가정하고, 그것의 효용 극대화를 추구해 왔다. 이는 사회적 인간과 경제적 인간을 분리하여 설명하는 것이다. 그런데 관계재 이론, 그리고 행복경제학은 개인들 간의 상호작용과 사회성에 주목한다. 브루니 같은 관계재 이론가들은 '진실한 사회성(genuine sociality)'은 단순히 도구적인 것이 아니라 목적적인 것으로, 행복의 중요한 요소라고 주장한다. 반면 주류경제학은 '진실한 사회성'을 제대로 설명하고 있지 못하다. 주류경제학에서 진실한 사회성이나 개인 간 상호작용은 경제 영역 바깥의 외부성으로 이해되는 요소일 뿐이다. 주류경제학은 개인 간의 상호작용은 경제 현상의 외적 요소로서 경제학의 틀 내에서는 설명하지 못한다고 본다.[20]

관계재에 대한 조명을 통해 윤리학과 경제학을 함께 설명하려는 관계재 이론가들의 시도가 성공할 것인지는 알 수

---

19 Bruni, "The happiness of sociality. Economics and eudaimonia: A necessary encounter", 394쪽. 그리고 여기서 논의하지는 않지만, 최근 경제학에서는 인간의 행위 동기를 확장해 설명하려고 시도들이 있다. 행동경제학, 제도경제학, 사회적 선호 또는 합리적 선택이론의 확장이 그것이다.

20 Benedetto Gui & Luca Stanca, "Happiness and relational goods: well-being and interpersonal relations in the economic sphere", 108쪽.

없다. 다만 인간은 하나의 존재로 경제적이면서 동시에 사회적인 존재라는 점에서 양자에 대한 통일적 설명이 필요하지 않나 생각해 본다.

5. 관계재에 대한 철학적 논의

관계재 이론은 아리스토텔레스 사상과 관련이 깊다. 누스바움은 아리스토텔레스에서 좋은 삶은 관계적 선과 불가분의 관계에 있다고 보고 있고, 브루니 같은 관계재 이론가들은 이에 영감을 받아 그것을 경제학적으로 설명하고자 시도하기 때문이다. 누스바움이나 브루니에 있어서, 우애(philia) 같은 관계적 선은 본질적 가치를 가지며, 좋은 삶을 구성하는 필수 불가결한 부분이다. 관계적 선을 이해하려면, 행복을 에우다이모니아(eudaimonia)로 보는 아리스토텔레스적 전통을 살펴보아야 한다.[21]

에우다이모니아는 아리스토텔레스 사상의 핵심 개념이다. 에우다이모니아가 정확히 무엇이냐에 대해서는 다양한 해석들이 있다. 우선 에우다이모니아는 어원상으로 보면, '좋은(eu)'과 '영혼(daimon)'의 합성어이다. 말 그대로 하면 '훌륭한 영혼'이라는 뜻이다. 아리스토텔레스가 생각한

---

21 Bruni, "The happiness of sociality. Economics and eudaimonia: A necessary encounter", 383쪽.

에우다이모니아는 '인간으로서 잘 산다'라는 의미이다. 그것은 인간이 가진 잠재력을 잘 수행하는 것이다. 아리스토텔레스에서 잘 사는 것, 즉 좋은 삶은 자기에게 주어진 본질, 기능, 목적(telos)을 잘 수행하는 것이다. 그리고 인간으로서 잘 산다는 것은 다른 동식물이 갖지 못한 인간의 본질인, 이성적인 능력을 잘 발휘하는 것이다. 아리스토텔레스는 오직 인간만이 할 수 있는 것에 주목해, 그것을 인간의 덕 또는 탁월성이라고 보고 이것을 잘 발휘하는 사람을 인간으로서 잘 사는 사람이라고 본다. 이런 점에서 아리스토텔레스의 에우다이모니아 개념은 우리가 일반적으로 생각하는 행복 개념과 다르다. 그래서 에우다이모니아를 행복(happiness)이라고 번역하지 말고, 잘삶(good life) 내지 웰빙(wellbeing), '인간적 번성(human flourishing)'으로 번역하자는 흐름도 있다.

아리스토텔레스에서 인간의 특징은 이성 능력을 갖고 있다는 점도 있지만, 공동체 생활을 한다는 점이다. 그에 따르면 인간은 본질적으로 폴리스적 존재이다. 따라서 인간으로서 잘 살려면 공동체 안에서 잘 활동하고 잘 상호작용해야 한다. 이런 점에서 우애는 인간의 본질을 구성하는 대전제이다. 아리스토텔레스는 그의 주저 『니코마코스 윤리학』에서 우애에 관한 논의를 전체 분량의 1/5에 걸쳐 다루고 있다. 그만큼 우애를 중요한 것으로 간주한다는 것을 보여주는 방증이다. 『니코마코스 윤리학』에서 아리스토텔레스는 우애가 좋은 삶의 필수 불가결한 부분임을 분명히 한다.

"확실히 홀로인 사람이 전적으로 행복하다는 것은 매우 이상하다. 어떤 사람도 혼자 사는 조건인 세계를 선택하지 않으려 하기 때문이다. 왜냐하면 인간은 정치적 피조물이며, 그의 본성이 다른 사람들과 함께 사는 것이다. 명백히 낯선 사람들과 있는 것보다는 친구나 훌륭한 사람과 있는 것이 낫다. 따라서 행복한 사람은 친구를 필요로 한다."[22]

아리스토텔레스가 바라본 인간은 기본적으로 사회적 존재이다. 그리고 사회적 존재인 인간에게 친구는 매우 소중한 존재이다. 그래서 친구를 갖는 것은 다른 어떤 것, 가령 부를 갖는 것보다 더 중요하다. 부는 단지 좋은 삶을 위한 수단에 불과하지만, 친구는 그렇지 않다. 그래서 "만일 다른 좋은 것들을 모두 갖고 있다 할지라도 친구가 없는 삶은 누구도 원하지 않을 것이다."라고 말한다.[23]

그런데 우리는 아리스토텔레스의 이 주장에 의문을 제기할 수 있다. 과연 그의 말대로 우애는 인간의 본질인가? 친구가 없다면 인간은 행복할 수 없는가? 이 문제는 인간의

---

22   Aristoteles, 『니코마코스 윤리학』, 9권, 1169b.

23   Aristoteles, 앞의 책, 8권, 1155a.

본질과 관련된 문제로 좀 더 논의를 요한다. 실제로 과연 행복은 반드시 관계 내지 공동체와 연관되어야만 하는가? 만일 그렇다면 홀로 사는 존재가 느끼는 행복은 행복이라고 말할 수 없는 것인가?

우리 사회에서 40, 50대 남성들이 가장 즐겨보는 TV 프로그램은 <나는 자연인이다>라는 프로그램이다. 이 프로그램에 나오는 사람들은 인적이 없는 깊은 산 속에서 자기 인생을 즐긴다. 번잡한 도시 문명을 거부하고 홀로 자연과 접촉하면서 자기 나름의 삶을 사는 것이다. 생태주의 문학의 최고봉으로 간주되는 『월든』에서 소로(Henry David Thoreau)가 지향하는 삶도 철저히 홀로 명상을 즐기고, 자족하는 삶이다. 많은 철학자는 우주의 이치에 대해 홀로 사유하는 것을 이상(理想)으로 생각해 왔고, 많은 종교에서도 최소한 인생의 마지막 시기에는 세속에서 떨어져 은둔하는 것을 이상적 삶으로 보아왔다. 그런데 아리스토텔레스의 지적대로 우애가 좋은 삶을 구성하는 없어서는 안 되는 본질적인 것이라면, 그리고 인간의 좋은 삶은 반드시 공동체에서 실현되는 것이라면, 홀로 사는 삶은 어떤 경우에도 좋은 삶으로 볼 수 없다는 결론이 나온다.

실제로 누스바움도 이 문제를 진지하게 고려한다. 특히 아리스토텔레스의 우애 같은 관계적 선은 근본적으로 취약성(fragility, vulnerability)을 갖고 있다는 점에 주목한다. 이는 전통적으로 철학자들이 추구했던 행복의 자족성(self-sufficiency)과 정면으로 충돌한다. 사랑과 우정 같은 관계적 선은 자족적인 것이 아니라, 관계를 맺는 대상에 의존한다. 대상과 상황에 따라 흔들리는 것으로, 매우 위험한 방식으로 취약하다.

사랑은 나 혼자 하는 것이 아니다. 사랑을 하려면 그런 나의 사랑에 호응해 줄 존재가 있어야 한다. 그런데 이런 존재를 만나는 것 자체가 우연이고, 세상의 운(fortune)에 달려 있다. 아무리 내가 노력한다고 해서 그런 존재를 만날 수 없으면 사랑은 이루어질 수 없다. 또한 사랑의 대상, 즉 연인도 나만큼이나 독립성을 소유한 존재이다. 따라서 나만 열심히 한다고 해서 사랑이 성립하는 것은 아니다. 상대방도 내가 느끼는 만큼 느껴주고, 내가 관심을 갖는 만큼 관심을 가져주고, 내가 바라는 만큼의 행위를 해줄 때 사랑은 성립한다. 실로 사랑은 다양한 우연성에 의존한다. 또 나의 행복을 바랄 때에는 나만 고려하고 나만 잘되면 되지만, 다른 사람을 사랑하는 것은 두 배의 사건과 두 배의 운에 좌우된다. 나의 연인이 불운하면, 나도 같이 불행해질 수 있다.[24]

이는 우정도 마찬가지이다. 우정이 성립하려면 내가 친

---

24 Nussbaum, *The fragility of goodness: Luck and Ethics in Greek tragedy and Philosophy*, 343~344쪽, 366쪽.

구로 삼을만한 존재가 있어야 하고, 그도 나를 진정한 친구로 생각해 주어야 한다. 아리스토텔레스가 우애의 한 형태로 언급한 정치 활동은 더욱 그렇다. 정치 활동은 훨씬 더 많은 변수에 의해 좌우된다. 자기가 추구하는 정치 활동이 성공했을 때 느끼는 성취감은 상당하겠지만 그것이 실패했을 때 느끼는 좌절감 역시 상당할 것이다. 문제는 나의 정치 활동이 성공한다는 보장이 없다는 것이다. 심지어 시대 상황으로 인해 정치 활동에 대한 진입 자체가 힘든 경우도 있을 수 있다. 아테네 시대에는 정치 활동을 할 수 있으려면 자유민으로 태어나야 한다. 자유민으로 태어나야 하는 것도 운이다. 만일 노예로 태어난다면 정치 참여 자체가 불가능하다. 아리스토텔레스 자신도 정치적 외압으로 인해 아테네를 두 번이나 떠나야 했고, 외국인의 신분으로 정치 참여를 제한받기도 했다.[25]

철학자들은 절대적이고 확실한 것을 추구해 왔다. 그런 철학자들의 일반적 경향에 비추어 볼 때, 우연성과 불확실성은 배제되어야 할 속성임이 틀림없다. 철학자 중에는 외적인 것에 동요하는 것을 막기 위해 외적인 일체의 것에 대한 무관심을 추구하는 경향이 있다. 이는 '필론의 돼지'에서 가장 극명하게 나타난다. 폭풍에 휘몰아치는 배의 갑판 위

25　Nussbaum, 앞의 책, 355쪽.

에서 사람들은 모두 두려움에 떨고 있었지만, 그런 소동 속에서도 오로지 자기 여물을 먹는 데에만 집중하는 돼지가 바로 그것이다. 필론의 돼지처럼 어떤 외적인 변화와 무관하게 평정심을 유지하는 것을 철학자들은 동경했다.

누스바움에 따르면, 아리스토텔레스 또한 관계적 선의 문제점을 모르지는 않았다. 아리스토텔레스는 이런 점을 인식하면서도, 우애 없는 삶은 결코 좋은 삶이 될 수 없었다고 믿었다고 누스바움은 생각한다. 누스바움이 보기에 아리스토텔레스가 그렇게 생각한 이유는 크게 두 가지이다. 아리스토텔레스는 우애가 좋은 삶을 위한 도구적 가치와, 아울러 좋은 삶을 위해 없어서는 안 될 본질적 가치를 가진다고 생각한 것이다.

누스바움에 따르면, 첫째 아리스토텔레스에서 우애는 좋은 삶을 위한 도구적 가치를 지닌다. 좋은 삶을 살기 위해서는 좋은 성품과 미덕을 가져야 한다. 그런데 좋은 성품과 미덕을 지니려면 가족의 보호와 배려가 있어야 하고, 공동체가 제공하는 유덕한 시민을 위한 교육이 필요하다. 어떤 것이 좋은 성품이고 어떤 것이 미덕인지를 알려주는 것은 공동체가 제공하는 교육이다. 그리고 좋은 친구가 있을 때 인간은 좋은 성품을 가질 수 있다. 훌륭한 친구를 통해서 우리는 훌륭한 인품을 보고 배울 수 있다. 인간은 자신의 행위보다 타인의 행위를 더 객관적으로 볼 수 있고, 제2의 자아인 친구의 행위를 통해 자신의 성품을 교정하고 발전시킬 수 있다. 요약하면 공동체가 있고 우애가 있을 때 우리는 훌륭한 인간이 되고 좋은 삶을 살 수 있다.[26]

둘째, 아리스토텔레스에서 우애는 그 자체로 목적적인 가치를 가진다. 아리스토텔레스에 따르면, 인간은 상호협력의 공동체를 통해 자신의 삶을 영위해야 하는 존재이다. 인간의 삶 자체가 공동체를 필요로 하는 것이다. 즉 인간은 홀로 사는 존재가 아니다. 인간은 부모, 자식, 동료 시민과 함께 사는 존재로, 본성적으로 공동체적인 존재이다. 따라서 인간의 행복은 그런 관계를 떠나서 생각할 수 없다.

그러면서도 아리스토텔레스는 철학자답게, 가장 완전한 행복은 관계적 선이 구현된 '도덕적' 행복이 아니라, 지적인 명상을 통한 '관조적(theoria)' 행복이라고 본다. 아리스토텔레스는 도덕적 행복을 위해서는 실천적 지혜가 필요하고 관조적 행복을 위해서는 철학적 지혜가 필요한데, 최고의 지혜는 실천적 지혜가 아니라 철학적 지혜라고 보았다.

그렇다면 관계적 선과 도덕적 행복은 부차적인 것일까? 그렇지는 않은 것 같다. 아리스토텔레스는 관계의 중요성을 소홀히 하지 않는다. 그는 인간은 혼자서도 관조할 수 있지

---

26 Nussbaum, 앞의 책, 347~350쪽.

만, 협력자들이 있으면 더 잘 관조할 수 있다고 지적한다.[27] 그러면서도 같은 책의 다른 곳에서 아리스토텔레스는 인간의 본성은 홀로 관조할 수 있을 만큼 자족적이지 못하다고 말한다. 몸이 건강하려면 공동생활을 통해 영양분을 공급받고 보살핌을 받아야 하기 때문이다.[28] 아리스토텔레스에서 관조적 행복이 '신적인 것(divine)'이라면, 관계적 행복은 '인간적인 것(human)' 것이다. 신은 혼자서도 잘 살 수 있지만, 인간은 그렇지 않다. 아리스토텔레스에서 신의 선(善)과 인간의 선은 서로 다른 것이다. 어떻게 본다면 일관되지 않은 측면도 있지만 그가 놓치지 않는 것은 인간 삶의 조건에 대한 통찰이 아닌가 싶다. 즉 인간은 신과 같은 자족적인 존재는 될 수 없고, 군집 생활을 통해 동료들과의 협동에 의해 살 수밖에 없는 존재라고 그는 본 것 같다.[29]

이런 점에서 아리스토텔레스는 그의 스승인 플라톤과 다르다. 하늘의 이데아에 천착했던 플라톤과 달리 아리스토텔레스는 인간 삶의 조건, 즉 군집 생활을 하는 인간의 삶에 대한 경험적 사실에 주목한 것이다. 만일 인간이 호랑이처럼 홀로 먹이를 구하는 존재라면 군집 생활이 필요 없을 것

---

27   Aristoteles, 앞의 책, 10권, 1177b.

28   Aristoteles, 앞의 책, 10권, 11778.

29   Nussbaum, 앞의 책, 368쪽, 375쪽.

이고, 따라서 우애 같은 관계적 선도 필요 없을지도 모른다. 또 만일 인간이 스스로 자족하는 신과 같은 존재라고 한다면, 이 또한 마찬가지였을 것이다. 자신의 삶을 위해 다른 존재의 도움과 협력을 필요로 하지 않기 때문이다. 하지만 인간이 처한 삶의 조건은 호랑이나 신의 그것과는 엄연히 다른 것이다.

필자가 보기에 사회적 존재로서 인간을 규정하고, 관계적 선을 강조한 아리스토텔레스의 입장은 맞다. 하지만 구체적인 그의 주장은 우리의 상황에 맞게 재구성되어야 한다. 그리고 관계재의 범위와 내용도 재검토가 필요하다고 생각된다. 왜냐하면 우리가 처한 삶의 조건에 따라 관계재의 내용은 변화하기 때문이다. 아리스토텔레스의 주장은 기본적으로 고대 폴리스를 배경으로 한 것으로, 오늘날 우리가 처한 삶의 조건과는 다르다.

아리스토텔레스의 우애(philia)와 친구(philos) 개념부터가 그렇다. 그의 우애 개념은 오늘날의 우정(friendship)과는 약간 다른 뜻이다. 우애는 오늘날 친구들 간의 일반적인 우정 이외에 연인들 간의 사랑, 부모와 자식 또는 형제 간의 애착 등 가족관계에서 발생하는 것들을 모두 포함한다. 그중에서도 아리스토텔레스가 염두에 둔 우애는, 추구하는 지향점이 같은 동료와 그런 동료들 간의 관계를 의미한다. 그에게서 친구는 뜻과 삶을 같이 영위하는 존재로, 서로 신뢰하고 즐거움을 공유하는 존재이다. 그것은 단순히 정기적으로 방문하고 사교하는 것 이상을 의미한다. 친구는 서로의 성품과 가치를 존경하면서 함께 공동의 목표를 추구하는 존재이다. 이렇듯 아리스토텔레스에서 친구와 우애 개념은 매우 복잡한 것이지만, 무엇보다 중요한 것은 아리스토텔레스에서 친구는 정치 행위 등 다양한 활동을 공유하는 존재라는 사실이다.[30]

아리스토텔레스는 그런 친구로 아테네의 동료 시민, 특히 뜻을 같이하는 남성을 염두에 두고 있었다. 그것은 아테네가 폴리스라는 독립된 생활 단위이자 정치체제였고, 때로는 전사(戰士)공동체였다는 점과 관련이 있다고 생각된다. 다시 말해 아리스토텔레스의 친구는 같은 폴리스의 뜻을 같이하는 남성 동료로 제한된다. 하지만 오늘날의 관점에서 보면, 우애의 대상은 같은 폴리스의 동료 남성으로 제한되어서는 안 될 것 같다. 아테네 시대에서 사회의 기본 단위는 폴리스였기 때문에, 친구는 응당 폴리스의 동료 시민으로 한정되어야 할지도 모른다. 하지만 역사 발전에 따라 이것은 변화할 수밖에 없다. 근대 이후로 사회 단위는 국민국가이고, 그렇다면 우애의 대상은 같은 국가의 구성원인 국민이 되어야 한다. 또한 지금은 지구가 점점 하나의 사회가 되

---

30   Nussbaum, 앞의 책, 356~359쪽.

고 있다. 전 세계적으로 국제분업과 무역이 이루어지고 있고, 기후변화라는 전지구적 위기에 공동 대응하고 있다. 이런 점에서 우리 시대를 사는 우애 있는 사람이라면 제 3세계의 빈곤에 대해 고민하고, 기후변화와 관련해 미래세대에 대한 책임을 외면해서는 안 될 것 같다.

아리스토텔레스가 중요하게 생각한 가족 제도도 변화하고 있다는 점에 주목해야 한다. 오랫동안 가족은 생산과 생식의 기본 단위였다. 전통적인 소농경영에서 가족은 경작의 기본 단위였고, 동시에 사회구성원의 재생산을 담당해 왔다. 그 와중에 가족은 1부 1처제의 형식을 유지해 오면서 사랑과 관계의 원천으로 기능해 왔다. 하지만 피임 기술의 발달로 성과 출산이 분리되고 있다는 점, 그리고 생산과 관련해 가족은 더 이상 생산의 기본 단위가 아니라는 점은 가족의 위상에 변화를 던지고 있다. 무자녀 가정, 1인 가정, 동성 커플의 증가는 가족에 대한 전통적인 관념이 변화하고 있다는 사실을 잘 보여준다. 삶의 조건 변화에 따른 관계의 변화, 그리고 행복의 변화를 추적해야 한다.

6. 맺는말: 노년의 삶과 인간관계

관계재에 대한 논의는 좋은 삶, 또는 행복과 관련해 생각해야 할 많은 것들을 담고 있다. 우선 소득이 증가한다고 해서 행복해지지는 않는다. 가족, 친구, 이웃과 교류하고 관계를 맺을 시간이 없는 상태에서 소득의 증가가 행복의 증가로 이어지지는 않는다. 이런 점에서 브루니, 누스바움, 아리스토텔레스로 이어지는 논의는 행복이 우리가 일상에서 맺는 관계와 무관하지 않음을 여실히 보여준다고 하겠다.

노년에서 중요한 인간관계는 무엇일까? 배우자, 자식, 친구, 공동체일 것이다. 특히 배우자와 자식은 노년에서 가장 중요한 인간관계일 것이다. 배우자로부터 사랑받지 못하고, 자식으로부터 존경받지 못하는 사람을 우리는 행복하다고 부를 수 없을 것 같다. 또 훌륭한 노년을 보내기 위해서는 친구가 반드시 필요하다. 아리스토텔레스의 말대로 친구 없는 삶을 그 누구도 원하지 않을 것이다. 아울러 시민으로서의 삶도 중요할 것 같다. 최근 노인들의 모임이 활성화하고, 노인들의 자원봉사가 증가하는 것도 이를 잘 말해준다. 덧붙여 아리스토텔레스가 말했듯이 관조적 행복도 우리가 추구해야 할 행복이 아닌가 싶다. 우주의 이치, 그리고 자신이 살아온 삶에 대해 성찰하는 것도 작지 않은 행복이기 때문이다.

7장

노년의 성과 사랑

1. 들어가는 말

2002년 영화 <죽어도 좋아>가 상영되면서, 한국 사회에서 노인의 성에 대한 사회적 관심이 촉발된 것 같다. 이 영화는 실화를 바탕으로 제작되었는데, 배우자와 사별한 70살이 넘은 노인 남녀가 운명처럼 만나 서로 사랑하고 섹스하는 모습을 그렸다. 이 영화는 노인들도 젊은 남녀와 마찬가지로 서로 사랑하고 섹스하기를 원한다는 것을 보여주는 영화였는데, 당시 우리 사회에 꽤 신선한 자극을 준 것으로 기억된다.

모든 것은 변화한다. 삶의 배경이 변화함에 따라, 인간의 삶도 변화한다. 이런 변화에는 성에 대한 인식의 변화, 그리고 노인의 성에 대한 인식의 변화가 포함된다. 우리나라도 고령화사회에 접어들면서 수명의 연장이 이루어지고 노인들의 건강 상태도 호전되었다. 비아그라로 대표되는 성 과학기술의 발전은 이런 변화를 더욱 가속화 하리라 생각된다.

그동안 노인의 성에 대한 다소간의 인식 변화는 있는 것 같다. 하지만 노인의 성에 대한 보수적인 관념이 오랫동안 우리 사회에 깊숙이 자리 잡아 온 것이 사실이다. 필자는 이런 보수적인 생각은 재검토되어야 한다고 생각한다. 노년기의 행복에서 성은 매우 중요한 위치를 차지한다는 점을 인식하고 인정할 필요가 있다. 노년기를 연구하는 학자들은 공통으로 노년기 행복의 조건으로 경제력, 일, 건강, 인간관계를 든다. 성과 사랑은 인간관계에 없어서는 안 될 핵심적 위치를 차지한다. 일반화하기는 쉽지 않지만, 성과 사랑이 없는 삶을 행복한 삶이라고 부를 수는 없을 것 같다.

여기서는 첫째, 현대사회에서 성과 사랑, 즉 섹슈얼리티의 의미를 검토한다. 둘째, 노인들에게 있어서 성과 사랑이 갖는 의미를 탐색할 것이다. 셋째, 비아그라 섹스부터 슬로섹스에 이르기까지 노인들의 다양한 성에 대해 알아볼 것이다. 넷째, 성과 관련해서 여성 노인들이 감수하고 있는 차별의 양태를 살펴보고, 그 대안을 모색할 것이다.

2. 성과 사랑: 섹슈얼리티
1) 보수적 성 관념의 문제점

최근 많이 변화하긴 했지만, 오랫동안 우리 사회를 지배해왔던 것은 보수주의 성 관념이다. 보수주의 성 관념은 기본적으로 인간의 성에 대해 부정적인 시선을 깔고 있다. 통상 성에 대한 입장은 자유주의, 중도주의, 보수주의로 구분된다. 자유주의가 상호동의만 있으면 섹스가 가능하다고 본다면, 중도주의는 여기에 사랑이라는 조건이 하나 더 붙는다. 서로 동의하고, 또 서로 사랑할 때만 섹스가 정당화된다는 뜻이다. 반면 보수주의는 혼인한 부부간의 섹스만을 정당한 것으로 본다. 극단적인 보수주의는 여기서 더 나아간다. 오로지 생식과 출산을 목적으로 한 것만이 도덕적으로 정당화된다고 본다. 즉 부부가 아이를 낳기 위해 성행위를 할 때만이 정당화될 수 있는 것이다.[1]

　이중 과연 어떤 것이 옳은지에 대해서는 다양한 견해가 있을 것이다. 그것은 사람에 따라 상황에 따라 다를 것이다. 어떤 것이 옳은지 단정적으로 말하기는 어렵다고 생각한다. 그렇게 그것이 생각만큼 단순하지는 않다고 느껴진다. 일단 필자는 극단적인 보수주의는 현실에 맞지 않는다고 본다. 극단적인 보수주의가 과거 한때 서구에서 지배적인 관념이 된 것은 고대 기독교의 영향이 큰 것 같다. 구약 창세기는 여성의 출산을 원죄에 대한 징벌로 묘사함으로써 성과 육체

1　류지한, 『성윤리』, 51~69쪽.

를 단죄한 바 있다. 구체적으로 창세기(3장 16절)에는 아담과 하와가 뱀의 유혹으로 선악과를 따 먹은 것에 대해, 여자에게 "너는 아기를 낳을 때 몹시 고생하리라"라는 내용이 나온다. 또 신약성서는 동정녀 마리아 이야기를 통해 이런 이념을 더욱 심화시켰다. 마리아는 처녀의 상태로 예수를 잉태한 고결한 존재로 묘사되고 있다.

이런 생각에는 육체를 더러운 타락의 근원으로 본 플라톤적인 관념주의도 한몫했다. 플라톤에서 인간의 육체는 영혼의 감옥이었고, 인간의 욕망은 부정되어야 할 대상이었다. 또 사도바울은 고행자, 즉 육체의 쾌락을 거부하는 금욕주의자로서의 예수상(像)을 창출했는데, 이는 당시 자유분방한 로마제국의 성 풍습에 맞서는 것이었다. 예수 그리스도는 성이나 육체, 욕망 등과는 전혀 무관한 지고지순한 영적 존재로서 정의된다. 이러한 영향 탓인지 서양의 중세 시절인 14세기에 흑사병이 유럽을 강타하자, 사람들은 흑사병의 발생 원인을 인간들의 지나친 성욕에 대한 신의 저주로 보기도 했다.[2]

이렇듯 인간 성행위의 목적을 종의 재생산으로 보고, 정당한 성행위를 오로지 생식과 출산을 위한 것으로 제한한다면, 당연히 노인의 성에 대해서 부정적 평가를 할 수밖에 없

---

2 김재기, 『철학, 섹슈얼리티에 말을 건네다』, 44쪽; 164~165쪽.

다. 노인의 경우 임신이 힘들기 때문에 생식과 출산을 위한 성과는 거리가 멀다. 또한 설사 임신이 가능하다 하더라도, 임신을 통해 얻은 아이를 양육하기도 매우 어렵다. 특히 폐경 이후의 노인 여성은 임신 자체가 불가능하기 때문에, 노인 여성의 성행위는 정당화될 수 없게 된다.

극단적인 보수주의의 문제점은 실제 인간에서 나타나는 성행위를 설명할 수 없다는 것이다. 인간에서 나타나는 대부분의 성행위 목적은 출산과는 거리가 멀다. 인간은 그야말로 시시때때로 성행위를 한다. 아내가 임신 중에도 하고, 폐경일 때에도 한다. 심지어는 일부러 피임까지 해가면서 성행위를 한다. 이것은 생식과 출산을 위한 성과는 그야말로 거리가 먼 것이다. 즉 극단적인 보수주의에서처럼 성을 오로지 생식과 출산만을 위한 것으로 본다면, 배란기가 아니어도 인간들이 성욕을 느끼고 실제 성행위를 한다는 사실을 설명하지 못한다.[3] 결국 인간이 성행위를 하는 이유는 생식과 출산 이외의 또 다른 목적이 있는 것이다.

동물과 인간의 섹스 형태도 다르다는 점도 고려해야 한다. 동물의 경우는 교미 시간이 매우 짧다고 한다. 토끼는 10초 이내, 사자도 30초를 넘기지 않는다고 하는데, 이것은 인간의 그것과 매우 다르다. 또한 동물은 인간처럼 길고 복잡

---

3 Diamond(임지원 역), 『섹스의 진화』, 25~26쪽.

한 전희(前戲)를 하지 않는다. 반면 인간은 성교를 하기 전에 오랫동안 서로의 몸을 공들여 애무한다. 그리고 다른 동물과 달리, 인간은 얼굴을 마주 보고, 서로의 감정과 반응을 확인하면서 성행위를 한다. 그렇다면 사람들이 섹스를 통해 원하는 것은 생식을 위한 단순한 교미가 아니다. 인간 성행위의 목적을 정확히 무엇이라고 규정하기는 어렵지만, 인간의 성행위에는 동물에게는 없는 다른 목적이 있는 것은 분명하다. 아마도 그런 목적에는 '상대와 하나가 되는 느낌', 또는 친밀감을 위한 것, 또는 쾌락을 위한 것 등이 포함될 수 있을 것이다.[4]

2) 조형적 섹슈얼리티

인간의 성행위를 이해하고 설명하려면 섹슈얼리티(sexuality)개념에 주목할 필요가 있다. sex가 구체적인 성행위와 성별을 의미하는 명사라면, sexual은 '성의', '성적인'의 형용사이고, sexuality는 성욕, 성과 관련된 태도, 성적 정체성 등을 포괄하는 매우 넓은 의미의 추상명사이다. 인간의 성을 제대로 이해하려면 생물학적 의미의 성을 넘어야 한다. 성에 대해 인간이 갖고 있는 감정, 태도, 사고, 가치관, 꿈, 환상, 행동을 모두 포괄하는 개념, 즉 섹슈얼리티에 대한

---

4   김재기, 앞의 책, 113~116쪽.

이해가 필요한 것이다.[5]

이는 성이 자연적으로 주어진 것이 아니라 사회적 역사적으로 구성된다는 뜻이다. 실제 우리 일상 경험을 보더라도 성적인 것은 미리 정해져 있지 않다. 아이에게 젖을 먹이는 어머니의 젖가슴과 여배우의 노출된 젖가슴은 우리에게 전혀 다른 의미로 다가온다. 똑같은 젖가슴이지만 의미는 확연히 다르다.[6] 섹슈얼리티 개념은 19세기 중반에 등장했다. 초기에 그것은 생물체의 성적인 차이를 지칭했지만, 점차 확장되어 성에 대한 관심, 담론, 문화, 제도의 의미를 포괄하는 개념으로 발전하게 된다. 섹슈얼리티에 의한 접근법은 성에 대한 관념이 사회 문화적으로 구성된다고 보고 있으며, 그런 점에서 성에 대한 관념이 미리 정해졌다는 생물학적 결정론, 또는 본질주의적 접근법과 대비된다. 보부아르의 유명한 명제, "여성은 태어나는 것이 아니라 만들어진다."도 이런 사회구성주의적 시각과 일맥상통한다.

인간의 성, 즉 섹슈얼리티가 사회적 역사적으로 구성되는 것인 만큼, 인간의 성은 사회의 변화, 특히 기술의 변화와 관련이 깊다. 우선 '자유로운 성'은 피임 기술의 발달과 관련이 깊다. 1960년대에 불어닥친, 이른바 성의 해방은 경구

---

5 김재기, 같은 책, 52쪽.
6 김재기, 같은 책, 60쪽.

피임약 없이는 불가능했을 것이다. 경구피임약은 1956년 개발되었고 1960년대에 대대적으로 보급되면서 성의 해방을 가능하게 했다. 의학의 발전도 많은 영향을 끼쳤다. 과거에는 산모의 높은 사망률로 인해 섹스와 임신은 무서운 공포의 대상이었다. 잘못되면 죽을 수도 있는 것에 대해 공포를 느끼지 않을 사람은 없다. 과학기술의 발전으로 인해 여성들은 그런 공포로부터 해방될 수 있었다. 이러한 과학기술의 발전이 없었더라면 성 해방은 가능하지 않았을 것이다. 지금 우리가 다루는 노인의 성도 1998년 발명된 비아그라와 깊은 연관이 있다.

한편 법과 제도의 변화도 이러한 변화를 가속화시킨 요인이다. 1970년대 미국에서 오랜 논쟁 끝에 낙태가 합법화되는데, 이것은 우리 인간들이 더 자유로운 성에 다가가게 되는 계기가 된다. 1980년대 유럽에서 있었던 간통죄의 폐지도 한층 더 자유로운 성을 가능하게 한다. 비슷한 시기에 동성애 합법화도 이루어지기 시작한다. 이전까지는 일종의 정신질환으로 치료의 대상이었던 동성애가 인정된 것은 섹슈얼리티를 변화시킨 중요한 요인이다. 성과 사랑의 대상이 확장된 것이다.

오랫동안 성은 출산 또는 재생산이라는 자연의 섭리와 연결된 이미 결정된 삶의 영역이었다. 그런데 점차 재생산과 섹스는 분리된다. 저명한 사회학자 기든스(Anthony

Giddens)에 따르면, 피임 기술의 발달로 인해 재생산 없는 섹스가 가능해지고, 유전자 출산, 시험관 아기, 대리모 등 생식과학의 발전으로 인해 섹스 없는 재생산이 가능해졌다. 즉 피임으로 인한 '재생산 없는 섹스', 그리고 시험관 아기 등을 통한 '섹스 없는 재생산'이 가능해져, 재생산과 섹스가 분리되기 시작한다. 이제 성은 더 이상 정해진 것이 아니라, 인간이 스스로 결정하고 선택해야 하는 문제가 된다. 기든스는 이것을 '조형적 섹슈얼리티(plastic sexuality)'라고 개념화한다.[7] 여기서 조형적이란 말은 성 또는 섹슈얼리티가 플라스틱처럼 정해진 바 없이 자유롭게 변형될 수 있다는 뜻이다. 성과 섹슈얼리티는 재생산으로부터 해방된, '순수한(pure)' 인간관계가 된다. 성과 사랑은 이제 자연에 의해 결정되는 것이 아니라, 인간에 의해 선택되는 자유의 영역에 속하게 된다.

3) 현대에서 사랑의 의미

현대사회에서 사랑은 중요한 의미를 지닌다. 사회학자 울리히 벡(Ulich Beck)에 따르면, 현대사회에서 사랑은 사람들의 절체절명의 과제로 일상의 지대한 관심사이다. 많은

---

[7] Giddens(배은경 외 역), 『현대사회의 성·사랑·에로티시즘』, 15~27쪽; 62~63쪽.

사람이 사랑을 갈구하고, 그래서 일종의 신흥종교로까지 일컬어진다.[8] 실제 우리의 일상을 살펴보자. 과연 사랑을 빼고 나면 그 많은 유행가나 드라마가 성립할 수 있을지 의심이 들 정도이다. 그렇다면 왜 사랑은 이렇듯 우리를 지배하는 신흥종교의 지위를 차지하게 된 것일까?

벡에 따르면 현대사회에서 연인과의 사랑이 강조되는 것은 사회의 변화 때문이다. 전통사회에서 가졌던 공동체 구성원에 대한 책임과 유대는 현대사회에서는 가족에 대한 것으로 축소된다. 근대 이전의 개인, 이를테면 농장주에게 중요했던 것은 자신의 안녕이나 번영이 아니라, 농장 자체의 번영과 유지였다. 그에게 중요했던 것은 자기 자신의 삶이 아니라, 가족의 계보 즉 가문을 이어나가는 것이었다. 농장주는 단지 개인으로 존재하는 것이 아니라, 가문의 일원으로 존재했다.[9]

그런데 근대에서 우리는 가문의 일원이 아니라 개인으로 존재한다. 벡은 이런 관점에서 근대의 핵심을 '개인화(individualisierung)'라고 부른다. 또 근대에서 모든 것은 이전 시대처럼 미리 결정된 것이 아니라, 개인의 선택사항이

---

8 Beck(배은경 외 역), 『사랑은 지독한 그러나 너무나 정상적인 혼란』, 292쪽.

9 Beck, 같은 책, 151쪽.

되었다.[10] 근대성은 개인을 확립해 성찰의 세계를 열어주었지만, 안전감의 토대인 확실성의 뿌리를 제거해 버리는 결과를 낳았다. 이제 나의 신분, 나의 직장, 나의 지역과 국가 등, 그 어느 것도 진정한 나를 보증해 주지 못한다. 이런 상황에서 사랑은 나의 존재와 의미를 확인시켜 주는 최후의 보루이다.

벡에 따르면, 우리가 결혼하고 가족관계를 유지하는 것은 단지 물질적 안정을 위한 것이 아니라, 혼자가 되는 것에 대한 두려움 때문이다.[11] 우리에게 사랑은 정서적 정신적 안정을 주는 우리 삶의 심장부이다. 산업화로 인해 경제적 단위인 가족이 해체되고, 아이를 갖는 것의 재정적 이점들은 사라지고 그에 따른 비용이 증가하게 된다. 그에 따라 점차 가족과 자식에 대한 인식도 바뀐다. 자식은 과거에는 축복의 대상이었지만 점차 짐스러운 대상으로 변화한다.[12] 이런 상황에서 중요한 것은 자식이 아니라, 사랑하는 사람, 즉 연인이다. 벡은 사랑을 자본주의 안에 있는 공산주의라고 규정한다. 아무리 구두쇠라도 사랑하는 사람에게는 모든 것을 주기 때문이다. 근대에서 사랑은 개인에게 고독한 삶을 위

---

10   Beck, 같은 책, 22~27쪽.

11   Beck, 같은 책, 74쪽.

12   Beck, 같은 책, 188쪽.

한 하나의 탈출구, 즉 신흥종교인 셈이다.

이것은 근대 이전과는 상당히 다른 것이다. 기든스에 따르면, 근대 이전 유럽에서 결혼의 기초는 성적 매력이 아니라 경제 상황이었다. 즉 결혼은 농업노동에 필요한 구성원의 재생산을 위한 것이었다. 성행위의 형태도 그때와 지금은 다르다. 17세기 프랑스나 독일 농민들 사이에서는 키스나 애무 같은 행위는 거의 없었고, 오로지 생식을 위한 삽입 섹스만 있었다고 한다.[13] 그런데 19세기에 접어들면서 사람들의 생각과 행동이 바뀌기 시작한다. 이제 사람들은 결혼할 때, 경제적인 판단 이외에 다른 것들을 고려하기 시작한다. 한때 부르주아적 집단에서 지속되었던 '낭만적 사랑(romantic love)' 관념이 사회 전체로 확산한다. 그래서 로맨싱은 구애와 동의어가 되었고, 로맨스(연애소설)는 대중들의 문학 형식이 된다. 이제 낭만적 사랑은 사람들의 이상(理想)이 되고, 혼인은 친족관계로부터 분리되기 시작한다. 남편과 아내는 공동의 정서적 사업의 동반자로 인식되고. 부부관계는 자녀보다 더 중요하게 된다. 섹슈얼리티가 임신과 출산으로부터 분리되기 시작한 것이다.[14]

여기서 말하는 낭만적 사랑은 기본적으로 연인과의 사

---

13   Giddens, 『현대사회의 성·사랑·에로티시즘』, 77쪽.

14   Giddens, 같은 책, 60쪽.

랑이다. 연인과의 사랑이 갖는 특징은 무엇인가? 그것을 이해하려면 다른 사랑, 가령 친구들 간의 우정과 비교해 볼 필요가 있다. 우정과 비교해 볼 때, 연인과의 사랑이 갖는 가장 큰 특징은 그것이 성 또는 섹슈얼리티와 연결되어 있다는 것이다. 다음 여성의 이야기를 들어보자

"남녀 간의 관계는 감정이 제일 중요하지요. 똑같이 좋은 친구인데, 이 친구하고 만나면 뽀뽀하고 싶지 않은데 저 친구랑 만나면 뽀뽀하고 싶은 뭐 그런 게 사랑이지요."[15]

위의 인용문에서 보이듯, 연인과의 사랑에는 우정에는 없는 독특한 감정과 성적인 것이 개입되어 있다. 우정의 대상인 친구를 상대로 애무 같은 성적인 접촉을 하지는 않는다. 하지만 그렇다고 해서, 성적인 것만으로 연인과의 사랑의 본질을 설명할 수 없을 것 같다. 많은 사람은 사랑하는 사람과의 관계에서 핵심 요소는 '친밀함(intimacy)'이며, 친밀함은 서로 간의 진정성(authenticity)을 의사소통을 통해 확인할 수 있을 때 생길 수 있다고 주장한다. 일부 페미니스트들에 따르면, 인간 전체로서 사랑하고 사랑받는 것, 서로의 감정을 확인하는 것, 의사소통하는 것이 중요하다. 이들의

---

15 이성은, 「한국 기혼 남녀의 섹슈얼리티와 친밀성의 개념화」, 12쪽.

관점에서 섹스의 목적은 친밀성을 확인하는 것이고, 연인관계의 목적은 성적 쾌락이나 만족이 아니라 친밀성이다.[16]

이런 점에서 연인과의 사랑이 갖는 중요한 특징은 '신뢰(trust)'이다. 신뢰는 친밀함, 진정성, 의사소통을 가능하게 하는 중요한 전제조건이다. 신뢰는 상대방에 대해 확신을 갖는 것이다. 그런데 문제는 신뢰가 배타성과 관련된다는 점이다. 즉 한 사람이 다른 사람에 대해 느끼는 '특별함'은 무한히 확장될 수 없다. 배타성 자체가 신뢰를 보장해 주지는 않지만, 신뢰를 다져주는 중요한 자극이다. 이런 점에서 친밀성은 자기 폐쇄를 전제로 한다. 여러 관계가 충돌할 경우, 그중에서도 어떤 관계가 우선적인가를 분명히 결정해 주어야 할 때가 많다.[17]

그런데 연인과의 사랑이 갖는 특징 중 하나는 그것이 '깨어지기 쉽다(fragile)'라는 것이다. 배타성에 기초한 신뢰와 친밀함은 그 자체로 많은 갈등의 소지를 안고 있다. 서로에 대한 기대에 못 미치면 연인관계는 곧바로 위험에 빠지고 갈등 관계에 진입한다. 특히 연인에 대한 남성과 여성의 기대는 실로 큰 차이가 있다. 통계에 따르면 여성들은 상대에

---

16   Hellesund, "Better than Orgasm: Sex, Authenticity and Intimacy in the New Women's Movement in Norway", 219~223쪽.

17   Giddens, 앞의 책, 213쪽.

대해 재정적 전망, 사교성, 신뢰, 친절함을 요구하는 반면, 남성들은 성적 매력과 빈번함을 요구한다.[18] 남성들과 여성들이 사랑하는 상대에 대한 기대가 다른 것이다. 서로에 대한 요구사항의 차이로 인해, 서로의 기대는 '협상'되고, 깨졌다가 다시 협상하는 것이 반복된다. 인간관계 자체가 취약한 것이긴 하지만, 연인관계는 특히 취약할 수밖에 없지 않나 생각된다.

지금까지 연인 간의 사랑이 갖는 특징과 중요성을 설명했다. 연인 간의 사랑을 명쾌하게 정의하는 것, 그리고 연인 간의 사랑의 목적을 밝히기는 매우 어렵다고 생각된다. 그래서 비트겐슈타인(R. Wittgenstein)이 주장하는 철학적 방식처럼, 본질적인 접근이 아니라 맥락주의적 접근으로 개념을 규정해야 한다는 지적도 가능하다. 즉 연인 간의 사랑을 친밀함, 의사소통, 섹스 등 어느 하나로 규정할 수 없다는 것이다. 즉 사랑, 섹스, 친밀함, 의사소통 간에는 유사성의 복잡한 네트워크가 중첩되어 있다.[19] 어떤 방식으로 겹쳐있는지는 매우 흥미롭긴 하지만 이를 밝히는 것은 매우 어려운 과제일 것이다. 여기서 이 어려운 과제를 다루지는 않는다.

---

18 Peirce, "Sex Differences in Intimacy Levels in Best Friendships and Romantic Partnerships", 10~12쪽.

19 김은희, 「섹슈얼리티 개념분석과 성윤리의 정립」, 104~116쪽.

필자의 역량을 넘어선 문제이기 때문이다. 그것은 미래의 과제로 놔두고, 여기서는 인간은 본성상 사랑과 성을 추구한다는 것, 그리고 현대에서 그것의 의미는 더욱더 중요해졌다는 것만 언급하고자 한다. 그리고 이는 노인의 경우, 즉 노인의 성과 사랑에서도 마찬가지라는 점만 확인하고자 한다.

3. 노년의 성과 사랑

1) 노인 성 담론의 대두

고령화사회에 접어들면서 지금 전 세계에서는 노인의 성에 대한 본격적인 논의가 시작되고 있다. 가령 호주의 학술 저널인 『Australian Journal of Ageing』이 2020년 특집으로 노인의 성을 주제로 9개의 논문을 수록한 것이 그렇다. 이 특집에서는 노년의 섹슈얼리티를 정의하는 것부터 시작해, 노인의 성과 관련된 정책에 이르기까지 다양한 논의를 담고 있다. 여기에는 노인들의 성생활을 도와주기 위해 콘돔이나 윤활제를 공급해 주어야 한다는 제안도 있고, 노인 연인들이 병원이나 요양원에서 침대나 침실을 공유하는 정책을 시행해야 한다는 주장도 있다.[20]

이 저널의 저자들이 공통적으로 지적하는 것은, 현재의

---

20 Freak-Poli, "Sex and intimacy in later life: from understanding and acceptance to policy", 3~5쪽.

보건정책이 노인들의 성적 욕구와 성적 건강의 중요성을 간과하고 있고, 노인의 성에 대한 일관된 정책적 지침도 갖고 있지 못하다는 것이다. 이는 현장의 혼란을 초래하고, 노인들에게 충실한 의료서비스를 제공하지 못하는 심히 부정적인 결과를 초래한다. 이들에 보기에 실제 현실에서 보이는 노인들은 성적인 욕망을 포기하지 않고 있다. 그런 점에서 노인이 '무성(無性)'적 존재라는 믿음은 신화에 불과하다. 건강하지 않은 노인, 심지어는 심각한 질병을 앓고 있는 노인들도 성적 관심이 있으며, 이들의 성적 관심을 만족시켜 주는 것은 말기의 통증 완화치료에서도 중요하다.[21] 성은 노년기 인간의 행복에서 매우 중요한 부분을 차지하고 있다. 이런 점에서 노인들도 자기가 원하는 삶을 선택할 권한이 있으며, 우리 사회는 이를 지원해 줄 책임이 있다.

하지만 우리 사회에서 노인의 성에 대한 시선은 여전히 부정적인 것 같다. 많은 노인이 배우자의 사별 또는 이혼으로 성적인 고독 상태에 빠져 있고, 특히 여성 노인의 경우는 손주 돌보느라 여력이 없을 경우도 있다. 또 설사 여력이 있다고 할지라도, 자녀들의 눈치나 사회의 부정적 시선으로 인해 성에 대해 적극적이지 못하다. 이따금 성에 대한 관심을 표명하면 주책스러운 노망으로 치부되기 일쑤이다. 여성

---

21   Costello, "Sex, Intimacy, and Ageing", 1330~1332쪽.

노인들은 할머니로 지칭되는 헌신적인 보살핌의 주체로만 간주되고 여성성을 상실한 중성적인 존재로 강요받고 있는 셈이다.[22]

우리 사회도 많이 바뀌고 있는 것은 사실이다. 이는 노인의 성을 다룬 몇몇 영화에서도 잘 나타난다. 2002년 영화 <죽어도 좋아>는 한국 사회에서 노인의 성을 가시화한 작품이다. 이를 전후로 한국 사회에서 노인의 성에 대한 사회적 관심이 시작되는 것 같다. 이후 2010년 간병 노인의 성을 다룬 윤정희 주연의 <시>, 2012년 노년 작가의 어린 소녀에 대한 애착을 다룬 박범신 원작의 <은교>, 2016년 이른바 박카스 아줌마의 삶을 다룬 <죽여주는 여자>는 노인의 성에 대한 우리의 관심을 환기해 주지 않았나 생각된다.[23]

그 외에 노인이 주연은 아니었지만, 영화 <바람난 가족>과 <돈의 맛>도 주목을 요한다. 여기서 배우 윤여정은 <바람난 가족>에서는 병한, <돈의 맛>에서는 백금옥으로 나온다. 윤여정의 대사는 자기 몸의 중요성과 가치를 인식하고, 쾌락을 추구하는 성적 주체로서의 노년 여성을 형상화하고 있다. <바람난 가족>에서 병한의 대사, "그냥 내 몸 원하는 대로 내 몸에게 해주는 것이 맞지." "내 느낌대로 사는 거 같

---

22 유진월, 「성적 주체로서의 노년 여성의 섹슈얼리티 재현 양상」, 269쪽.

23 이동욱, 「영화에 재현된 노인여성의 성과 사랑」, 139~140쪽.

이 살아야지."라는 대사는 노인의 솔직한 욕망을 잘 드러내 준다. <돈의 맛>에서 백금옥의 대사, 즉 "늙은 여자도 하고 싶은 때가 있단다."라는 말은 더욱더 노골적이다. 여기서 백금옥은 남성들의 폭력적 행태를 그대로 모방한다는 점에서 문제가 있지만, 적어도 자신의 욕망을 표현하는 데에는 매우 충실해 보인다.[24]

이런 변화는 우리가 앞서 다루었던 '성'에 대한 인식의 변화에 기인하지만, 아울러 '노인'에 대한 인식의 변화와도 관련이 깊다. 이 두 가지가 합해져서 '노인의 성'에 대한 변화가 나타나고 있는 것으로 보아야 한다. 노인에 대한 인식의 변화는 의료 기술의 발전으로 수명 연장이 이루어져 노년기의 기간이 확대되고 있다는 점, 그리고 노인들의 건강 상태 또한 매우 양호해졌다는 사실에 기초한다. 실제로 우리나라의 경우 2020년 기준으로 평균 수명은 83.5세이고 멀지 않은 시기에 90세까지 내다보고 있다. 이런 점에서 우리는 새들러(William Saddler)가 제기한, 이른바 '제3기(the third age)'에 대한 논의를 참고할 필요가 있다. 새들러는 노화와 의존, 죽음을 기다리는 제4기와 달리 제3기는 적극적으로 자아실현을 추구하는 시기라고 주장한다.[25]

---

24 유진월, 앞의 글, 275~280쪽.
25 Sadler(김경숙 역)『서드 에이지: 마흔 이후 30년』, 26~27쪽.

적극적이고 활기찬 노년의 삶에서 성은 필수적이다. 성적 욕구는 인간의 기본 욕구이다. 매슬로의 욕구 단계이론으로 보자면, 기본 욕구를 충족시킨 후에야 다른 고차적 욕구 실현도 가능하다. 그렇다면 성적인 것에 관한 관심을 표현하는 노인을, '주책 많고' '밝힌다'라고 비난하는 것은 일종의 연령차별(ageism)에 해당할 것이다.[26] 일정 나이가 되었다고 해서 그 사람의 실제 능력과 무관하게 강제로 직장에서 그만두게 하는 것도 연령차별이지만, 나이가 많다고 해서 그 사람의 성적 관심을 부정하고 비난하는 것도 연령차별이다. 연령차별주의는 작업장에서의 차별뿐만 아니라 성적인 측면에서의 차별을 포함하는 매우 광범위한 개념이다. 누구든 오래 살 수 있다는 점에서, 모든 사람은 연령차별주의라는 편견과 고정관념의 희생자가 될 수 있다.[27]

노년의 성생활이 갖는 장점은 대단히 많다. 우선 건강상의 장점이 있다. 성관계는 근육 운동이기 때문에 신체 기관이 정상적으로 기능하는 데에 도움이 된다. 여성의 경우, 삽입 섹스를 하면 질 위축이 덜 나타난다. 남성의 경우는 고환과 음경의 위축이 방지돼 전립선 질환이 예방된다고 한다. 남녀 모두 심폐기능이 향상되고 면역기능도 좋아진다. 관절

---

26 Bytheway, *Ageism: Rethinking Ageing*, 82~84쪽.

27 Palmore, *Ageism: Negative and Positive*, 3~5쪽.

염을 앓는 노인은 관절의 각도와 사지의 움직임이 좋아져 관절염에도 도움이 되고, 골다공증도 예방할 수 있다.

성생활은 정신적인 측면에서도 좋다. 정서적 친밀감을 경험하고, 소외감도 해소되어 인간관계가 더 좋아질 수 있다. 그리고 무엇보다 삶에 대한 자신감을 주고, 자아 존중감, 자기 효능감, 자아 성취감과 정신적 만족감을 높여준다.[28] 그래서 그런지 배우자가 있는 사람이 만성질환의 수도 적고, 장애율도 낮고, 사망률도 낮다고 한다. 자신들이 건강하다고 지각하는 비율도 높고, 삶에 대한 만족도도 높다. 그래서 성생활을 함께 영위했던 배우자가 죽으면 남은 사람의 육체적 정신적 건강도 좋지 않게 된다. 배우자가 죽으면 남은 사람의 사망률이 48%나 상승한다고 한다.[29]

노년이 되면 남성들은 발기가 잘 안되고, 여성은 폐경으로 분비물도 잘 안 나오는데 무슨 성생활을 하겠느냐고 생각하는 사람들도 있을 것이다. 하지만 비아그라나 젤 등의 광범위한 보급으로 인해 이런 문제점들은 극복될 수 있다. 비아그라를 통해 남성의 발기 문제를, 그리고 젤 등을 통해 여성의 폐경 문제를 극복할 수 있게 된 것이다. 또 무엇보다 성은 삽입 성교만을 말하는 것이 아니라, 정다운 대화, 포옹,

---

28 강성자, 『정년 없는 노인의 성』, 31~32쪽; 권신란, 『노인의 성』, 95~96쪽.
29 Quadagno(이정환 외 역), 『사회노년학』, 288쪽; 497쪽.

스킨십, 키스 등이 모두 포함되는 광범위한 행위라는 주장도 있다. 전문가들은 상대방의 손을 잡거나 사랑스럽게 안아주며 따뜻한 관심과 애정을 표현하는 것만으로도 더한 만족을 느낄 수 있다고 입을 모은다.

급진적 페미니스트 이론가인 오도리 로드(Audre Lorde)는 성적 사랑을 삽입 섹스로만 한정시켜 본 것은 남성 중심적 관점이라고 비판한다. 그녀에 따르면, 성적 사랑의 역할은 다양하다. 그것은 다른 사람과 어떤 일을 깊이 나눌 수 있게 해준다는 점에서 인간에게 활력을 준다. 또 기쁨을 두려움 없이 솔직하게 향유할 능력을 열어주기도 한다. 음악에 맞추어 나의 몸이 반응하고 강렬한 리듬에 귀 기울일 때, 그리하여 내가 춤을 출 때건 책상을 조립할 때건 시를 쓰거나 아이디어를 떠올릴 때건, 감각을 느끼건 모든 층위에서 성적으로 만족스러운 경험이 가능하다.[30]

실제로 대부분의 노인들은 성교를 단순한 성적 유희로만이 아니라, 서로 애무하고 온정을 나누고 서로에 대한 연대감을 얻는 과정으로 이해한다. 특히 노년기 부부의 사랑은 평생을 거쳐 함께 해온 배우자에게 따뜻함을 느끼고 연결되는 친밀감으로 설명된다.[31] 재독 교포인 수수미는 자신

---

30 Lorde(주해연 외 역), 『시스터 아웃사이더』, 73~75쪽.
31 김선녀, 「고령화사회 노인의 성에 대한 문제점 및 개선방향」, 180~181쪽.

이 경험한 노년의 사랑을 단행본 형식으로 출판했다. 그녀는 70세에 3년 연상 독일인 남성을 만나 사랑을 나누는 과정을 담담하게 일기 형식으로 썼는데 적지 않은 감동을 준다. 자신의 경험을 솔직담백하게 고백한 그녀의 말은 시사하는 바가 적지 않다. 그녀의 고백을 들어보자.

> 노년기의 성생활은 성교만을 의미하는 것이 아니다. 서로 체온의 따사로움을 즐기고, 피부의 접촉을 통해 가슴으로 스며드는 포근함과 정신적으로 느끼는 든든함, 서로의 피가 식지 않도록 서로의 손을 잡고 쓰다듬는 것 모두가 노년기의 성생활이다.[32]

그녀에 따르면, 노년의 성생활은 육체적인 것만이 아니다. 성은 육체적인 것과 정신적인 것이 합해진 것이다. 여기서 정신적인 것은 서로에 대한 유대감과 친밀감이고, 이것들과 육체적인 것이 합해져서 사랑이 이루어진다. 또 그녀는 노인들은 성호르몬이 부족하지만, 정신적인 성호르몬으로 보충하면 된다고 주장한다. 노인 남성들은 꼭 사정할 것을 바라지는 않으며, 여자도 꼭 절정에 오르지 않아도 충분

---

[32] 수수미, 『은발의 사랑』, 13쪽.

히 행복감을 맛볼 수 있다고 말한다.[33] 그녀의 솔직한 고백을 귀담아들을 필요가 있을 것 같다.

2) 노년의 다양한 성: 비아그라 섹스부터 슬로 섹스까지

나이가 들어감에 따라 성적 능력은 퇴화하기 마련이다. 남성은 발기 시간이 짧아지고, 때로는 발기 자체가 안 될 수 있다. 여성 또한 여성 호르몬인 에스트로겐이 감소하면서, 질의 신축성은 떨어지고 분비액도 감소한다. 그래서 성교할 때 고통이 발생하기도 한다.[34] 성 과학이 발전하면서 이런 문제들은 상당 부분 해소되고 있다. 대표적인 것이 1998년 화이자에서 개발된 비아그라이다. 남성을 위한 비아그라가 효과를 보면서 여성을 위한 성욕 증강제 애디(Addyi)는 2015년, 바이리시(Vyleesi)는 2019년 미국 FDA의 승인을 받고 판매되고 있기에 이르렀다. 이것들은 항우울증 약으로 개발되었으나, 임상시험 단계에서 성적 욕구를 끌어올리는 것이 발견되어 결국 개발의 방향을 전환해 성욕저하장애 치료제로 만들어졌다. 마치 비아그라가 애초 심장병 치료제로 개발되었으나 성기의 혈관 확장 효과가 있다는 것이 발견되어 발기촉진제로 사용되는 것과 같은 맥락이다.[35]

---

33 수수미, 같은 책, 68~170쪽.
34 김선녀, 같은 글, 183쪽.

성 과학의 발전은 노후에도 성을 향유할 수 있게 해준다는 점에서 긍정적인 측면이 있다. 2004년 미국에서 개봉된 <사랑할 때 버려야 할 아까운 것들>에 나오는 잭 니콜슨이 그렇다. 그는 나이가 많은 노인이지만, 젊은 애인과 뜨거운 사랑을 한다. 많은 남성이 행복한 노후와 관련해 꿈꾸는 모습일 것이다. 만일 비아그라가 없었다면 그의 즐거운 사랑은 쉽지 않았을 것이다. 그런 점에서 그의 사랑을 '비아그라 섹스'로 명명할 수 있을 것 같다.

비아그라 섹스에 대한 비판도 많다. 비판자들은 성 능력이 감퇴하는 것은 노화에 따른 자연 현상인데, 이제는 일종의 '장애'가 되었다고 지적한다. 그래서 남성의 발기 약화는 자연 현상이 아니라 혈관 및 생리와 관련된 '발기 장애'로 명명되고, 치료의 문제로 인식된다. 성 능력의 감퇴는 더 이상 자연 현상이 아니라, 변경될 수 있는 현상이 된 것이다. 그래서 각종 기술공학적 치료가 시행되고, 시장에는 성 기능성 상품이 만연한다. 하지만 이것은 새로운 문제도 많이 낳고 있다. 이러한 방향 전환은 인간의 욕망을 확대 재생산하면서 악순환을 낳고, 부작용도 산출한다. 가령 남성들의 비아그라 사용은 여성들로 하여금 젤 같은 윤활제를 쓰게 만든다. 또 여성의 윤활제 사용은 남성들로 하여금 페니스의 성

---

35 권신란, 『노인의 성』, 106쪽.

감을 촉진하는 약품을 쓰게 만든다. 또 이것은 다시 여성으로 하여금 욕망 첨가제(desire additive)를 쓰게 한다. 이것은 다시 남성들로 하여금 정력 자극제를 쓰게 하는데, 때때로 이는 남성들로 하여금 불안 방지제가 필요하게 만든다. 이 과정에서 일부 여성들의 경우 성적 쾌락을 위해 클리토리스 일부를 절제하는 시술을 받기까지 한다.[36]

이는 성적 욕망을 확대 재생산하는 과정으로, 전통적인 이상적 노인상에 어긋난다. 고대의 사상가 키케로는 노년기가 오히려 젊을 때보다 좋다고 주장한다.[37] 그에 따르면, 노년이 좋은 이유는 늙음이 쾌락이라는 가장 폭력적인 본능으로부터 우리를 해방시켜 주기 때문이다. 즉 노년은 쾌락의 한계를 정하고, 욕망의 힘을 약화시킨다. 이 과정을 통해 노인은 지혜롭게 되고, 다른 사람들을 위해 현명한 조언을 할 수 있게 된다고 키케로는 본다. 그런데 오늘날 성 과학의 발전은 우리에게 이런 기회를 차단하고 있는 셈이다.

이런 맥락에서 노화라는 자연적 과정에 순응하지 않고 비아그라 섹스를 추구하는 것이 과연 바람직한지 의문이 제기되기도 한다. 비아그라로 젊은 애인과 사랑을 나누는 잭

36　Katz, "New sex for old: lifestyle, consumerism, and the ethics of aging well", 7쪽; 12쪽.

37　키케로(천병희 역), 『노년에 관하여』, 51~61쪽; Thane(안병직 역), 『노년의 역사』, 58쪽.

니콜슨이 보여준 '젊은 노인' 상(像)은 환상이고 모순이라는 비판도 있다. '젊은'과 '노인'의 결합은 일종의 '형용모순'이라는 것이다.[38] '젊은'과 '노인'은 정반대의 특성을 갖는데, 어떻게 '젊은 노인'이라는 말 자체가 가능한가 하는 지적이다. 또 잭 니콜슨이 시도하는 '노인들의 새로운 섹스'는 인간들로 하여금 시간 밖에서 존재하도록 하는 불가능한 이념을 우리에게 강요하는 것이다. 인간은 기본적으로 생로병사의 자연 과정을 시간 속에서 밟아가는 존재인데, 젊은 노인이라는 이상은 이를 거부하는 것이다. 그것은 나이와 성숙을 위험과 손실로 잘못 이해하고 있다. 이러한 '젊음 늘이기'는 사실상 늙어가는 과정을 '은폐'함으로써 이루어지며, 기존의 부정적인 노년 담론을 부정하는 것이 아니라 사실상 회피하고 있다.

여기서 우리는 '웰 에이징 VS 안티 에이징'의 대립 구도를 읽을 수 있다. 웰 에이징이 노화 과정에 순응하고 이를 조화롭게 맞이하는 것이라면, 안티-에이징은 이에 저항해 노화 과정을 회피하고 늦추는 것이다. 이것은 우리 일상에서 다양한 갈등과 선택으로 나타난다. 점점 늘어가는 흰머리를 그대로 인정할 것인가 아니면 젊게 보이기 위해 염색을 할 것인가, 노년의 주름을 있는 그대로 받아들일 것인가, 아니

---

[38] 정진웅, 『노년의 문화인류학』, 73쪽.

면 보톡스나 각종 시술로 감출 것인가 하는 것이다. 어떤 것이 바람직한 선택인가? 안티 에이징, 즉 비아그라나 애디로 성을 향유하고, 보톡스로 피부의 노화를 최대한 늦추어 새로운 젊음을 만끽할 것인가? 아니면 전통적인 웰 에이징, 즉 노화 과정을 담담히 받아들여 쾌락으로부터의 해방을 추구할 것인가? 그래서 노화와 더불어 성기능이 쇠퇴하는 것을 자연의 섭리로 받아들일 것인가? 둘 중에 어떤 것이 옳다고 판단하기는 어려운 것 같다. 결국 그것은 자기 자신이 선택할 사항이 아닌가 싶다.

'제3의 길'도 있다. 그것은 비아그라 섹스를 거부하는 동시에 무성애적 삶도 거부하는 것이다. 그것은 삽입 섹스를 넘어 다양한 형태의 성적인 만족을 추구하거나, 슬로 섹스처럼 섹스의 방식을 바꾸어보는 것이다. 실로 우리는 지금껏 성행위 하면 오로지 삽입 성교로만 이해해 왔다. 하지만 삽입 성교만이 성행위는 아니다. 성행위에는 그것 말고도 키스, 껴안기, 애무, 자위 등도 있다. 특히 오랜 세월을 함께 살아온 노부부의 경우 서로의 믿음을 바탕으로 한 진실한 대화, 키스, 포옹 등의 신체적 접촉을 통한 애정의 표현도 적지 않은 만족을 준다고 한다. 그렇다면 삽입 성교만이 아니라 포옹, 스킨십, 키스 등도 모두 성생활로 볼 수 있다. 여성학자 이동욱은 상대방의 손을 잡거나 사랑스럽게 안아주며 따뜻한 관심과 애정을 표현하는 것만으로도 더한 만족을 느낄 수 있다고 주장한다. 그래서 삽입 성교를 넘어선 다양한 쾌락의 추구, 관계성, 친밀성, 느림, 생명력의 성을 논의하는 성 담론이 남성 중심적인 성 담론을 대체해야 한다고 주장한다. 그녀에 따르면, 그간 성은 남성 중심적이고 남성의 쾌락을 극대화하기 위한 것이었다. 삽입 성교를 강조하는 것도 이런 남성 중심적 관점이다. 이제 남성 중심적 관점을 벗어나야 한다. 그래서 성도 관계적 맥락에서 서로 소통하는 방향으로, 그래서 상대방과 교감하고 친밀감과 일체감을 느끼는 방향으로 개혁해야 한다고 본다.[39] 앞에서 우리가 본 수수미의 고백은 이런 관점에서의 행복을 추구하는 것이다.

슬로 섹스는 일본의 학자 쓰지 신이치에 의해 제안되었다. 그것은 슬로 라이프, 슬로 푸드처럼 '느림의 미학'에 기초한다. 쓰지 신이치에 따르면, 슬로 섹스는 페스트 섹스에 대비되는 개념이다. 그는 페스트 섹스와 슬로 섹스를 다음과 같이 비교한다. 페스트 섹스가 성애의 시간을 최소화하고 상대의 몸을 빨리 관통하는 것이라면, 슬로 섹스는 느리고 완만한 과정으로서 느슨함, 흔들림 틈새를 회복하여 타인의 몸과 기분 좋게 소통하는 것이다.[40] 그에 의하면, 페스트 섹스는 세 가지 의미를 담고 있다. 첫째 성애를 위한 시간

---

39 이동옥, 「한국의 노인 성담론에 관한 여성주의적 고찰」, (2010), 42~59쪽.
40 쓰지 신이치(김향 역), 『슬로 라이프』, 277~278쪽.

이 줄어든다는 것. 둘째 성이나 쾌락의 개념이 축소되고 협소해진다는 것, 그래서 성은 '기관적인 것'이 되고 성기의 결합만을 의미하게 된다는 것. 그리고 그에 따라 쾌락도 테크닉과 관련된 것이 된다는 것. 셋째, 성애가 젊은이만의 것이라는 이미지를 만들어낸다는 것이다. '빨리 통과해 버리는 것'으로서의 성애는 나이 듦이나 늙어감과 같은 인생을 통한 느릿하고도 완만한 과정을 받아들이지 못한다고 쓰지 신이치는 비판한다.

쓰지 신이치에 따르면, 사랑은 본래 '슬로 러브'이다. 즉 사랑은 시간을 포함하는 일이다. 우리에게 소중한 것들, 가령 육아, 사회화, 교육 등이 모두 시간이 걸리는 느린 과정이다. 이는 사랑도 마찬가지다. 그에 따르면, 성애는 개인과 개인 사이의 가장 친밀한 신체와 정신의 커뮤니케이션이자 표현이다. 그런데 현대사회의 성은 친밀한 커뮤니케이션 자체를 배제하는 경향이 있다.[41] 페스트 섹스는 빠른 속도와 감각에 호소하고 젊은이의 힘과 열정을 보여 주지만, 페스트 섹스 이후에는 공허감이나 대상화되었다는 부정적인 감정이 남곤 한다. 슬로 섹스는 페스트 섹스 이후 느끼는 공허감이나 대상화되었다는 부정적인 감정을 보완할 수 있다. 또한 노인들은 슬로 섹스를 통해 나이 듦을 긍정적으로 수용

---

41 쓰지 신이치, 같은 책, 283~284쪽.

하고 노인의 성의 또 다른 가능성을 확보할 수 있다는 점에서 높게 평가되어야 할 부분이 있다.[42]

키케로처럼 성적 욕망으로부터의 해방을 추구할 것인가? 아니면 잭 니콜슨처럼 비아그라 섹스를 통한 젊음을 추구할 것인가? 아니면 슬로 섹스같이 제3의 길을 추구할 것인가? 어떤 것이 정답인지는 알 수가 없다. 그것은 오로지 당사자의 선택사항일 것 같다. 분명한 것은 섹슈얼리티의 의미는 성은 고정불변의 자연적 사실이 아니라, 사회 문화적으로 구성된다는 것이다. 정해진 바가 없으니 내가 상황에 맞게 선택할 수밖에 없을 것 같다.

4. 연령차별과 성차별을 넘어서

행복한 노년의 모습은 어떤 것일까? 아마도 그것은 질병에 시달리지 않고 건강을 유지하면서, 적극적으로 생산 활동에 참여할 수 있으면 더 좋고 직업이 없더라도 어느 정도는 소일거리가 있는 삶일 것이다. 그리고 행복한 노년에서 인간관계는 중요하다. 다른 사람들과 좋은 관계를 맺어 일상생활에서도 윤기가 있어야 한다. 그리고 인간관계에서 성생활은 중요한 위치를 차지한다. 노인정책에서 여성 노인의 삶은 매우 중요한 위상을 차지한다. 여성이 남성보다 평

---

[42] 이동옥, 「한국의 노인 성담론에 관한 여성주의적 고찰」, 60쪽.

균 수명이 높아서 노인 인구의 다수를 차지하기 때문이다. 2020년 기준으로 65세 이상 노인 인구에서 남성이 차지하는 비율이 43.2%이고 여성은 56.8%이다. 80세 이상에서는 여성의 비율이 남성의 약 2배를 차지한다.

평균 수명이 50세가 채 안 되었던 시절, 여성들은 평생 출산과 육아만 하다 인생을 마감했다. 이제 수명 연장으로 인해 여성들은 대략 45세부터 출산과 육아 부담으로부터 해방되어 거의 90세 전후까지 기나긴 삶을 영위할 수 있게 되었다. 여성 노인에게서 성생활은 중요하다. 임신의 부담과 공포로부터 해방되어 자유롭게 성을 향유할 수 있기 때문이다. 폐경은 단지 자녀를 낳을 수 없다는 신호에 불과하지, 성과의 결별을 의미하는 것은 아니다.[43]

그런데 현재 여성 노인들의 삶은 이와는 다르다. 통계에 따르면, 홀로된 노인 중에서 남성은 85%가 이성 교제를 희망했지만, 여성은 35%만 희망했다. 또 남성은 66%가 성관계까지 희망한 반면, 여성은 단지 13%만이 성관계를 갖겠다고 답했으며, 61%는 손잡기까지만 허용하겠다고 응답했다. 또한 재혼을 희망하는 비율도 남자 노인은 61.6%인 반면, 여성 노인은 22.7% 수준에 머물고 있다. 왜 그럴까? 그것은 재혼을 희망하는가 희망하지 않는가 그 이유를 살펴보면 답이

---

43 김선녀, 「고령화사회 노인의 성에 대한 문제점 및 개선방향」, 177~189쪽.

나온다. 남성들은 재혼을 희망하는 이유가 외로움을 달래기 위해, 몸시중을 위해, 성적 만족 순이라면, 여성은 외로움을 탈피하기 위해서가 제일 많았다. 또 재혼을 원치 않는 이유는 여성들은 시중드는 것이 싫어서가 가장 큰 비중을 차지했다.[44] 남성 노인은 수발드는 사람이 필요하다는 것이 당연시되었고, 여성들에게는 나이 들어 노인이 되어서까지도 돌봄의 역할이 기대되었다. 젊어서 여성이 가사를 전담해야 한다는 요구가 그대로 이어진 것이다. 또 자녀들은 어머니의 재혼에 대해 부정적인 태도를 보였는데, 이는 여성 노인은 수절해야 한다는 전통적인 관념이 작용한 것으로 보인다. 여기서 우리는 이중적 성 규범이 노년에 이르기까지 지속되고 있음을 볼 수 있다.

통계에 따르면, 남성 노인들은 미팅하거나 재혼 상대를 찾을 때, 자신보다 훨씬 더 어린 여성을 선호했다. 남성 노인은 심하면 20세, 보통은 10~12세 연하의 여성을 선호했다. 반면 여성은 보통 7~8세 연상을 선호했는데, 여성이 건강하고 재력이 있는 경우 3~4세 정도의 연상을 선호한 것으로 나타났다. 여성 노인은 남성 노인에 비해서도, 또 젊은 여성에 비해서도 열악한 위치에 놓인다.[45]

---

44 손승영, 「노년기의 성과 사랑」, 156~164쪽.

45 손승영, 같은 글, 165~166쪽.

평균 수명이 더 긴 여성들의 입장에서 보면 이는 바람직하지 않다. 자기보다 나이가 많은 남성을 배우자로 만난다는 것은 배우자와 다시 이별할 가능성이 크고, 또 인생의 마지막 단계를 남자 병치레를 하며 보낼 가능성이 높아진다는 것을 의미한다. 남은 얼마 안 되는 인생을 서로 같이 즐거워하기를 바란다면 5년 이상의 연하를 바란다는 것은 터무니없는 것이라고 수수미는 비판한다.[46]

그렇다면 왜 이런 현상이 발생하는 것인가? 그것은 우리 사회에는 남성 중심 가부장제의 잔재들이 남아있고, 가부장제 사회에서 남성과 여성을 평가하는 기준은 다르기 때문이다. 가부장제 사회에서 여성의 가치는 성적 매력과 재생산 능력에 좌우된다. 여성의 외모는 남성 권력에 접근하는 중요한 자원이고, 여성은 타자의 시선을 받음으로써 자신의 정체성을 구성한다. 그리고 미의 기준은 젊은 여성의 몸을 중심으로 구성되기 때문에 나이 든 여성에게 매우 불리하게 작용한다. 그래서 여성들은 나이 듦을 트라우마로 인식하고, 폐경, 홍조, 주름살 등의 변화 속에서 나이 듦을 수용하지 못하고, 피부관리와 성형수술을 통해 젊은 여성이 되고 싶어 한다.[47]

---

46 수수미, 『은발의 사랑』, 328~329쪽.
47 이동옥, 「한국의 노인 성담론에 관한 여성주의적 고찰」, 61~62쪽.

서양에서는 생애주기를 통상 20년씩 4단계로 나누어 계절에 비유하였다. 유년기는 봄(0~20세), 청소년기는 여름(20~40세), 장년기는 가을(40~60세), 노년기는 겨울(60~80세)이다. 반면 여성은 그 주기가 훨씬 더 짧다. 10대의 소녀는 봄을, 20대는 여름, 30대는 가을로, 40대는 겨울로 비유된다.[48] 그렇다면 60세가 넘은 여성 노인들은 그야말로 '겨울 중에서도 혹독한 겨울'을 보내고 있는 셈이다.

  남성은 외모가 아니라 사회적 성취로 평가된다. 그래서 남성에게는 외모보다 직업이나 소득, 재산 같은 사회적 힘이나 지적 능력이 더 중요하다. 그런 점에서 노인 여성은 약한 존재나 죽음으로 은유 되지만, 능력이 있는 노인 남성은 젊은 여성과 언제든지 사랑할 수 있는 존재로 재현된다. 이런 현상은 나이가 많이 차이가 나는, 이른바 갭(gap) 커플에 대한 평가에서도 드러난다. 노인 남성이 젊은 여성을 사랑하는 것은 어느 정도 수용되지만, 노인 여성이 젊은 남성을 사랑하는 것은 비정상적인 현상으로 해석된다.[49]

  성과 사랑은 노년기의 삶을 풍요롭게 하는 원천이다. 그리고 노년기의 여성은 재생산의 위험과 책임에서 자유로워

---

48 이성숙, 「노년과 젠더: 노년여성에 대한 담론과 빅토리아기 페미니스트들의 노년」, 51쪽.

49 이동옥, 「한국의 노인 성담론에 관한 여성주의적 고찰」, 69쪽.

져서 성을 즐기거나 창조적 삶에 몰두할 수 있는 시기이다. 또한 노인 여성에게 성이란 육체를 통해 존재의 소중함을 확인하는 과정으로서 중요한 의미가 있다. 페미니스트 오도리 로드는 여성들에게 에로틱(erotic)이 힘이 될 수 있다고 역설한다. 그녀에 따르면, 에로틱은 남성과의 삽입 성교만을 의미하는 것이 아니다. 그것은 다른 이들과의 교감을 통해 기쁨을 느끼고 차이를 이해하는 능력이면서, 생명력 있고 창조적인 자원으로서 여성들의 힘을 북돋워 주는 능력을 의미한다. 이를 통해 삶의 에너지를 활성화하고 책임 있는 삶을 향유할 수 있다. 여성들은 남성뿐만 아니라 인간, 자연, 신과의 관계에서도 반응할 수 있다.[50]

남성들이 젊은 여성을 좋아하는 이유는 나이 듦을 부정하고, 젊음을 동경하기 때문이라는 해석도 있다. 즉 남성들은 젊은 여성의 몸을 통해 삶의 에너지를 회복하고 싶어 한다. 그런데 이것은 여성을 대상화하는 것이다. 그리고 소통을 통해 얻어지는 가치나 감정은 무시하는 것이다. 이런 점에서 성과 사랑에 대한 인식을 바꾸어야 한다는 주장이 제기된다. 육체적인 젊음을 소비하는 것이 아니라, '보살핌에 기반을 둔 존중(care respect)'으로 인식의 방향을 바꾸어야 한다는 것이다. 그것은 상대방의 입장을 이해하고 그 사람

---

50 이동옥, 『나이듦과 죽음에 관한 여성학적 성찰』, 149쪽.

의 욕구와 복지에 관심을 갖는 것을 의미한다. 노인의 성에서 중요한 조건은 상대방에 대한 존중과 배려이다.[51]

이런 점에서 영화 <사랑할 때 버려야 할 아까운 것들>(2003)의 다이앤 키튼과 <사랑은 너무 복잡해>(2009)의 메릴 스트립의 모습은 하나의 모델이 될 수도 있을 것 같다. 그들은 연륜에서 나오는 풍부한 표정과 포용력으로 상대방을 배려하면서 성적 매력을 과시한다.[52] 성적 매력과 미의 기준에 대한 새로운 해석이 필요한 지점이다.

5. 맺는말

본 연구자가 현재까지 도달한 결론은 다음과 같다.

첫째, 사랑과 성은 인간의 본질이다. 성은 단순히 생식과 출산을 위한 것이 아니다. 성은 쾌락의 중요한 원천이면서 다른 사람과 소통하는 중요한 계기이다. 바람직한 성과 사랑이 과연 어떤 것인지는 매우 어려운 문제이다. 분명한 점은 성과 사랑은 본질주의나 생물학적 시각에서 접근하기보다는 구성주의적 시각에서 논의할 필요가 있다는 것이다. 성 또는 섹슈얼리티는 고정된 것이 아니라, 사회적 역사적으로 구성되는 것이다.

---

51   이동옥, 『나이듦과 죽음에 관한 여성학적 성찰』, 76~77쪽.
52   이동옥, 『나이듦과 죽음에 관한 여성학적 성찰』, 60쪽.

둘째, 성과 사랑은 근대에 접어들면서 더욱 중요한 의미를 지닌다. 그리고 그것은 노인에게도 마찬가지의 의미를 지닌다. 그런 점에서 노인의 성을 폄하하는 연령차별주의는 정당화될 수 없다. 노인이라고 해서 사랑과 성에 접근해서는 안 된다는 우리 사회의 오랜 통념은 정당화될 수 없다. 비아그라 섹스부터 슬로 섹스에 이르기까지 노인의 성에 대한 보다 긍정적인 모색이 필요하다. 물론 어떤 성적 태도와 취향을 갖느냐는 당사자의 선택사항일 것이다.

셋째, 노인의 성과 관련해 현재 나타나는 여성차별주의는 정당화될 수 없다. 연령과 성에 의한 이중 차별에 직면한 여성 노인들의 성에 대해 보다 개방적인 자세가 요구된다. 남성을 포함해 우리 사회의 반성과 적극적인 관심이 필요하다. 남성 중심적 성을 탈피해 여성의 성적 욕구와 권리를 존중해야 한다.

8장

황혼 이혼과 졸혼

1. 황혼 이혼

황혼 이혼은 말 그대로 '늦은 나이에 이혼'하는 것이다. 노인 이혼, 회색 이혼(grey divorce)이라고 불리기도 한다. 50대 이상의 부부 이혼으로 보기도 하고, 60대 이상 부부 이혼이라고 보기도 한다. 법적 용어가 아니라 명확한 개념 정의는 어렵지만, 우리나라에서는 통상 20년 이상 동거한 부부들이 이혼하는 것을 의미한다.[1] 2023년 통계에 따르면, 1년간 혼인 건수는 19만 3600건, 이혼 건수는 9만 2400건이다. 이 중 20년 이상 결혼한 사람들의 이혼 건수는 3만 8400건으로, 전체 이혼 건수의 34.7%에 해당한다. 적지 않은 비중이다.

---

1 김소진, 「황혼 이혼 여성노인들에 대한 생애사 연구」, 1087쪽.

황혼 이혼의 특징은 특정 사건에 의해 돌발적으로 발현되는 것이 아니라, 전 생애에 걸쳐 누적된 감정의 고리가 얽혀 있다는 것이다. 오래된 불만이 누적되어 자녀들의 대학입시가 끝난 후, 때로는 딸이 출가한 다음 결행된다. 황혼 이혼의 80%가 여성에 의해 제기된다는 점은 주목을 요한다.[2]

이혼 사유는 다양하다. "틈만 나면 술을 마신다.", "늦게 귀가하고 외박도 잦다.", "바람을 핀다.", "아내와 자식에게 관심이 없다.", "시댁 일만 챙긴다.", "대출과 빚보증으로 너무 힘들다.", "경제적으로 무능하다." …등이다. 불륜, 불성실, 무책임, 경제적 무능도 이혼 사유지만, 상호존중의 부족도 중요한 이혼 사유로 생각된다. 여성들이 "나를 개 무시한다."고 불만을 표한 것이나, 남성들이 "열심히 일했건만 제대로 대우를 못 받는다."라고 푸념한 것이 그렇다.

이런 이유 이외에도 사회 여건의 변화가 이혼의 증가를 낳았다. 첫째, 사회경제적 환경의 변화이다. 사회 환경이 여성들에게 유리해지면서 주저했던 여성들이 이혼을 제기하게 된다. 일본의 경우 1999년 분할연금 제도가 도입되고, 2007년 노령후생연금 분할제가 도입되면서 황혼 이혼이 본격화된다. 우리나라도 연금분할 방식이 바뀌고, 이혼법 등이

---

2 이현심, 「황혼 이혼 여성노인에 대한 사례연구」, 87쪽; 101쪽.

여성들에게 유리해지면서 황혼 이혼이 증가한다.[3]

둘째, 이혼에 대한 사회통념의 변화이다. 과거에는 이혼에 대한 평가가 매우 부정적이었고, 이혼한 여성들은 무시당하기 십상이었다. 자녀와 가정을 우선했던 문화가 점차 개인 위주로 바뀌면서, 사회는 이혼에 대해 관대해진다. 최근에는 자녀들도 자신들로 인해 억지로 결혼생활을 유지하기보다는 부모의 이혼을 용인하는 분위기가 형성되었다.[4]

셋째, 100세 시대의 도래이다. 평균 수명이 짧았을 때는 "남은 생도 얼마 안 남았으니 그냥 참고 살자."라고 했다면, 이제는 생각이 달라진다. "앞으로 남은 생이 긴데 지금이라도 재출발해야겠다."라는 인식이 생겨난다. 그동안 억압되었던 자아실현의 욕구가 분출되는 것이다.

2. 졸혼

졸혼은 말 그대로 "결혼을 졸업한다."라는 의미이다. 2004년 『졸혼시대-낡은 결혼을 졸업할 시간』이란 책을 출판한 일본의 여류작가 스기야마 유미코가 처음 사용한 개념이다. 그녀는 졸혼을 "기존 결혼 형태를 졸업하고 자기에게

---

3 김소진, 앞의 글, 1089쪽.

4 이현심, 앞의 글, 101~102쪽.

맞는 새 라이프 스타일로 바꾸는 것"으로 정의한다.[5] 우리나라에서는 2016년 당시 70대였던 탤런트 백일섭의 졸혼 생활이 방송을 타면서 사람들의 관심을 받게 된다.

『졸혼시대』의 책 추천사를 쓴 심리학자 김정운은 "졸혼은 100세 시대에 일부일처제가 유지될 수 있는 몇 개 안 되는 대안 중 하나"라고 말한다. 그에 따르면 현재의 일부일처제는 "평균 수명이 채 50세도 안 되던 시대의 유물"로 100세 시대에는 바뀌어야 한다. 20, 30대에 결혼한 아내와 남편이 100살까지 사는 것은 현실에 맞지 않다고 보기 때문이다.[6]

졸혼은 이혼을 하지 않은 상태에서 각자 자유롭게 사는 것이다. 이혼하지 않았기 때문에 법적으로는 부부인 셈이다. 이혼의 경우 재산분할 등 복잡한 법적인 문제가 있다는 점, 그리고 가족들과 영구적으로 분리될 가능성이 높다는 점에서 망설이게 된다. 그리고 이혼에 대한 여전히 존재하는 사회의 부정적 시각, 그리고 자녀에 대한 염려 등도 이혼보다 접근이 손쉬운 졸혼으로 눈을 돌리게 되는 이유로 생각된다.

---

5 스기야마 유미코(장은주 역), 『졸혼 시대: 낡은 결혼을 졸업할 시간』, 171쪽.

6 스기야마 유미코, 앞의 책, 8~9쪽.

졸혼은 적극적 형태와 소극적 형태로 구분된다. 적극적 형태의 졸혼은 문화평론가로 유명한 김갑수의 사례가 아닌가 싶다. 김갑수는 자신의 졸혼을 대해 다음과 같이 말한다.

"아내와 저는 사이도 좋고 본가에는 아내가 있고 여기(작업실)엔 내가 있고, 그렇지만 우린 흔히 말하는 매우 결속력이 강한 가정이거든요. 곁에 없어도 누군가가 있다는 것이 중요한 거죠. 아내와 일요일에는 풀타임으로 하루를 같이 보내고 있고……. 결혼한 지 20년이 넘은 부부래도, 연애 기분과 같은 것 갖고 살 수 있거든요. 저는 지금처럼 사는 게 가장 좋은 것 같아요. 남들이 어떻게 보는지는 모르겠지만."[7]

이처럼 적극적 졸혼은 부부간에 공유된 삶을 유지하면서도, 각자의 개별적 삶을 더하는 모습을 띤다. 어떤 점에서는 새로운 라이프 스타일이고, 발전 지향적인 면도 있다. "따로 또 같이" 불필요한 구속을 최소화하고, 상호합의를 통해 자아실현의 계기가 되기도 한다. 반면 소극적 졸혼은 현재 결혼생활의 불만족 혹은 부당함으로부터 벗어나려는 노

---

7   JTBC '막나가쇼', 2019년 12월 17일 방영, 김정석·김미선, 「졸혼에 대한 사회학적 단상: 졸혼의 정의, 특성, 기제 및 전망」, 104쪽.

력이고, 이혼의 전 단계 내지 중간 완충 단계라고 보면 될 것 같다.

졸혼하면 좋은 점도 있다고 사람들은 말한다. "모든 것을 내 맘대로 할 수 있어요.", "이혼을 한 것은 아니지만 독신처럼 살 수 있다는 것, 서로를 구속하지 않고 가족을 위해서 포기해야만 했던 것, 자기를 희생하며 살던 삶에서 벗어나 삶을 주도적으로 살 수 있다는 것에요."라는 말에서 드러나듯, 한 번뿐인 자신의 인생을 후회 없이 살아갈 수 있게 한다는 점에서 졸혼은 의미 있는 제도일 수 있다.[8]

졸혼은 부부관계에 긍정적으로 작용할 수도 있다. 혼자 생활하면서 가정과 가족의 소중함을 인식하는 계기가 된다. "졸혼 생활을 하면서 와이프 생각이 나더라고요. 내가 무심했다는 생각이 들더라고요. 미안하고 고맙고, 정말 고생 많았다는 생각이 들어요. 지금이라도 미안하다 소리를 해보려고요."[9]

문제점은 두 집 살림을 하다 보니. 주거비용이 증가해 경제적으로 부담이 된다는 것이다. 그래서 실제 졸혼을 하고 싶어도 못 하는 가정이 많다. 특히 경제력이 없는 여성의 경

---

8 장정인 외, 「중년기 여성이 생각하는 졸혼의 의미에 대한 현상학적 연구」, 214쪽.

9 이주은 외, 「중년 남성의 졸혼 전후 경험에 관한 현상학적 연구」, 115~116쪽.

우 남편의 동의 없이는 졸혼은 꿈도 꾸기 어려운 상황이다. 여성의 경우 경제적인 어려움이 큰 반면, 남성의 경우 건강상의 문제가 많이 발생한다. 술과 담배를 많이 하게 되고, 특히 폭음을 많이 한다고 한다. "혼자 있으면서 술만 늘었어요. 우울감도 생기고, 정신적으로 피폐해져요."라는 말에서 드러나듯 고독감의 증가로 정서적인 불안 상태에 빠지는 경우가 많다. 심지어는 졸혼자 자살예방 대책이 필요하다는 지적마저 있다.

보통 졸혼 기간이 1~3년에 속하는 비교적 초기 사람들은 자유로운 가운데 편안하고 안정적인 해방감을 경험한다고 한다. 그래서 자아 성찰을 하면서 가족에 대한 소중함과 미안함을 인식하는 계기를 마련한다. 반면 3년 이상 장기화된 경우 외로움, 고독감, 막막함 등의 부정 정서를 경험한다. 재결합이 어려울 것이라는 불안감과 함께 미래를 부정적으로 예측한다고 한다.[10]

졸혼은 앞으로 우리 사회에 더 보편화될 가능성이 높다. 최근 조사에 따르면, 연령이 낮을수록 졸혼에 찬성하는 비중이 높기 때문이다.[11] 이는 젊은 세대 사이에서 결혼생활에 대한 당위성이 약해지는 것과도 관련이 있는 것으로 판

10　이주은 외, 앞의 글, 119~125쪽.

11　이창식 외, 「직장인의 졸혼 찬반 관련 요인: 판별분석의 적용」, 445쪽.

단된다.

3. 낭만적 사랑과 근대적 가족

1) 낭만적 사랑

황혼 이혼과 졸혼은 우리나라와 일본에서 두드러진 현상이지만, 이혼은 현대 거의 모든 나라에서 벌어지는 현상이다. 왜 이혼이 일반적인 현상이 되었을까? 이혼이 그렇게 된 것은 근대 이후이다. 근대 이전에도 간혹 이혼이 발생하곤 했지만, 일반적인 일은 아니었다.

이는 근대에 와서야 결혼 자체가 개인의 선택사항이 된 것과 관련이 깊다. 근대 이전까지 결혼은 개인의 선택사항이 아니었고, 신분에 따라 가문에 의해 결혼 상대자가 정해졌다. 가부장제 사회에서 여성은 가문에 의해 배우자가 정해지면 배우자의 가문에 들어가, 가문의 일원으로 평생을 살아갔다. 그런데 근대 이후로 사람들은 가문이 아니라 자신이 선택한 배우자와 결혼하고, 그와 '둘만의 공간'을 만든다. 근대적 결혼의 요체는 자기가 선택한 배우자와 결혼한다는 것이다. 이때 배우자 선택의 기준으로 등장한 것이 '사랑'이다. 그 사람을 사랑하기 때문에 결혼한다는 것이다. 그렇다면 사랑이 식으면 더 이상 그 사람과 살 수 없고 헤어져야 한다는 논리가 자동적으로 나온다.

근대적 사랑의 모델이 되었던 것은 12세기 중세 서양의

'궁정 연애(courtly love)'이다. 이것은 기사들의 모험담과 궁정 귀부인과의 사랑이 결합한 형태의 기사문학에 잘 나온다. 기사문학은 프랑스의 음유시인 기욤 9세가 세간에 떠돌던 귀부인을 향한 기사의 사랑을 노랫말로 전한 서정시에서 출발했다. 그전까지 기사들은 말을 타고 시골을 약탈하고 약자를 착취하는 자들에 불과했으나, 1096년부터 1291년에 이르는 십자군 원정을 계기로 교회의 통제 아래 기사도의 덕목을 가진 신사로 거듭난다. 기사도(chivalry)란 용기, 명예, 극기, 예의라는 이상, 자선과 약자 구호 등의 기독교 덕목을 포괄하는 기사단 특유의 에토스를 말한다. 기사문학은 일반적으로 용기 있는 기사가 아름다운 여성을 만나 고상한 정신으로 나가게 된다는 스토리이다. 이때 여성은 아름다움과 완전함의 상징이다. 기사는 어떤 여성을 보고 그녀의 아름다움과 선함에 꼼짝 못 하게 된다. 이 순간부터 그 여성은 기사 내면의 영원한 이상적인 여성이 되고, 기사는 그녀를 위해 숭고한 열정을 바치게 된다. 가장 유명한 것이 아서왕 전설에 나오는 랜슬롯과 귀네비어의 사랑 이야기다. 이로부터 '세상에서 가장 뛰어난 기사'와 '세상에서 가장 아름다운 귀부인'의 사랑이 로맨스의 서사 문법으로 굳어졌다. 기사문학이 담아낸 '열정적 사랑(passionate love)'은 18세기에 '낭만적 사랑(romantic love)'으로 발전한다. 낭만적 사랑은 마치 마법에 걸린 것처럼 남녀가 무의식적으로 첫눈에 서로

반하게 되어 누구도 말릴 수 없는 사랑을 하는 것이다. 이 사랑은 어떠한 다른 조건이 끼어들 수 없는 순수한 사랑, 열정에 불타오르는 운명적인 사랑이다. 낭만적 사랑에 빠진 남녀에게는 사랑만이 최고의 가치이다. 마음이 합일된 '사랑지상주의', 이것이 낭만적 사랑의 특징이다.[12]

낭만적 사랑 이야기에 등장하는 주인공들은 사랑을 위해 모든 것을 다 버린다. 셰익스피어의 『로미오와 줄리엣』이 대표적이다. 줄리엣은 로미오를 보고 첫눈에 반한다. 그녀는 집안의 반대로 무릅쓰고 원수 집안의 아들인 로미오를 사랑하고 자신의 모든 것을 바친다. 여기서 줄리엣은 자신의 의지대로 사랑을 선택한 여성을 대표한다. 낭만주의를 대표하는 괴테의 『젊은 베르테르의 슬픔』도 마찬가지다. 베르테르와 로테는 불현듯 사랑하고, 그 사랑을 위해 모든 것을 바치고 자신의 삶을 마감한다.[13]

12세기에 탄생한 궁정풍 사랑의 로맨스는 18세기 유럽 낭만주의 로맨스(연애소설)를 거치면서 대중들의 문학 형식이 된다. 이후 20세기 초 북미로 넘어가 청소년 대상의 순정만화인 할리퀸 로맨스로 변화했고, 할리우드 영화와 결합해

---

[12] 김공숙, 「낭만적 사랑 신화의 현대적 해석: 트리스탄과 이졸데를 중심으로」, 186~188쪽; 이정옥, 『로맨스라는 환상: 사랑과 모험의 서사』, 18~32쪽.

[13] 박구용, 「친밀성의 구성과 구조의 전환」, 163~186쪽.

세계적인 사랑의 문화 각본으로 확산된다.[14] 우리가 어린 시절부터 들어왔던, 이른바 "백마 탄 기사와 아름다운 공주" 이야기이다. 최근 한류로 각광받는 우리나라 영화와 드라마도 대략 비슷한 스토리를 담고 있다.

12세기 기사의 궁정 사랑이 일부 계급의 특별한 이야기라면, 18세기 낭만적 사랑은 일부 계급을 넘어 사회 전체의 이야기이다. 그러니까 낭만적 사랑은 아주 오래전부터 있었던 것이 아니라, 상대적으로 역사가 짧은 근대의 발명품인 것이다. 18세기에 들어와서야 사랑과 결혼은 가문과 관습의 문제가 아니라 개인의 선택 문제가 되고, 사람들은 사랑과 결혼을 묶어서 생각하기 시작한 것이다. 연애결혼의 시작이다. 기든스(Anthony Giddens)에 따르면, 근대사회에서 모든 것은 개인의 선택이 되었다. 남성들은 자기가 선택한 여성에게 구애(로맨스)하고, 구애를 받은 여성 또한 자기 스스로 결정을 내릴 수 있게 된다. 이제 낭만적 사랑은 청춘 남녀의 이상이 되고, 혼인 관계는 친족관계로부터 분리되기 시작된다. 남편과 아내는 공동의 정서적 사업의 동반자로 인식된다.[15]

벡(Ulrich Beck)도 비슷한 입장이다. 그에 따르면, 근대의

---

14   이정옥, 앞의 책, 18쪽.

15   Giddens(배은경 외 역), 『현대사회의 성·사랑·에로티시즘』, 58~62쪽.

특징은 '개인화(individualisierung)'이다. 사랑도 그렇지만 모든 것이 다 그렇다. 근대는 개인을 확립했고 성찰의 세계를 열어주었지만, 안전감의 토대인 확실성의 뿌리는 제거해 버리는 결과를 낳았다. 이제 더 이상 내 신분, 내 계급, 내 직장, 내 국적, 그 어느 것도 진정한 나를 보증해 주지 못하고, 나를 보증해 주는 것은 사랑밖에 없다. 사랑은 나의 존재 의미를 확인시켜 주는 최후의 보루인 셈이다. 벡에 따르면, 현대사회에서 사랑은 '신흥종교'이다. 세속화된 세계에서 사랑이라는 신흥종교는 현대의 근본주의가 되어버린 것이다. 가족과 결혼을 하나로 묶어주는 것은 물질적 안정이 아니라 혼자가 되는 것에 대한 두려움이다. 사랑은 정서적 안정을 주는 우리 삶의 심장부이다. 낭만적 사랑과 영원한 사랑의 결합이라는 이상은 우리 삶의 중요한 부분이 된 것이다.[16]

2) 근대적 가족

근대적 결혼의 기본 공식은 "사랑=결혼=성(섹스)" 공식이다. 어떤 사람과 사랑을 하고, 그 사람을 "검은 머리 파뿌리가 되도록" 사랑할 것을 맹세하면서 결혼식을 한다. 결혼 후에는 오로지 그 사람하고만 섹스하고, 그 사람과 나의 자

---

16 Beck(강수영 외 역), 『사랑은 지독한, 그러나 너무나 정상적인 혼란』, 8~74쪽.

손을 출산하고 양육한다. 이른바 핵가족, 즉 근대 가족의 출현이다. 핵가족은 부부를 중심으로 하고 거기에다가 자녀가 덧붙여지는 형태이다. 이전의 대가족 또는 친족체계와는 다르다. 자신이 선택한 사랑하는 배우자와의 독점적 공간이요, 그 결과물인 자식들을 위한 공간이다.

근대의 가족제도에 대한 비판은 다양하지만, 여기서는 2가지만 다루겠다. 하나는 여성에 대한 억압과 착취를 영속화한다는 것, 다른 하나는 자기 가족만 잘 먹고 잘 살면 된다는 이기주의에 기초한다는 것이다. 이 비판들은 페미니즘, 동성애, 사회주의 등 다양한 진보 그룹에 의해 행해진다.[17]

첫째, 페미니즘 관점에서 보면, 가족은 '여성의 감옥'이다. 사랑이라는 미명 아래 남성들의 가부장적 권력에 의해 지배되고, 가사 노동과 모성 역할을 강요당한다. 결혼식 날 신부는 아버지에 의해 신랑에게 넘겨지고 그때부터 남성을 위한 도구가 된다. 여성들은 출산, 육아는 물론이고 잡다한 가사 노동에 전념하고 남편의 생산적인 활동을 보조하도록 요구된다. 최근 여성들이 사회적 생산 활동에 종사하면서 남성들도 조금씩 가사 노동에 참여하지만, 가사 노동은 여성에겐 필수이지만 남성에겐 선택사항 수준이다.

---

17 가족제도에 대한 반론에 대해서는 Barrett 외(배은경 외 역), 『반사회적 가족』 참고.

둘째, 가족은 반(反)사회적이다. 가족은 오로지 내 가족만 잘 먹고 잘 살면 그만이라는 천박한 '가족주의(familism)'를 부추긴다. 이것은 "나만 잘되면 된다."라는 이기주의가 개인에서 가족 단위로 확장된 '확대된 이기주의(extended egoism)'에 불과하다. 또한 가족은 국가와 사회가 수행해야 할 돌봄의 기능을 약화시키는 주범이다. 가족이 자녀의 양육과 부양이라는 돌봄의 기능들을 사적으로 전유하고 특권화하면서, 양로원이나 요양원, 고아원이나 보육원과 같은 돌봄 시설들은 주변화된다.[18]

이와 관련해 다양한 대안들이 나오고 있다. 일부 페미니스트들의 경우, 남녀 부부로 이루어진 가족에서 여성해방은 불가능하다고 본다. 본원적으로 출산과 육아라는 기능 자체가 여성의 해방을 봉쇄하기 때문이다. 또 남성들의 섹슈얼리티는 본래 폭력적이고 약탈적인 반면 여성의 섹슈얼리티는 부드러움, 존경 등의 감정적 개입이라고 본다. 이들은 사랑은 의사소통을 통해 친밀성과 진정성을 확인하는 과정인데, 남녀 간의 관계에서는 이루어지기 힘들다고 본다.[19]

반면 일부 남성 동성연애자(게이)들은 친밀성의 대상을

---

[18] 김현, 「가족유물론, 돌봄공동체」, 124쪽.

[19] Hellesund, "Better than Orgasm: Sex, Authenticity and Intimacy in the New Women's Movement in Norway", 214~219쪽.

배우자로 한정해서는 안 된다고 주장한다. 그들은 이른바 '우정의 윤리'를 주장하면서, 프라이빗과 퍼브릭의 구획을 무너뜨린다. 그들은 사랑 내지 섹슈얼리티의 대상을 확대해야 한다고 본다. 심지어는 성행위가 가정집 침대라는 사적 공간이 아니라, 거리라는 공적 공간에서 이루어져야 한다고 주장하기까지 한다. 그래서 '왜곡되지 않은 공동체적 삶'을 건설하고, 민주적이고 평등한 사회로 나아가야 한다고 주장한다.[20]

나는 이 분야의 고전이 된 『가족 사유재산 국가의 기원』을 쓴 엥겔스(F. Engels)의 지적대로, 남녀로 구성된 현재의 1부1처제가 유일무이한 가족 형태는 아니라고 본다. 가족제도는 생물학적으로 고정된 실체가 아니라, 사회 역사적 과정에서 그 형태와 기능을 변경시켜 온 역동적인 산물이다. 그래서 사회경제적 조건의 변화에 따라 가족제도도 변화할 수 있다고 생각한다. 현재 동성애, 만혼, 비혼, 1인 가구, 한부모 가족 등 다양한 형태의 가족이 출현하고 있다는 점에서 1부1처제는 변화와 위기를 맞고 있다. 앞으로 가족제도가 어떻게 변화할지 모르지만, 이에 대한 나의 입장은 다음과 같다.

---

20 Heaphy 외, "Public Sex, Private intimacy and Sexual exclusivity in men's formalized same-sex relationships", 875~876쪽.

첫째, 가족이 이기적이고 반사회적일 수 있다는 점은 인정한다. 그렇다고 일부 동성애자들이 주장하는 바대로 친밀성의 공간이 과연 무한히 확대될 수 있을지는 매우 의심스럽다. 친밀성이란 일상을 함께 하고, 내밀한 부분마저 공유하는 것이다. 그런 사람의 수가 일정 정도 이상으로 확대되기는 힘들다고 본다.

둘째, 가족은 사회구성원 재생산의 기본 기제이다. 현재 1부1처의 가족제도를 대신해서 사회구성원을 재생산할 수 있는 대안적인 기제가 있는가 하는 것이다. 가족을 대체하는 대부분의 사회적 실험은 실패로 끝났다고 생각한다. 헉슬리(Aldous Huxley)의 『멋진 신세계』처럼 아이를 인공수정으로 연구소에서 만들고, 사회적으로 양육하는 것은 미래에는 실현이 가능할지 몰라도, 현재로서는 공상과학소설이다. 이런 점에서 동성애를 하나의 성적 취향으로 보고 법적 권리를 인정하는 것과, 그것이 사회적으로 바람직한 또는 가능한 재생산 기제인가는 별개의 문제이다. 종의 재생산 측면에서 현재의 가족제도는 여전히 유효한 대안이다.

셋째, 현실적으로 가족이 주는 정서적 만족을 대신할 수 있는 것은 없는 것 같다. 현재 가족은 친밀감의 중요한 원천이다. 다른 어떤 관계나 조직도 제공하기 힘든 정서적 안정을 준다. 이혼을 한 사람 중 많은 사람이 이혼을 통해 심리적 지지대가 붕괴되는 것을 경험한다고 한다. 배우자가 없는 사람에 비해 배우자가 있는 사람이 사망률이 낮다. 그리고 만성질환의 수도 적으며, 기능 제한도 덜 겪고, 스스로 더 건강하다고 지각한다. 또 삶에 대한 만족도는 높고, 우울감은 낮다.[21] 개인의 건강과 행복이라는 관점에서도 가족이 필요한 것이다.

4. 낭만적 사랑을 넘어서

근대 가족에서 핵심이 되는 것은 낭만적 사랑에 기초한 부부관계이다. 그것은 사회 구성원의 재생산, 친밀성의 공간, 그리고 정서적 만족에서 중요한 의미를 담고 있다. 그런데 이혼은 근대사회의 일반 현상이다. 왜 그렇다면 사람들은 이혼을 하는가? 이혼하는 이유는 제각각이겠지만, 궁극적으로는 낭만적 사랑에 기초한 결혼제도에도 그 이유가 있을 것이다. 여기서는 그 이유를 살펴보고, 대안을 모색할 것이다.

1) 친밀관계 간의 충돌

첫 번째 문제는 친밀성(intimacy)과 관련된다. 인간은 홀로 사는 존재가 아니다. 따라서 친밀관계를 필요로 한다. 친밀관계는 좋은 삶을 영위하고 행복을 추구하는 데 있어 핵

---

21 Quadagno(이정환 외 역), 『사회노년학』, 288쪽.

심 요소이다. 이와 관련해 아리스토텔레스는 "다른 모든 좋은 것을 가졌더라도 친애가 완전히 결여된 삶을 누구도 선택하지 않을 것"이라고 말한 바 있다.[22]

친밀성의 사전적 의미는 "사람들 사이가 매우 친하고 가까움"을 뜻한다. 루만(Niklas Luhmann)에 따르면, 친밀성은 사회관계의 개인적 계기라는 측면에서 "인간들 간의 높은 수준의 상호침투"를 의미한다. 루만은 사람들 사이에서 상호침투가 일어날 때, 즉 내밀한 것들을 교환하면서 서로를 유일무이한 세계를 가진 인격으로 확인할 때 친밀관계가 성립한다고 설명한다.[23]

친밀관계의 유형은 다양하다. 대략 5가지로 구분될 것 같다.[24]

① 사랑(love): 성(sexuality)에 의해 매개되는 연인 또는 배우자
② 애착(affection): 혈연관계에 토대를 두고 있는 부모-자식관계, 형제-자매-남매 관계, 그 외의 친척관계

---

22 Aristoteles(천병희 역), 『니코마코스 윤리학』, 300쪽(1155a).
23 Luhmann(정성훈 외 역), 『열정으로서의 사랑: 친밀성의 코드화』, 28~29쪽; 75쪽.
24 정태창, 「친밀성의 물화-사회철학적 분석을 위한 시론」, 342~343쪽.

③ 우정(friendship): 성과 혈연관계가 아닌 타인과의 관계. 친구 및 지인들과의 관계

④ 인간과 동물 관계

⑤ 인간과 인공적인 것들의 관계

전통적으로는 ①연인 내지 배우자, ②가족 및 친척, ③친구가 중요했다. 최근 반려동물과 AI 현상에서 보이듯 ④동물과 ⑤인공물도 친밀관계의 새로운 유형으로 등장하고 있다. 젊은이들을 대상으로 최근 한 달간 생활하며 가장 친밀감을 느낀 대상을 묻는 설문이 있었다. 친밀감의 대상으로 연인을 응답한 사람이 27.5%로 가장 높았고, 그 다음 부모 21.4%, 친구 20.4%, 형제자매 9.3% 순이다. 특기할 만한 것은 사람이 아닌 사물이 친밀감의 대상으로 등장한 것이다. 핸드폰 5.6%, 컴퓨터 5.5%, 책 1.6% TV 1.5% 순으로 포진했고, 애완동물도 3.6%를 차지했다.[25]

여기서 알 수 있는 것은 친밀성의 대상은 다양하고 변화한다는 점이다. 기든스는 『현대사회의 성·사랑·에로티시즘: 친밀성의 구조변동』에서 친밀성의 변동 과정을 추적한다. 그에 따르면, 사랑하는 남녀관계만이 친밀성의 유일한 대안은 아니다. 근대 초기 남녀 간의 애정은 친밀성을 두고 우정

---

25 정병은, 「새로운 친밀성: 미래세대의 가족관계」, 77쪽.

과 경쟁했는데, 성과 가족을 자신 안에 포함시키면서 우정과의 경쟁에서 승리했다고 그는 진단한다.[26] 실제로 아리스토텔레스가 생각한 우애(philia)에서 가장 핵심적인 것은 남녀 간의 애정이 아니라, 친구들 간의 우정이다. 그는 뜻을 같이하는 남성 동지들의 관계를 가장 의미 있는 인간관계로 보았다.

친밀관계가 하나가 아니고 여러 종류라는 점에서 그것들은 서로 충돌할 수 있다. 그런데 낭만적 사랑은 특정 연인과의 친밀성을 배타적으로 강조하는 경향이 강하다. 이는 다른 연인과의 친밀성, 그리고 다른 종류의 친밀성과의 충돌을 예고한다.

2) 자율성과 친밀성의 충돌

둘째는 친밀성과 자율성의 충돌이다. 친밀성은 때때로 자율성의 포기를 요구한다. 사랑을 말할 때, 혹자는 사랑은 스스로 '노예'가 되는 것이라고 한다. 사랑하는 사람, 또는 사랑하는 관계를 위해서 자신의 자유를 스스로 포기하고 예속시키는 것이다.

이것이 철학자 헤겔(G. Hegel)이 말한, 이른바 '사랑의 모순'이다. 헤겔에 따르면 사랑은 원래 자기 자신을 실현하고

---

26   Giddens, 앞의 책, 84쪽; Luhmann, 앞의 책, 126~127쪽.

확대하기 위한 수단이다. 사랑은 자기 자신을 외화 시키고 확대함으로써 타자와 하나가 되는 것으로, 애초 의도는 타자를 자기 안에 포함 예속시키는 것이다. 그런데 사랑하다 보면 그렇지 않다. 오히려 타자에게 예속되거나, 사랑 그 자체에 자신을 예속시키는 결과가 발생하곤 한다.[27]

그런데 자율성의 포기가 바람직한지는 논의를 요한다. 자율성은 근대의 대전제이기 때문이다. 낭만적 사랑의 주체도 자기 자신이고, 결혼과 이혼의 주체도 자기 자신이다. 사랑이 아무리 중요하고 신흥종교라고 할지라도, 어디까지나 그 출발점은 자기 자신의 자율성이다. 친밀성의 과잉은 때로는 자율성과 주체성의 위협인 것이다.

3) 사랑과 성의 분리

셋째, 사랑과 성의 분리이다. 근대 가족의 기본 공식은 '사랑=결혼=성(섹스)'이다. 사랑하는 사람과 결혼을 하고, 섹스를 하고 가족을 이루는 것이다. 그런데 이 구도가 흔들리고 있다. 첫 번째 단계는 성과 생식의 분리이다. 이전에는 성, 섹스, 이를 통칭하는 섹슈얼리티는 어디까지나 생식과 출산을 위한 것이었다. 그런데 점차 이것이 분리되기 시작한다. 그 계기는 피임 기술의 발전과 시험관 아기와 같은

---

27 Hegel(임석진 역), 『법철학』, 321~322쪽.

생식과학의 발전이다. 피임을 통해 생식 없는 섹스가 가능하고, 시험관 아기를 통해 섹스 없는 생식이 가능해졌다. 이제 섹슈얼리티는 생식을 위한 것도 아니고 자연적으로 결정되는 것도 아니다. 섹슈얼리티는 마치 플라스틱처럼 인간에 의해 자유롭게 결정되는 것으로 기든스의 용어로 말하자면 '변형될 수 있는 조형성(plastic)'을 갖기 시작한 것이다. 기든스에 따르면, 이제 섹슈얼리티는 다른 외적 관계에 의존하지 않고, 그 자체 내재적 속성에 의해 유지 변화되는 '순수한(pure)' 관계로 규정된다.[28]

두 번째 단계는 사랑-섹스와 결혼의 분리이다. 부부도 아니고 결혼할 의사도 없지만 그럼에도 불구하고 사랑하는 사람과 섹스를 하는 것이다. 사랑과 섹스는 반드시 혼인한 부부관계를 전제하는 것은 아니라고 생각하는 것이다. 세 번째 단계는 사랑과 섹스의 분리이다. 즉 사랑 없이도 섹스가 가능한 단계이다. 젊은이들의 '원 나잇'이 여기에 해당할 것이다.

성의 해방은 경구용 피임약이 1956년 개발되고 1960년대 상용화됨으로써 가능해졌다. 1960년대 미국의 여성해방운동과 유럽의 68운동, 1970년대 낙태 합법화, 1980년대 간통죄 폐지와 동성애 합법화, 1990년대 비아그라의 발명 등

---

28 Giddens, 앞의 책, 15쪽.

이 성 해방의 기술적 사회적 배경이 된다. 최근 인공지능(AI)의 발전은 새로운 성문화, 새로운 친밀관계를 예고한다. 영화 <Her>가 보여주듯 인공지능과의 사랑이 현실화하고 있다. 사랑의 대상이 인간으로 한정되지 않는 셈이다. 미래는 '셀프 섹스'의 시대라는 예측마저 있다. 새로운 기술공학의 발전으로 끝없이 쾌감을 창출하는 기제들, 맞춤 섹스. 성욕을 촉진하는 리비도 촉발제 등이 셀프 섹스의 시대를 가능하게 해준다는 것이다.[29] 앞으로 사랑=결혼=성에 기반을 둔 가족제도가 유지될 수 있을지 회의가 제기되는 시점이다.

4) 낭만적 사랑과 배우자에 대한 과도한 기대

어린 시절부터 사람들은 낭만적 사랑을 꿈꾼다. 소녀는 '백마 탄 기사'를, 소년은 '아름답고 전적으로 선한 여성'에 대한 환상을 안고 산다. 상대방이 '오로지 나만을', 그리고 '영원히' 사랑해 주기를 기대한다. 친밀성의 원천으로 오로지 한 명을 지목하는 것도 문제지만, 영원히 사랑해달라는 것도 문제이다. 낭만적 사랑의 이념은 영원성을 요구하지만, 우리의 현실은 그런 것 같지 않다. 인간 본성에 대한 경험적인 연구인 심리학과 사회생물학의 연구 결과는 우리의 현실

29　Schuldt(장혜경 역), 『낭만적이고 전략적인 사랑의 코드』, 311~313쪽.

이 영원한 사랑과는 거리가 있음을 보여준다.

사랑은 감정에 기초하고. 감정은 움직이는 것이다. 그런 점에서 철학자 헤겔은 결혼의 본질을 단지 사랑에 두는 것은 잘못이라고 주장한 바 있다. 그에 따르면 사랑이라는 감정은 우연성에 노출되어 있기 때문에 인륜이 받아들여서는 안 되는 형식이다. 결혼은 법으로 뒷받침된 인륜적인 형태이기 때문에 일시적이고 변덕스럽고 주관적인 것이 되어서는 안 된다. 그런 점에서 이혼과 관련된 법을 최대한 어렵게 하여 가정이 임의로 침해받지 않도록 해야 한다고 주장한다.[30] 하지만 필자가 보기에 그것은 헤겔 자신이 강조한 자율성의 원리에 대한 침해이고, 본질적이 아닌 임기응변적인 해법에 불과하다.

우리는 낭만적 사랑을 추구하면서 완벽한 배우자를 원하고, 배우자에게 너무 많은 것을 요구하는 경향이 있다. 이것이 사랑과 결혼의 실패 이유다. 존슨(Robert A. Johnson)은 융의 심리학을 이용해 낭만적 사랑의 본질을 설명한다.

그에 따르면, 사랑은 일종의 투사이다. 투사란 각자의 내면에 있는 무의식적인 요소를 바깥의 다른 사람이나 사물에 옮겨놓아 자신을 거울처럼 비추어보게 하는 심리적 기제이다. 사랑에 빠질 때 남성은 상대 여성에게 자신의 아니마(남

---

30 Hegel, 앞의 책, 324~328쪽.

성의 무의식에 있는 여성적 요소)를 투사한다. '제 눈에 안경'은 이런 투사 과정의 결과이다. 결국 남성이 사랑을 느끼는 대상은 한 사람의 여성이 아닌 그 남성 인격의 일부인 셈이다. 한편 여성은 사랑에 빠질 때 자신의 아니무스(여성의 무의식에 있는 남성적 요소)를 상대 남성에게 투사한다. 백마 탄 왕자로 느껴지는 상대 남성은 왕자가 아니라 실상은 그 여성 자신이다. 존슨에 따르면 사랑에 빠진다는 의미는 대부분 자신이 지닌 신의 이미지를 상대방에서 발견할 때의 체험이다. 즉 낭만적 사랑에 빠진 남자들은 상대방에서 여신의 속성을 발견하고 완벽한 여신이 되기를 기대하고 있는 셈이다. 결국 낭만적 사랑은 다른 사람에 대한 사랑이 아니라 자신을 향한 사랑, 즉 '자기중심(egotism)'의 사랑에 불과하다.[31]

그렇다 보니 낭만적 사랑에 빠진 사람은 배우자에게 너무 많은 것을 요구하게 된다. 낭만적 사랑의 모순은 친구들에게는 너그러우면서도, 정작 자신이 가장 소중하게 생각하고 있다고 말하는 연인에겐 너그럽지 못하다는 것이다. 그래서 친구들에겐 친절하고 배려하고 용서를 베풀면서도, 정작 집에 돌아가 연인을 대할 때는 상황이 바뀐다. 자기 연

---

[31] 김공숙, 앞의 글, 194~198쪽; Johnson(고혜경 역), 『We: 로맨틱 러브에 대한 융 심리학적 이해』, 112~122쪽.

인을 가장 사랑한다고 생각하면서도, 자기 연인에게 자신의 모든 분노, 적의, 변덕, 좌절감을 쏟아낸다. 자신의 투사를 짊어져달라고 요구하고, 자신이 부리는 변덕의 희생양이 되어 달라고, 자신을 행복하게 만들어달라고 요구하는 것이다.[32]

5) 대안: 인간적 사랑, 합류적 사랑, 실용적 사랑

자기중심의 사랑을 비판한 존슨은 대안으로 '인간적 사랑'을 제시한다. 인간적인 사랑은 상대방을 있는 그대로 받아들이는 것이다. 그에 따르면, 진정한 사랑은 상대방을 있는 그대로 인정함으로써, 상대방의 긍정적인 면뿐만 아니라 부정적인 면도 받아들이는 것이다. 이는 낭만적 사랑이 자신이 바라거나 투사하는 모습대로 상대방에게 요구하는 것을 거부한다.

또 존슨은 '낭만'이 아닌 '일상'을 강조한다. 존슨은 인간적인 사랑을 '오트밀을 젓는 사랑'에 비유한다. 오트밀을 젓는 것은 신나거나 스릴 넘치는 일이 아니라 소박한 일이다. 그것은 매일의 평범한 일상을 함께 나누면서 거기에서 의미를 찾겠다는 뜻이다. 이는 낭만적 사랑이 서로에 대해 '감정이 고조되어' 있을 때만, 흥미가 있는 동안만 지속되는 것과

---

[32] Johnson, 앞의 책, 315~318쪽.

대비된다. '오트밀을 젓는 것'은 두 사람 사이의 흥미진진한 판타지가 주는 들뜬 단계에서 내려와, 현실의 친밀함으로 전환하는 것을 의미한다.[33]

기든스의 대안은 '합류적(confluent)' 사랑이다. 그것은 각자의 개별성을 인정하는 데에서 출발한다. 각자는 서로 따로 흐르던 지류이다. 합류적 사랑은 각기 따로 흘러오던 두 개의 지류가 합쳐져 하나의 강물이 되어 흐르는 것이다. 그것은 두 사람의 정체성이 과거에는 각기 달랐음을 인정한 상태에서 앞으로 다가오는 미래의 시간을 향해 사랑의 유대를 공유하고 새로운 정체성을 협상해 나가는 것이다. 합류적 사랑은 낭만적 사랑이 추구하는 영원한 또는 하나뿐인 사랑의 이미지를 거부한다. 오늘날 별거와 이혼이 일반화된 사회에서 영원함을 추구하는 낭만적 사랑보다는 합류적 사랑이 더 설득력이 있다고 기든스는 주장한다.[34]

슐트(Christian Schuldt)는 일상에 충실할 것을 주문했다는 점에서는 존슨과, 둘이 만나 완전히 하나가 될 수 있다는 환상을 버릴 것을 주문했다는 점에서는 기든스와 동일하다. 슐트가 특별히 강조한 것은 갈등의 논리구조를 파악하자는 것이다. 그 구조를 파악하면 상당 부분 그 문제를 해소

---

33 Johnson, 앞의 책, 309~316쪽.

34 Giddens, 앞의 책, 104~110쪽.

할 수 있다고 그는 믿는다. 슐트가 제시하는 다른 한 가지 대안은 '실용적인 사랑'이다. 가령 '낭만 연출하기'가 그것이다. 우리는 낭만적 사랑의 한계를 알지만, 낭만에 대한 판타지가 있기 때문에 이를 실용적으로 이용할 필요가 있다는 것이다. 그래서 일상에서 낭만을 연출해서 식어버린 사랑에 마법을 걸자고 제안한다. 이따금 부부간의 로맨스를 만드는 것도 삶의 지혜라고 보는 것이다.[35]

5. 한국인의 우애적 사랑

지금까지 우리는 낭만적 사랑에 대해 살펴보고, 문제점과 대안을 언급했다. 그런데 한국인의 사랑은 서구의 낭만적 사랑으로는 설명이 되지 않는 부분이 있다. 낭만적 사랑이라면 결혼했더라도 사랑이 식으면 바로 이혼해야 한다. 하지만 한국인들은 그렇지 않았다. 한국인들은 사랑이 식어도 이혼하지 않고, 수십 년을 참고 참아 육십이 넘은 나이에 황혼 이혼과 졸혼 사이에서 고민한다. 이는 한국인의 사랑이 서구인의 낭만적 사랑과 다르다는 점을 단적으로 보여준다.

실제로 한국인의 부부관계는 복잡한 측면이 있다. "그냥 같이 있는 것만으로 좋다"는 낭만적 관계도 있고, 또 저 사람과 만나면 "뽀뽀하고 싶다"라는 성애적 관계도 있다. 그

---

35 Schult, 앞의 책, 314~323쪽.

리고 결혼은 운명공동체이니 자식을 합심해 잘 돌보자는 우애적 관계도, 전업주부의 경우에는 남편 없이는 경제적으로 살 수 없다는 의존적 관계도 있다.[36]

결혼 관계가 지속될수록 중요한 것은 우애적 관계라고 한국인들은 말한다. 이제 아내는 '애인'이라는 생각은 안 들지만, '내 가족'이라는 생각은 든다고 고백한다. 그리고 아내는 여자로서가 아니라 아이들의 엄마로, 그리고 남편은 남자가 아니라 아이들의 아빠라고 말한다. 배우자는 엄밀하게 혈연관계는 아니지만 자신과 함께 자식을 낳았기 때문에 혈연관계나 다름없다고 말한다.[37] 이런 점에서 한국에서 배우자는 형제 또는 동지간의 사랑인 '우애적 사랑(fraternal love)', 또는 삶을 함께하는 '동반자적 사랑(companionate love)'의 대상일 듯싶다.

실제로 한국의 부부관계는 서양의 근대적 부부관계와 다르다. 한국에서 배우자는 낭만적 사랑의 파트너이기도 하지만, 전통적인 가족주의에 기초한 삶의 동반자이다. 특히 우리나라에서는 자녀 양육이 부부관계에서 차지하는 비중이 크다. '기러기 아빠'는 다른 나라에서는 보기 힘든 현상이다. 물론 기러기 아빠 현상이 바람직하다는 것은 아니다. 중

---

36 이성은, 「한국 기혼 남녀의 섹슈얼리티와 친밀성의 개념화」, 10~13쪽.

37 이성은, 앞의 글, 31쪽.

요한 점은 부부관계를 희생하면서까지 자녀 교육에 관심을 둔다는 것이다. 황혼 이혼도 자녀의 대학입시가 끝난 후 발생하는 경향이 있다. 황혼 이혼 대신 졸혼을 고려하는 것도 가족에 미치는 영향을 최소화하려는 노력의 일환일 것이다.

낭만적 사랑과 우애적 사랑 사이에서 한국인들은 갈등하고 있다. 이것은 어찌 보면 전(前)근대사회에서 근대사회로의 이행기에 발생하는 현상일 것이다. 사실 우리나라에서 낭만적 사랑의 역사는 그리 오래되지 않았다. 낭만적 사랑은 사랑하는 사람과 결혼하는 연애결혼을 전제하는데, 우리나라에서 연애결혼의 역사는 일천하다. 일제 시절 <사의 찬미>를 부른 가수 윤심덕처럼 낭만적 사랑을 갈구한 신여성들도 있었지만, 연애결혼이 지배적인 현상이 된 것은 1970년대 이후가 아닌가 싶다.

또 우리나라의 가족 형태를 핵가족이라고 부르기도 힘들다. 핵가족은 온전히 부부 중심의 가족 형태이지만, 한국사회는 전통적인 확대가족 측면도 강하다. 부부 중심의 핵가족과 친족 중심의 확대가족이 충돌하는 시점은 명절과 제사를 둘러싼 갈등이다. 평소에는 핵가족처럼 살다가도 제사를 위해 부모와 형제자매들이 모일 때 갈등이 증폭된다. 명절 후유증으로 이혼이 발생했다는 신문보도를 심심치 않게 발견한다.

또 우리나라는 부계제가 강하긴 하지만, 그렇다고 완전

한 의미의 부계제 사회도 아니다. 가령 명절 제사는 부계 위주로 시댁에서 지내지만, 제사가 끝나면 부부는 처가댁으로 자리를 옮겨 남은 휴일을 보낸다. 즉 제사 같은 행사는 부계를 따르지만, 상당 부분은 그렇지 않은 것이다. 그런 점에서 한국 사회는 부계와 모계를 혼합한 양계제 사회라 평가되기도 한다.[38] 이런 점에서 세대 갈등의 요소가 적지 않다. 시댁의 역할과 처가댁의 역할, 시어머니가 생각하는 며느리의 역할과 아내가 생각하는 자신의 역할은 다른 것이다. 황혼 이혼의 상당부분은 이런 갈등과 관련된 부분이다.

또한 남녀 갈등도 심각하다. 황혼 이혼의 80%가 여성들에 의해 제기된다는 점은 더 이상 가부장적인 문화의 피해자가 되지 않으려는 여성들의 평등의식을 잘 보여준다. 그런데 실제적인 의미의 남녀평등에 대한 요구도 비교적 최근의 일이다. 1980년대 초반만 해도 4년제 대학의 대부분은 남학생이었다. 여성들이 대학에 대거 입학한 것은 1990년대 이후의 일이다. 커리어우먼의 등장도 마찬가지이다. 바람직한 여성상이 현모양처의 신사임당 모델에서 유능한 커리어우먼으로 변화한 것도 오래된 것이 아니다.

급격한 사회변동은 역할 갈등을 야기한다. 지금 남성들은 여성에게 직업을 가질 것을 요구하고 여성들이 직업이

---

[38] 이재경, 『가족의 이름으로』, 5장.

없으면 결혼도 하기 힘든 상황이다. 그런데 남성들은 그런 요구를 하면서도 그에 상응하는 가사 노동을 분담하는 것 같지 않다. 또 여성들은 평등과 독립을 요구하면서도 결혼할 때는 시댁에 재정적 도움을 기대하기도 한다. 또 재산분배와 관련해 친정에서는 딸의 입장에서 아들 딸 구분 없는 균등 분배를 요구하면서도, 시댁에서는 아들의 입장에서 남편에게 더 많은 재산분배를 요구하기도 한다. 이는 남성도 마찬가지이다. 아들로서의 입장과 사위로서의 입장이 일관되지 않을 때가 있다.

갈등이 발생하는 것도 상당 부분 이 지점이 아닌가 싶다. 자기에게 유리한 관점에서 사태를 바라보기 때문이다. 이때 요구되는 것은 무엇일까? 역지사지(易地思之)의 태도가 아닐까? 이때 윤리학의 역할이 필요하다. 공자와 예수, 그리고 공리주의와 칸트 등 동서고금을 넘어 윤리학의 가장 중요한 원천들은 모두 한목소리로 역지사지의 중요성을 역설한다. 역지사지는 오늘날 윤리학이 우리 사회에서 던지는 가장 강력한 가르침이라고 생각한다. 역지사지는 서로 입장 바꿔놓고 생각함으로써 상호이해를 추구하는 것이다. 역지사지를 통해 상호이해를 하게 되면 많은 부분 갈등이 해소될 것 같다. 동시에 우리 사회에서는 과거-현재-미래로의 시간여행이 필요하다. 과거-현재-미래로의 시간 여행을 통해 현재 우리가 처한 갈등 구조를 이해할 수 있기 때문이다. 사회학적 역사학적 고찰이 필요한 것이다.

현재 한국 사회는 전근대에서 근대로 이행하고 있지만, 동시에 근대에서 탈근대로 급격하게 이행하고 있음을 우리는 목격한다. 대표적인 것이 반려동물이다. 최근 반려동물의 수가 엄청나게 증가하고 있다. 개나 고양이 같은 반려동물이 유사 가족의 지위를 인정받고 있는 것이다. 비슷한 현상이 AI에서도 보일 가능성이 높다고 생각한다. 반면 결혼은 급감하고, 출산의 감소는 더욱 심각하다. 이런 현실을 보면서 우리는 근대적인 낭만적 사랑이 과연 유지될 수 있을지, 가족제도는 어떻게 될 것인가 고민하기도 한다. 하지만 황혼 이혼과 졸혼을 고민하는 세대의 생각은 상당 부분 과거에 머물러 있다. 김광석의 <어느 60대 노부부 이야기>만큼 한국인 노부부의 생각을 잘 드러내 주는 것은 없는 것 같다.

> 곱고 희던 그 손으로 넥타이를 매어 주던 때
> 어렴풋이 생각나오 여보 그때를 기억하오
> 막내아들 대학 시험 뜬눈으로 지내던 밤들
> 어렴풋이 생각나오 여보 그때를 기억하오
>
> 세월은 그렇게 흘러 여기까지 왔는데
> 인생은 그렇게 흘러 황혼에 기우는데
> 큰 딸아이 결혼식 날 흘리던 눈물방울이

이제는 모두 말라 여보 그 눈물을 기억하오
세월이 흘러감에 흰머리가 늘어감에
모두가 떠난다고 여보 내 손을 꼭 잡았소

세월은 그렇게 흘러 여기까지 왔는데
인생은 그렇게 흘러 황혼에 기우는데

다시 못 올 그 먼 길을 어찌 혼자 가려 하오
여기 날 홀로 두고 여보 왜 한마디 말이 없소
여보 안녕히 잘 가시게
여보 안녕히 잘 가시게
여보 안녕히 잘 가시게

6. 맺는말

낭만적 사랑에 기초한 오늘날의 가족제도는 근대의 시대적 소산이다. 가족이 갖는 의미, 즉 사회구성원의 재생산 공간, 친밀성의 공간, 개인의 안식 공간으로서의 의미는 인정되어야 하지만, 그것의 한계도 인정해야 한다. 이런 점에서 낭만적 사랑에 대한 대안으로 제안되는 인간적 사랑, 합류적 사랑, 실용적 사랑을 적극 고려할 필요가 있다. 그리고 우리나라에서는 낭만적 사랑뿐만 아니라 가족주의적 우애가 부부관계를 설명하는 데 매우 중요한 요소임을 살펴보았다. 그것은 같은 둥지 안에서 자녀 양육이라는 공동 과업을 수행하는 삶의 동반자에 대한 사랑이 아닌가 싶다.

바람직한 부부관계는 서로 자율적인 존재임을 인정하고 상호 협력하는 관계이다. 우리는 그런 사회로 나아가고 있지만, 잘못된 관행과 문화가 오랫동안 지속되어 왔음을 부정할 수는 없다. 노년기에 접어든 여성들이 자신의 삶에서 느껴왔던 부당함에 대해 남성들은 공감해야 한다. 동시에 여성들은 남성들이 처한 시대적인 한계를 인정해 줄 필요가 있다. 시공간을 떠나 존재하는 것은 없다. 불평등한 관행과 문화도 시대의 소산이다.

우리나라처럼 사회변동이 급격히 진행되는 사회도 없을 것 같다. 전근대에서 근대, 그리고 다시 탈근대로의 이행이 숨 가쁘게 거의 한세대 안에서 이루어지고 있음을 우리 세대는 목격하고 있다. 사회변동이 심각한 사회에서 우리는 서로 다른 역할 사이에서 부유하고 있고, 이는 곧바로 부부 갈등으로 이어진다. 이때 필요한 것은 역지사지이다. 우리는 서로 입장을 바꿔놓고 생각함으로써 상호이해를 추구하고, 동시에 과거-현재-미래로의 시간여행을 통해 현재 우리가 처한 갈등 구조를 이해해야 한다. 이런 방식을 통해 갈등은 상당 부분 해소될 듯싶다. 만일 그런 방식으로도 해소되지 않는다면, 황혼 이혼보다는 졸혼을 권하고 싶다. 서로의 화해 가능성을 열어놓고 있기 때문이다.

9장

웰 다잉

1. 죽음관의 변화

죽음은 기본적으로 생물학적 사실이고, 고대인이나 현대인이나 죽는 것은 마찬가지이다. 하지만 죽음은 그것을 받아들이는 사람들이 어떻게 생각하느냐에 따라 각기 다른 방식으로 다가왔다. 프랑스의 역사학자 아리에스(P. Aries)는 약 천 년에 걸쳐 프랑스인들이 보여주었던 죽음관의 변화를 추적하면서 죽음에 대한 태도들이 어떻게 변화하는지 실감 나게 보여준 바 있다. 그에 따르면 죽음에 대한 인식은 오랜 세월을 두고 더디게 변화하기 때문에, 과거 그 시대를 살던 사람들은 그러한 변화를 인식하기 어렵다. 그런데 오늘날의 상황은 다른 것 같다. 극심한 사회변동을 겪는 오늘날에는 한 세대 안에서도 죽음에 관한 생각이 근본적으로 변화할 가능성이 존재한다.

서양에서 죽음에 대한 태도의 변화를 보여주는 좋은 예는 '급사(急死)'에 대한 태도이다. 아리에스에 따르면, 중세 유럽인들은 죽음은 '사전 예고'된다고 생각했다. 중세 시절 <롤랑의 노래>, <원탁의 기사>에 나타난 왕, 기사, 수도사들은 "오 하느님! 저를 도와주십시오. 마지막 순간이 다가오고 있음을 저는 지금 보고 있고 또한 잘 알고 있습니다."라고 말한다. 이렇듯 죽음은 사전 예고 되는 것이 순리라고 믿었던 이들에게, 급사는 치욕스럽고 불명예스러운 것이었다. 중세의 한 학자는 지옥에서도 가장 비참한 곳에 아무런 예고 없이 갑자기 죽임을 당한 희생자들을 배치했다. 그 이유는 갑작스러운 죽음 또한 "하느님의 심판에서 비롯된 것"으로 생각했기 때문이다. 살인사건의 희생자들은 그리스도교식의 장례가 거부되었고, 허용되려면 벌금 조로 얼마간의 돈을 내야 하는 상황이 벌어졌다. 예외가 되었던 것은 십자가 전쟁에서 죽은 군인들이었다. 신의 영광을 위해 장렬히 전사한 군인들을 교회가 거부할 수는 없었기 때문이다.[1]

이러한 생각은 근대 이후 학자들에 의해 미신으로 간주되었고, 점차 대중들의 생각도 변하게 되었다. 오늘날의 일반상식에서 보았을 때 살인사건의 희생자들만큼 불쌍한 사람도, 또 교회가 그 영혼을 위로해 주어야 할 사람도 없다.

---

1   Aries(고선일 역), 『죽음 앞의 인간』, 42~52쪽.

무고하게 갑작스러운 죽임을 당한 사람을 교회가 그런 식으로 대접하는 것은 사실 납득하기 힘들다. 현대에 들어와 급사에 대한 인식은 180도 바뀌게 된다.[2] 많은 이들은 건강한 장수와 아울러 짧고 고통이 없는 죽음을 원한다. 그것은 의식의 지평으로 떠오르지 않고 맞이하는 죽음이다. 한 연구에 따르면, 조사 대상의 80% 이상이 일종의 '덜컥 죽음'을 원하는 것으로 조사되었다. 갑작스러운 죽음이 예전 불행한 죽음의 형태로 여겨지는 것과는 정반대이다. 얼마 전 90세 가까이 살다가 심장마비로 자다가 급사한 사람이 있었다. 많은 이들이 그의 죽음을 부러워했다. 제명대로 살다가 갑자기 고통 없이 죽는 것이야말로 최고의 인생이라고 사람들은 생각하고 있는 것이다. 아마도 이것은 각종 생명 연장 장치의 발달로 임종 과정이 길어진 것에 그 원인이 있지 않나 생각된다.

그렇다면 과거와는 다른 현대인들이 갖는 죽음의 특징은 무엇일까? 필자는 여기서 현대인의 죽음이 갖는 특징을 크게 세 개의 키워드로 정리해 보고자 한다. 첫째는 '고독한 죽음', 둘째는 '삶과 죽음의 분리', 셋째는 '전문가에 맡겨진 죽음'이다. 이 세 가지는 서로 분리된 것이라기보다는 연관

---

[2] 천선영, 「근대적 죽음 이해에 대한 유형적 분석」, 154~155쪽. 마찬가지 맥락에서 매장에서 화장, 그리고 수목장에로의 급격한 인식의 변화를 생각해 보자.

된 것들이다. 이것들은 서로 배경이 되며, 서로를 강화해 주는 메커니즘을 갖는다. 그리고 이 세 가지는 노화, 임종의 과정, 그리고 죽음 이후의 과정을 통해 계속 관철된다.

2. 현대인의 죽음

1) 고독한 죽음

현대인들은 고독한 가운데 죽는다. 죽어가는 과정에서 그들은 가족과 친지, 공동체로부터 분리되어 외로이 죽어간다. 인간은 고독한 존재라는 관념은 서양 근대의 기본 흐름이다. 근대 이후로 개인은 사고와 행위의 주체이다. 칸트의 계몽주의에서 잘 드러나듯, 근대에서 개인은 인식의 주체이고, 삶의 주체이다. 개인은 고대와 중세를 지배했던 왕과 신, 전통으로부터 해방된 자아이다. 삶의 주체가 개인이라는 사실은 결국 죽음의 주체도 개인이라는 사실을 의미한다. 종교와 전통으로부터 해방되었다는 것은 살아가는 순간 그것들이 주는 질곡과 모순으로부터 해방되었다는 것을 의미하지만 동시에 죽음이라는 삶의 유한성에서 발생하는 고통을 다소나마 위로해 주었던 원천들의 상실을 의미한다. 이제 우리는 죽음을 두고 종교와 전통의 도움 없이 자기 스스로 해결해야만 한다. 개인이 지니는 유한성과의 외로운 투쟁은 개인화에 따라 우리가 지불해야 하는 대가인 셈이다.

죽음의 당사자도 개인이고, 그것을 감당해야 하는 자도

개인이지만, 그렇다고 죽어가는 과정이 반드시 외로울 필요는 없다고 필자는 생각한다. 삶의 유한성을 공유한 동료들과 같이 죽어가는 고통을 나눌 여지는 있다. 이런 점에서 외로운 죽음을 인간 삶 그 자체의 본질적 특징이라고 할 수는 없다. 시대와 문화에 따라 정도의 차이는 있겠지만 죽음은 반드시 홀로 맞이하는 것은 아니었다. 적어도 과거에는 죽음의 과정을 주위 가족 및 친지들과 함께 할 수 있었다.

아리에스에 따르면 중세, 그리고 근대 초기까지만 해도 죽음은 밀실에서 홀로 맞이하는 것이 아니었다. 죽어가는 자는 동료들 한 가운데 있었고, 죽음은 공개적으로 이루어졌다. 중세인들은 죽어야 한다는 사실보다 홀로 죽어가는 것을 두려워했다.

> 몽테스팡 부인은 침착하게 마지막으로 해야 할 일들을 수행한다. 즉 가장 낮은 신분의 하인들까지 침상 가까이 불러 용서를 구하고, 잘못을 고해하고 관례대로 몸소 죽음의 의식을 주재한다.[3]

전통사회에서 늙은 농부는 집에서 죽음을 맞이한다. 자신의 자녀들을 하나하나 따로따로 불러 조용히 뒷일을 부탁

---

3   Aries, 같은 책, 63~64쪽.

한다. 토지를 분배하고 유언을 한다. … 그리고 친구와 이웃들과 작별 인사를 한다. 그가 죽자, 그는 자신이 사랑하는 집에 안치되었고, 꽃으로 뒤덮였다. 이웃과 친지들이 그의 얼굴을 마지막으로 한 번 더 보러 왔다. 이런 관습은 죽어가는 환자에게도 위안이 되겠지만, 그 가족이 사랑하는 자의 죽음을 인정하며 받아들이는 데 도움을 준다. 환자가 그의 생의 마지막을 여태껏 살아온 환경에서 보낼 수 있게 허용한다면, 굳이 환자를 위해 특별한 환경을 조정할 필요는 없다. 가족은 그를 잘 알기 때문에, 진통제 대신 그가 좋아하는 포도주 한잔을 따라 줄 것이다. 집에서 만든 수프의 구수한 냄새는 수혈보다도 그에게서는 더 큰 기쁨이 되지 않을까 나는 생각한다.[4]

가족 및 친지와 함께 했던 죽음의 경관은 근대에 들어서면서 변화한다. 죽어가는 자의 옆자리를 가족과 친지가 아니라 의사와 간호사라는 전문화된 집단이 차지하게 된다. 현대인은 집이 아니라 병원에서 죽고, 죽는 순간 곧바로 병실에서 영안실로 직행한다. 병원에서의 죽음은 부모와 친구들이 모여 있는 가운데에 죽어가는 자가 주도하던 의례적인 의식이 아니다. 이제 죽음의 과정은 의사와 병원의 전문 의

---

[4]   Kubler-Ross(고계영 역). 『죽음의 시간』, 20~21쪽.

료팀에게 넘겨졌다. 죽음의 과정은 삶의 공간과 사회생활의 배후로 밀려나고, 죽어가는 자는 병원 침상에서 고독하게 죽음을 맞이한다.

죽음의 과정은 고독하고, 기계적인, 비인간적인 과정이 되어버렸다. 환자는 가족으로부터 격리되어 구급실로 황급히 실려 들어감으로써 죽음은 고독하고 비인격적인 것이 되어버리기 마련이다.… 환자에겐 무조건 주사약이 주입되고, 수혈되고, 심장기가 부착된다. 필요한 경우에는 트라케오스토미라는 외부로부터 기관에 구멍을 뚫은 수술이 시행된다.[5]

집이 아니라 병원에서 죽어간다는 것, 그리고 가족과 친지가 아니라 의사 옆에서 죽어간다는 것은 마지막 길을 떠나는 사람에게 생전에 그와 관계를 맺었던 이들이 따스한 애정을 보여줄 수 없다는 것을 의미한다. 사랑하는 이들과 마지막 시간을 보내는 것은 환자의 신체적 고통을 완화해 주는 것과는 별도로 환자에게 매우 중요한 일일 것이다. 그런데도 이런 현상이 발생하는 것은 죽음의 과정이 가족 및 친지가 아니라 전문가의 손에 맡겨지는 전문화 현상과 직접적인 관련이 있을 것이다. 그리고 잠시 후 살펴보겠지만 이것은 삶과 죽음을 분리하고 죽음에 대한 사유를 금기시하는

---

5 Kubler-Ross, 같은 책, 23~25쪽.

것과도 관련이 있다.

2) 삶과 죽음의 분리

고독한 죽음이 현대인의 특징이 된 것은 삶과 죽음을 분리하고, 죽음에 관한 생각을 금기시하는 태도에 그 원인이 있다. 죽음을 삶의 공간에서 추방하여 터부시하는 것은 다양한 형태로 나타난다. 우선 죽은 자의 공간인 묘지는 산 자의 공간으로부터 추방된다. 묘지는 산자의 주거지로부터 도시 외곽의 공동묘지 형태, 우리나라의 경우 산으로 이동한다. 죽은 자의 공간인 공동묘지는 두려움의 대명사가 된다. 서양에서는 드라큘라, 동양에서는 귀신으로 상징되는 죽은 자는 산 자에게는 공포의 대상이다. 무서운 악령이 출현하는 공동묘지를 심야에 홀로 방문한다는 것은 웬만한 담력의 소지자가 아니고는 쉽지 않다.

흥미로운 점은 조상숭배 전통이 강하다는 우리나라에서도 이런 경향이 나타난다는 점이다. 한국인들은 죽은 자에 대해 이중적 태도를 갖고 있는 셈이다. 한국인에게 죽은 조상은 산 자가 제공하는 효와 결합하면 산 자에게 복을 준다는 점에서 숭배의 대상이기도 하지만, 원한과 결합하면 산 자에게 치명적인 위해를 가할 수 있다고 생각되는 두려움의 대상이다. 그래서인지 죽은 자를 보내는 마지막 절차인 장례식도 때때로 기피의 대상이 되곤 한다. 특히 비명횡사, 객사한 경우는 더욱 그러했다. 결혼, 이사, 출산을 앞둔 사람들은 상가(喪家) 출입을 금기시했다. 상가에 갔다 온 사람들은 부정과 오염의 원인을 제거하기 위해 소금을 뿌리는 주술적인 '벽사의례(辟邪儀禮)'를 행했다. 죽은 자를 위한 공간인 화장장도 마찬가지 기피 대상이다. 서울 서초구 원지동 화장장 건설이 오랫동안 시민들의 저항을 받은 것이 좋은 예이다. 병원 장례식장이 병원에서 가장 후미진 곳 또는 지하에 위치하는 것도 이런 맥락에서 이해되어야 한다.[6]

엘리아스(N. Elias)는 이 과정을 섬세하게 분석한다. 그에 따르면, '죽은 자'와 '산자'의 분리는 그것으로 그치지 않고 '죽어가는 자'와 '산자'의 분리로 나간다. 노화와 죽음의 과정에서 죽어가는 자들은 사회로부터 철저히 소외된다. '죽어가는 자', '노인'들은 이제 집이 아니라 양로원과 노인병원이라는 분리된 공간에서 그들만의 집단을 형성하게 된다. 과거의 노인들은 가족 구성원들과 마찰을 빚기도 했지만, 대개 가족 생활공간 내에 머무르고, 보통 그 안에서 죽음을 맞이했다. 따라서 그들의 노화와 죽음은 공개적으로 발생했다. 오늘날 양로원과 노인병원에서 노인들은 산자와 단절된 삶을 살고, 그들이 죽어가는 과정 또한 일반인들로부터 격

---

[6] 송현동, 「한국 사회의 죽음에 대한 태도: 죽음의 경관을 중심으로」, 229~234쪽.

리되어 일어난다. 양로원에 들어간다는 것은 그가 오랫동안 맺었던 감정적 유대로부터 단절된다는 것을 의미하고, 과거 그 어떤 정서적 관계를 맺은 적이 없는 사람들과 같이 살아야 함을 의미한다. 건강을 돌보아주는 의사와 간호사가 있다는 것은 좋을 일이겠지만, 그것을 위해 적지 않은 대가를 지불해야 한다.

엘리아스는 한 인간이 존재하는 데 있어 다른 인간들의 존재가 지니는 의미를 강조하면서, 죽어가는 한 인간이 '아직 살아있으면서' 살아있는 자들의 사회로부터 배제되는 고통과 공포에 관해 이야기한다. 즉 사람들은 생물학적으로 사망하기 전에 이미 가족으로부터, 사회로부터 버림받는다. 회복 불가능성이 진단되는 바로 그 순간부터 환자는 사회에서 사회적 인정을 상실하고, '공식적으로' 포기된다. 의도한 것은 아니더라도 선진 사회에서 빈번하게 죽음의 때 이른 격리가 일어난다는 사실은 이 사회가 얼마나 취약한지를 보여준다.[7]

엘리아스의 분석에 따르면, 이 모든 일들은 죽음, 노화, 부패라는 인간 삶의 유한성을 인정하지 않고, 그것들을 억압하고 은폐하려는 시도에서 발생한다. 아마도 우리 인간은 생물학적 진화 과정에서 다른 피조물의 죽음을 목격했을 것

---

7 Elias(김수정 역), 『죽어가는 자의 고독』, 9쪽.

이고, 이를 통해 자신의 죽음에 대해서도 생각할 수 있었을 것이다. 로드킬 당한 동물도 그렇지만, 우리가 사용하는 식량 자체가 사실은 다른 피조물의 죽음이기도 하다. 그런데 우리 인간은 모든 인간은 죽는다는 사실을 인정하지 않고 회피하려 한다.

가령 "할아버지는 천국에 계신단다" "엄마는 하늘에서 너를 굽어보고 계신단다" "네 여동생은 천사가 되었단다" 등은 모두 죽음의 유한성을 외면하려는 표현이다. 이것들은 일종의 환상을 가짐으로써 죽음의 유한성을 외면하려는 태도라고 엘리아스는 본다. 현대인들은 죽음을 배제하고 애써 생각하지 않으려 한다. 즉 죽음에 대해 '무사유' 한다.

죽음에 대한 분리와 외면은 '노화'와 '부패'라는 죽어가는 과정에 대한 분리와 외면으로 나아간다. 죽어가는 것, 추한 것에 대한 배제이다. 오늘날처럼 조용하게, 위생적으로 고독감을 조장하는 사회적 조건 속에서 죽게 되는 건 역사상 유례없는 일이다. 오늘날 죽음은 역사상 그 어느 때보다도 사회생활의 배후로 밀려났고, 위생적으로 제거되었다. 시체는 악취 없이 신속하게, 죽음의 병상에서 무덤으로 너무도 완벽하게 기술적으로 처리된다. 이 또한 삶의 유한성을 배제하고 은폐하는 것이다. 엘리아스에 따르면 인간 삶의 모든 동물적인 측면을 억압하고 사회생활의 뒷면으로 밀어넣는 문명화과정이야말로 죽음을 인간의 삶에 남아있는 동물적인 측면 혹은 삶에 가해진 폭력으로 간주하게 하는 것이다. 이런 문명화과정을 통해 우리는 죽음은 부끄럽고 당혹스러운 것으로 생각하고, 죽음에 대한 잔혹한 이미지를 갖게 된다고 엘리아스는 본다.[8]

그렇다면 그러한 대가는 무엇인가? 늙은 자, 죽은 자의 소외이다. 그들은 죽음에 대한 공포와 더불어 가족과 사회로부터 소외되는 이중의 아픔을 겪어야 한다. 또 산 자들은 산 자들대로 늙음과 죽음에 대한 막연한 공포를 느끼게 된다. 마치 죽음과 노화가 자기 일이 아닌 것처럼 생각하고 행동하려 하지만, 그래도 그런 일이 자신에게 일어나지 않으리라는 환상은 가질 수 없기 때문이다.

3) 전문화

죽음을 삶으로부터 분리하고 외면하는 것은 노화와 죽음을 처리하는 일들이 가족이 아니라 돈을 받고 직업적으로 돌보는 이들에게 맡겨지면서 심화되었다고 할 수 있다. 노화와 죽음의 처리가 전문 직업인에 의해 맡겨지면서 죽어가는 자는 더 고독해진다.

현대사회에서 죽음에 대한 의식은 가족과 친지가 모여 있는 가운데에 죽어가는 자가 주도하던 과거의 의식이 아니

---

8   Elias, 같은 책, 35~125쪽.

다. 이제 죽음은 의사와 병원의 의료팀에게 넘겨졌고, 삶의 공간과 사회생활의 배후로 밀려났다. 환자들은 자기들 삶의 공간인 집이 아니라, 전문인들의 일터인 병원 침상에서 고독하게 죽음을 맞이한다. 과거 환자 주변에는 가족과 친지들이 모여 음식을 가져오고 약을 준비하고 환자를 닦고 씻겼다. 물론 그들은 길거리의 먼지를 그대로 묻혀서 들어오기도 하고 씻지 않은 손으로 환자를 돌보기도 하는 등 위생적이지 않았다. 그리고 환자 통증을 줄여주는 의학적 지식으로 무장하지도 않았다. 그러나 자기가 사랑하는 사람들이 옆에 있다는 것은 죽음의 고통과 불안을 다소간 줄여줄 수 있다. 왜냐하면 가족과 친구들이 돌보고 있다는 점은 사랑의 증거이자 죽어가는 사람이 다른 이들에게 의미를 가지고 있다는 마지막 신호이면서, 죽어가는 사람이 이 세상에서 마지막으로 느낄 수 있는 큰 기쁨일 터이기 때문이다.[9]

장례 과정도 마찬가지이다. 집에서 장례를 치르는 경우 음식 장만과 조문객 대접, 기타 장례와 관련하여 발생하는 일련의 과정에 친지와 이웃들이 적극적으로 참여할 수 있었다. 즉 장례의 공동체적 성격이 강했고, 호상일 경우 동네 축제의 성격마저 있었다.[10] 그러나 병원 장례식장에서는 이

---

9   Elias, 같은 책, 109쪽.

10   이와 관련해서는 영화 <축제>나 <학생부군신위>가 좋은 참고가 될 것

일련의 과정을 전문 장례 업체에서 대행해 주기 때문에 친지와 이웃들의 참여가 축소될 수밖에 없다. 또한 장례식장에서 장례 관련 물품은 '돈'을 주고 물건을 구입하는 형태로 진행되기 때문에 전통적인 상부상조의 장례 참여 방식은 부조(扶助)로 대체된다. 장례식장에서의 장례는 집에서 가족, 친족, 이웃이 모여서 치르는 '공동체적인 일'로서의 성격을 상실하게 된다.[11]

3. 죽음의 철학

현대인에서 나타나는 죽음관의 특징은 죽음을 배제하고 죽음에 대해 애써 무 사유하는 것이다. 하지만 죽음에 대한 사유를 거부한다고 해서 그것이 거부되는 것도, 불안감이 없어지는 것도 아니다. 결론부터 말하자면 '죽음의 배제를 배제해야'하고 솔직하게 죽음에 대해 마주 보아야 한다. 죽음은 인류의 오랜 고민거리요, 철학의 오랜 주제이다. 이에 대해 많은 사상가들이 죽음에 대해 언급하는데 서로 비교할 필요가 있다.[12]

이다.

11 송현동(2003), 「현대 한국 장례 변화와 그 사회적 의미」, 307쪽.
12 공자, 장자, 왕양명, 예수, 소크라테스, 마르크스의 죽음관에 대해서는 부위훈(전병술 역), 『죽음, 그 마지막 성장』, 133~146쪽 참고.

우선 공자는 이와 관련해 "삶도 아직 알지 못하는데 죽음을 어찌 알겠는가?"라고 말한다. 필자가 보기에 이는 일종의 불가지론으로 문제를 회피하는 것이다. 하지만 삶에 대해 알지 못한다고 해서 죽음의 문제에 관심을 두지 않을 수는 없다. 죽음의 문제는 회피한다고 해서 회피되는 것이 아니다.

장자는 죽음을 받아들이고 이에 초연한 것으로 유명하다. 아내가 죽었는데도 곡하지 않고 노래를 부르면서 다음과 같이 말한다. "이는 봄, 여름, 가을, 겨울 사계절이 번갈아 운행하는 것과 같은 것이지. 아내는 지금 천지라는 거대한 방에 편안히 누워있다네. 그런데도 내가 큰 소리로 꺽꺽 운다면, 내 스스로 자연의 운명을 모르는 것이라 생각되기 때문에 울기를 그친 것일세"(장자 외편, 제18장 <지락>) 장자가 보이는 이런 태도는 대단히 높은 경지이다. 그러나 아직 글쓴이가 이런 경지에 도달하지 못해서 그런지 그다지 설득력 있게 다가오지 않는 것도 사실이다.

이런 점에서 차라리 왕양명과 예수가 솔직하다. 왕양명은 "내 스스로 득실과 영욕은 모두 초탈할 수 있었지만, 죽음에 대한 두려움은 아직 가시지 않았다"라고 고백한다. 예수도 처형되기 전날 밤, 번민하면서 제발 죽음을 거두어달라고 하나님께 간구한다. 죽기를 싫어하고 좀 더 살고 싶어 하는 예수의 인간적인, 너무나 인간적인 모습이 드러난다. "나의 하나님, 나의 하나님, 어찌하여 나를 버리셨습니까"(마태 27: 46).

철학의 아버지인 소크라테스는 태연하게 사약을 마신 것으로 유명하고 어쩌면 이 때문에 더 존경받는지도 모른다. 하지만 그 당시는 영혼 불멸 사상이 유행했고 소크라테스 자신도 이를 믿었기 때문에 가능했다. 그는 자신의 육신은 죽지만 불멸하는 영혼은 축복받기 위해 육체를 떠난다고 생각한 것이며, 그래서 죽음은 흉사가 아니라 고귀한 영혼이 비천한 육신에서 해방되는 경사라고 본 것이다.

이런 점에서 마르크스가 "종교는 인민의 아편"이며, "고도의 공산주의 사회에 도달하면, 모든 종교는 반드시 사라질 것이다"라고 주장한 것은 사실과 맞지 않는 것 같다. 종교가 다루는 죽음의 문제는 실존하는 주체가 떠안아야 하는 문제로서 세속의 정치 사회적 문제와는 본질적으로 다르다. 죽음의 문제는 아무리 이 세상이 좋아진다고 하더라도, 그래서 지상에 유토피아가 실현된다고 하더라도 실존하는 주체에게 여전히 고민스러운 문제일 수밖에 없다.

엘리아스는 죽음에 대처하는 방법을 세 가지로 분류한다.[13]

첫째, 지옥이나 천국과 같은 내세의 관념을 통해 죽음에

---

13   Elias, 앞의 책, 7~8쪽, 그리고 115~119쪽 참고.

대한 신화, 정확히는 죽음 이후 삶의 연속성에 대한 신화를 만드는 방법이다. 이는 죽음에 대한 가장 오래되고 가장 보편적인 방법이기도 하다. 하지만 오늘날 이 방법은 더 이상 효력이 있을 것 같지 않다. 죽음은 더 이상 신비적 영역이 될 수 없기 때문이다.

둘째, 죽음을 가능한 한 멀리하면서 죽음에 관한 생각을 억압하거나 회피하는 방법이다. 이를 통해 타인의 죽음과 나를 분리시키고 자신의 불멸성에 대한 환상을 갖는 것이다. 현대인들의 죽음에 대한 태도에서 가장 흔하게 발견되는 방법이다. 그런데 이 방법은 지금까지 살펴보았듯이 죽어가는 자에게는 외로움을, 살아있는 자들에게는 낯섦과 당혹스러움을 준다.

셋째, 죽음을 일종의 생물학적 사실로서 인정하는 방법이다. 죽는다는 것을 타인과 나 모두가 받아들여야 할 사실로 보면서 타인과 나의 죽음을 가능한 한 쉽고 편하게 만드는 방법을 모색하는 것이다. 이것은 죽음에 대처하는 방법으로 엘리아스가 추천하는 방법이다.

필자 또한 이 방법이 맞다고 생각한다. 우리는 인간 또한 자연계의 한 존재라는 사실을 겸허하게 인정할 필요가 있다. 그렇다면 '자연계의 모든 생명은 죽는다.'라는 사실을 거부할 수 없다. 인간 존재의 유한성을 솔직하게 있는 그대로 인정해야 한다. 죽음은 자연의 이치이다. 피할 수 없는 것을 피하려는 것, 그리고 그것을 피할 수 있다고 환상을 갖는 것이 잘못이다.

4. 바람직한 죽음

우리는 스스로 자기 삶을 살아야 하는 삶의 주체이고, 죽음을 감당해야 하는 죽음의 주체이기도 하다. 하지만 그것이 곧 죽음을 고독하게 쓸쓸히 맞이해야 한다는 사실은 아니며, 더욱이 인간이 공동체를 이루면서 사는 존재라는 사실을 거부하는 것도 아니다. 여기서 우리는 죽음 및 죽어가는 과정과 관련해 가족과 공동체의 역할에 대해 고민해야 한다고 본다. 물론 현재 의사가 하는 일을 가족이나 마을 사람들이 대신할 수도 없고, 장의사가 하는 일을 전적으로 마을 공동체가 해야 한다는 말도 아니다. 현대사회가 분업사회라는 점을 부인할 수는 없다. 하지만 그런데도 병원에서 의사가 모든 것을 관장하고 환자와 환자 가족은 객체로 전락하는 것은 바람직하지 않다. 장례의 주체가 전이되는 것도 마찬가지이다. 이방인인 장례대행업체가 장례의 주체가 되고, 상을 당한 사람들은 오히려 장례의 주변인으로 전락하는 주체와 객체의 역전 현상은 가족과 친지, 공동체를 소외시키고, 환자와 죽어가는 자를 소외시킨다.

첫째 말하고 싶은 것은 주객 전도현상과 여기에서 발생하는 노화와 죽음의 상업화 문제이다. '돈을 받고' 죽음과 노화를 처리한다는 것은 죽음과 노화가 돈에 의해 소외될 가능성이 있다는 것을 의미한다. 병원 입장에서 환자는 돈을 벌어다 주는 수단으로 보일 것이고, 환자의 삶의 질과 소망을 고려하면 불필요할 수도 있는 생명 연장 장치가 남발되어 죽음의 길로 떠나가는 환자에게 오히려 고통을 줄 가능성을 배제할 수 없다. 장례도 마찬가지로 상업적 목적에 의해 왜곡될 가능성이 있다. 가령 매장에서 화장으로 장례문화가 바뀌는 것에 장례 사업자들은 호의적인데 이는 납골묘는 기본적으로 토지비용을 제외하고도 천만 원 이상을 호가하고 있어 그만큼 이윤을 많이 남길 수 있기 때문이라는 해석도 있다. 이런 맥락에서 장례 사업자들은 화장 후 납골이 아닌 산골(散骨) 문화로의 전환에 대해서는 호의적이지 않다. 또한 현대 장례에서 다른 전통적인 장례 절차는 거의 생략되지만, 수시(收屍), 염습(殮襲)이 반드시 행해지는 것을 놓고 아직도 전통적인 죽음관과 장례의 맥락은 유지되고 있다는 견해도 있다. 하지만 이를 다른 각도에서 바라볼 필요가 있다. 수시 염습과정이 간소화되거나 생략된다면 장례업자 측에서는 이와 관련된 상당한 수입의 감소가 예측된다. 이는 외국도 마찬가지이다. 현재 미국에서 시신을 마치 살아 있을 때처럼 단장하고 그 주위에 꽃으로 화려하게 장식하는 것이 유행하고 있는데, 이 또한 이윤을 창출하려는 장의사에 의해서 시작되었다.[14]

둘째, 우리가 지향해야 할 죽음은 공동체적 죽음이고, 이런 점에서 위계적 죽음은 거부해야 한다. 동서를 막론하고 예로부터 묘지의 크기는 무덤 속 주인공이 가진 부와 권력의 크기에 비례했다. 우리나라도 청동기 시대인 무덤인 고인돌에서부터 조선시대 왕릉, 오늘날의 대통령에 이르기까지 사정은 마찬가지이다. 우리나라에서 대통령의 묘지는 국립묘지법에 따라 80평 크기로 조성된다. 국립묘지 무덤의 크기, 배열, 장법은 죽은 자에 대한 국가의 불평등한 태도를 잘 반영한다. 대통령 묘지는 80평을 차지하고 있으나 영관급 이하의 군인은 3.3평에 불과하다. 게다가 장군급은 시신을 안장할 수 있지만, 영관급 이하는 화장해야 유골을 안장할 수 있다. 본인의 의사와 무관하게 계급, 신분에 의해서 매장과 화장이 결정되고 있다. 이는 조선시대 신분에 따라 묘지의 크기를 제한했던 사고를 반영한다.[15] 인간은 사회적 존재이고, 우리가 지향해야 하는 것은 동료 구성원들과의 화합이다. 이런 점에서 살아 있을 때의 위계도 문제지만, 죽음의 과정과 죽음 이후의 과정에서의 위계는 공동체 정신을 해치는 행위로 지양되어야 한다.

---

14 송현동, 「현대 한국 장례 변화와 그 사회적 의미」, 309쪽.

15 송현동, 「한국 사회의 죽음에 대한 태도: 죽음의 경관을 중심으로」, 219쪽.

셋째, 산자의 공간에서 죽은 자의 역할을 인정하고, 죽은 자와 함께 하는 삶을 모색할 필요가 있다. 이런 점에서 산자의 공간도 부족한데 묘지라는 죽은 자를 위한 공간을 내 줄 수 없다는 식의 접근도 곤란하다. 실제로 매장 문화에 대한 비판은 대부분 이런 각도에서 진행되었다. 이런 점에서 한국문화에 대한 김열규의 분석은 의미 있다. 그에 따르면 한국문화의 특징은 가족을 매개로 해서 삶 속에서 죽은 자를 위한 자리를 만들어두고 있다는 점이다.

> 주인이 새벽에 일어나면 심의를 입고, 두 섬돌 사이에 놓아둔 향락에 가서 향을 피우고 두 번 절한다. … 주인이 가까운 곳에 갈 때에는 대문 안에 들어서서 바라보고 절하고 갈 것이며, 돌아와서도 역시 이렇게 한다. 또 나가서 자고 돌아오게 될 때에는 두 섬돌 사이에 놓아둔 향탁에 나아가 향을 피우고 두 번 절한다. … 죽은 자는 모습이 없는 가족이다. 가족이 있는 곳, 집안이 있는 곳이면 시와 장소에 매임이 없이, 이 보이지 않는 가족은 어디에나 편재하고 있다. 적어도 사당에 모셔져서 제례를 받는 동안, 돌아가신 이는 모습 없는 가족으로서 집 안에 머무는 것이다.… 3대조까지만 친다고 해도 돌아간 사람들은 그들이 목숨을 누렸던 세월보다 훨씬 더 긴 세월을 그들의 자손들과 함께 같은 가족 구성원으로서 동일 공간 안에 머물게 된다.[16]

김열규에 따르면 돌아가신 이들을 가족 구성원의 일부로 간주하고, 그들에게 제례를 올리는 것은 한국인의 효 의식에서 비롯된 것이다. 살아있는 부모에게 드리는 효는 생효(生孝)라 하고, 돌아가신 분들에게 드리는 효를 사효(死孝)라 한다. 죽은 자는 저 먼 곳으로 가버리는 것이 아니라, 죽고 난 뒤에도 보이지 않는 가족 구성원의 하나로 머무른다. 삶의 공간, 집안의 울타리 속에 계속 머문 죽음, 그것이야말로 가족주의 사회에 어울리는 죽음이라고 보아야 한다.[17]

  김열규에서 핵심은 가족주의 사회에서 효를 매개로 한 죽은 자와 산 자의 만남이다. 그의 분석은 산 자와 죽은 자를 분리하는 근대문화에 대한 대안이 어느 쪽으로 지향해야 할지를 말해준다. 필자는 김열규가 가정하는 가족적 존재로서의 인간을, 사회적 존재로서의 인간으로 확장할 필요가 있다고 본다. 그것은 우리의 공동체를 오직 지금 살아있는 자들의 공동체로 볼 것이 아니라, 죽은 자, 그리고 앞으로 태어날 자들의 공동체로 확장하는 것이다. 그래서 과거와 현재, 미래로 확대된 공동체, 그 속에서 죽은 자를 위한 공간을 산 자들의 삶 속에서 인정하는 공동체를 생각해 본다.

---

16 김열규, 『메멘토 모리, 죽음을 기억하라』, 16~18쪽.

17 김열규, 같은 책, 20쪽.

수록된 글의 출처

이 책은 아래 논문 형식으로 발표된 글에 기초한다. 단행본을 내면서 딱딱한 논문 형식을 벗어나 일반 대중들도 쉽게 읽을 수 있도록 상당 부분을 수정했다.

「황혼 이혼과 졸혼, 그리고 낭만적 사랑을 넘어서」, 『윤리교육연구』 74집, 한국윤리교육학회, 2024년.

「웰 에이징과 세대 간 윤리」, 『초등도덕교육』 88집, 한국초등도덕교육학회, 2024년.

「연령차별주의와 노인 운전면허」, 『초등도덕교육』 85집, 한국초등도덕교육학회, 2023년.

「섹슈얼리티와 노인」, 『윤리교육연구』 67집, 한국윤리교육학회, 2023년.

「정년제, 연령차별주의, 웰 에이징」, 『생명연구』 58집, 서강대 생명문화연구소, 2020년.

「웰 에이징과 나이위계」, 『생명연구』 51집, 서강대 생명문화연구소, 2019년.

「관계재와 좋은 삶」, 『사회와 철학』 34집, 사회와철학연구회, 2017년.

「수목장과 생태시대의 죽음」, 『생태문화와 철학』, 금정, 2007년.

참고문헌

가와이 가오리, 육민혜 역(2005), 『섹스 자원봉사-억눌린 장애인의 성』, 아롬.

강대선(2011), 「노인복지측면에서의 노인운전 규제조항의 쟁점과 개선방안」, 『사회복지법제연구』 2호, 사회복지법제학회.

강성자(2014), 『정년 없는 노인의 성』, 북랩.

강승원·이해경(2016), 「고령장애인의 행복감에 영향을 미치는 요인: 농촌과 도시지역 비교」, 『사회과학연구』 40집 2호, 전북대학교 사회과학연구소.

고영삼(2016), 「고령화 문제의 해결법으로서 디지털 에이징 정책에 대한 탐색적 연구」, 『디지털융복합연구』 14(11), 한국디지털정책학회.

구교준·임재영·최슬기(2015), 「행복에 대한 이론적 고찰」, 『정부학연구』, 21권 2호, 고려대학교 정부학연구소.

권신란(2021), 『노인의 성』, 책과나무.

김경범(2014), 「고령사회를 대비한 노인운전자 교통사고 특성 및 저감방안-제주지역을 중심으로」, 『한국콘텐츠학회논문지』 14권 7호, 한국콘텐츠학회.

김경호(2012), 「웰 에이징: 노년의 삶에 대한 여헌 장현광의 성찰」, 『동양고전연구』 49집, 동양고전학회.

김공숙(2012), 「낭만적 사랑 신화의 현대적 해석: 트리스탄과 이졸데를 중심으로」, 『콘텐츠문화』 1권, 문화예술콘텐츠학회.

김균(2013), 「이스털린 역설과 관계재」, 『사회경제평론』 42호, 한국사회경제학회.

김근주(2013), 「영국의 기본정년제 폐지 이후 판례와 시사점」, 『국제노동브리프』, 한국노동연구원, 2013년 5월호.

김선녀(2013), 「고령화사회 노인의 성에 대한 문제점 및 개선방향」, 『사회혁신연구』 4권 1호, 한국사회혁신학회.

김소진(2009), 「황혼 이혼 여성노인들에 대한 생애사 연구」, 『한국노년학』 29권 3호, 한국노년학회.

김열규(2001), 『메멘토 모리, 죽음을 기억하라』, 궁리.

김용하·임성은(2011), 「베이비붐 세대의 규모, 노동시장 충격, 세대 간 이전에 대한 고찰」, 『보건사회연구』 31권 2호, 한국보건사회연구원.

김은희(2010), 「섹슈얼리티 개념분석과 성윤리의 정립」, 『철학연구』 89집, 철학연구회.

김인석(2014), 「고령운전자 교통사고 예방대책: 운전면허 제도를 중심으로」, 『한국노년학 연구』 23집, 한국노년학연구회.

김재기(2008), 『철학, 섹슈얼리티에 말을 건네다』, 향연.

김정석·김미선(2020), 「졸혼에 대한 사회학적 단상: 졸혼의 정의, 특성, 기제 및 전망」, 『한국인구학』 43권 4호, 한국인구학회.

김주현(2009), 「연령주의(ageism) 관점을 통한 노년의 이해」, 『사회와 역사』 82집, 한국사회사학회.

김태유(2013), 『은퇴가 없는 나라: 국가경제를 이모작하라』, 삼성경제연구소.

김현(2019), 「가족유물론, 돌봄공동체」, 『인문과학』 117권, 연세대학교 인문학연구원.

김현준(2022), 「환경법에서의 세대 간 정의」, 『환경법연구』 44권 3호, 한국환경법학회.

노순규(2013), 『정년 60세 연장법과 경영방법』, 한국기업경영연구원.

류기정(2012), 「정년연장에 대한 경영계 입장: 쟁점과 대안」, 『노동리뷰』 2012년 9월호.

류지한(2020), 『성윤리』, 울력.

모선희 외(2007), 『현대노인복지론』, 학지사.

박구용(2020), 「친밀성의 구성과 구조의 전환」, 『대동철학』 93권, 대동철학회.

박성용(2002), 「묘지의 공간구성과 사회관계의 배열: 신촌의 사례」, 『비교문화연구』 제 8집 1호, 서울대학교 비교문화연구소.

박정석(2002), 「장례사의 업무와 죽음에 대한 태도: 광주지역 장례사를 중심으로」, 『보건과 사회과학』 12집, 한국보건사회학회.

박정일(2020), 「고령치매환자에 대한 운전면허 취소: 일본의 사례 등을 통한 우리 법제의 개선방안을 중심으로」, 『원광법학』 36권 2호, 원광대학교 법학연구소.

박종현(2016), 「행복경제학과 좋은 삶 전통: 쾌락과 가치의 조화를 중심으로」, 『한국경제학보』 23권 1호, 연세대학교 경제연구소.

박효엽(2018), 「노년철학에 관한 베단따의 전망」, 『철학연구』 145집, 대한철학회.

방하남 외(2012), 『기업의 정년실태와 퇴직관리에 관한 연구』, 한국노동연구원.

백옥선(2015), 「고령자 운전규제에 관한 법적 고찰-운전면허제도를 중심으로」, 『중앙법학』 17집 4호, 중앙법학회.

변우혁(2006), 『수목장: 에코-다잉의 세계』, 도설.

부위훈, 전병술 역(2001), 『죽음, 그 마지막 성장』, 청계.

서용석(2014), 『세대 간 정의 실현을 위한 미래세대의 정치적 대표성 제도화 방안』, KIPA 연구보고서, 한국행정연구원.

손승영(1999), 「노년기의 성과 사랑」, 『사회발전연구』 5호, 연세대 사회발전연구소.

손철성(2022), 「미래세대에 대한 책임과 정의로운 저축의 수준-롤스의 계약론적 입장을 중심으로」, 『도덕윤리과교육』 77호, 한국도덕윤리과교육학회.

송현동(2003), 「현대 한국 장례 변화와 그 사회적 의미」, 『종교연구』 32집, 한국종교학회.

송현동(2005), 「한국 사회의 죽음에 대한 태도: 죽음의 경관을 중심으로」, 『비교문화연구』 11집 2호, 서울대 비교문화연구소.

수수미(2017), 『은발의 사랑』, 띠앗.

신관호 외(2012), 『고령화시대 삶의 패러다임』, 고려대출판부.

쓰지 신이치, 김향 역(2018), 『슬로 라이프』, 디자인하우스.

우국희(2014), 『노인의 자기방임: 위험과 권리 사이』, 공동체.

우준호(2016), 「장유유서의 의미에 대한 연구」, 『중국학 논총』 51집, 한국중국문화학회.

유미코, 스기야마, 장은주 역(2017), 『졸혼 시대: 낡은 결혼을 졸업할 시간』, 더퀘스트.

유진월(2018), 「성적 주체로서의 노년 여성의 섹슈얼리티 재현 양상」, 『우리문학연구』 59집, 우리문학회.

윤미옥(2015), 「삼강행실도에 대한 비판적 입장 고찰」, 『철학논총』 82집, 새한철학회.

윤수정(2021), 「세대 간 형평성의 문제에 관한 헌법적 고찰-국민연금을 중심으로」, 『유럽헌법연구』 36호, 유럽헌법학회.

윤수정(2023), 「장애인 이동권 보장과 헌법재판」, 『공법학 연구』 24권 2호, 한국비교공법학회.

이경준·서문진희(2013), 「농촌지역 노인들의 이동권 증진을 위한 교통복지적 대안 연구」, 『한국자치행정학보』 27권 1호, 한국자치행정학회.

이관표(2017), 「부정성의 극단화로서의 노년: 노년의 철학적 규정에 대한 연구」, 『현대유럽철학연구』 45집, 한국하이데거학회.

이나영(2009), 「급진주의 페미니즘과 섹슈얼리티: 역사와 정치학의 이론화」, 『경제와 사회』 82호, 비판사회학회.

이동옥(2010), 「한국의 노인 성담론에 관한 여성주의적 고찰」, 『한국여성학』 26(2), 한국여성학회.

이동옥(2011), 「영화에 재현된 노인여성의 성과 사랑」, 『미디어 젠더 & 문화』 20호, 한국여성커뮤니케이션학회.

이동욱(2012), 『나이듦과 죽음에 관한 여성학적 성찰』, 한국학술정보.

이상진·장인호(2021), 「초고령사회에서 고령자운전면허반납제도의 인권친화적 개선방안에 관한 연구」, 『경찰학 연구』 21권 2호, 경찰대학.

이성은(2006), 「한국 기혼 남녀의 섹슈얼리티와 친밀성의 개념화」, 『가족과 문화』 18권 2호, 한국가족학회.

이신숙(2017), 「노인운전자의 운전능력과 운전이동성이 사고위험에 미치는 영향」, 『Korean Journal of Family Welfare』 22권 4호, 한국아동가족복지학회.

이율경(2017), 「연령평등과 정년제의 딜레마에 관한 법적 검토」, 『노동법학』 61, 한국노동법학회.

이재경(2003), 『가족의 이름으로』, 또하나의문화.

이정옥(2022), 『로맨스라는 환상: 사랑과 모험의 서사』, 문학과지성사.

이주은·박태영·문혜린(2023), 「중년 남성의 졸혼 전후 경험에 관한 현상학적 연구」, 『한국가족복지학』, 70권 3호, 한국가족사회복지학회.

이준구(2005), 「행복의 경제학: 정책적 함의」, 『경제논집』 44권 2호, 서울대학교 경제연구소.

이창식·장하영·유은경(2019), 「직장인의 졸혼 찬반 관련 요인: 판별분석의 적용」, 『디지털융복합연구』, 17권 3호, 한국디지털정책학회.

이철승(2009), 「초기 유가 사상에 나타난 장유유서관의 현실적 의미」, 『유교문화연구』 13집.

이현심(2015), 「황혼 이혼 여성노인에 대한 사례연구」, 『노인복지연구』 68호, 한국노인복지학회.

이현출(2018), 「인구의 정치학: 실버민주주의의 도래와 세대 간 정의」, 『한국정치연구』 27집 2호, 서울대학교 한국정치연구소.

이희자(2014), 『60세 정년관리와 임금피크제』, 행정경영자료사.

임상수(2018), 「고령자 운전면허 관리의 윤리적 쟁점」, 『윤리연구』 123호, 한국윤리학회.

임헌규(2008), 「노년문제에 대한 동양철학적 접근: 개인주의의 대안으로서 관계적 인간」, 『철학연구』 108집.

장정인·강금해(2021), 「중년기 여성이 생각하는 졸혼의 의미에 대한 현상학적 연구」, 『상담심리교육복지』 8권 5호, 한국상담심리교육복지학회.

장철준 외(2017), 「헌법상 평등원칙에 입각한 정년제도와 기대은퇴연령: 미국과의 비교를 중심으로」, 『미국헌법연구』 28(2), 미국헌법학회.

정미경·안세화(2023), 「독일의 노동시장 취약계층(청년과 고령자)의 세대 간 일자리 연대」, 『경상논총』 41권 1호, 한독경상학회.

정병은(2017), 「새로운 친밀성: 미래세대의 가족관계」, 『한국사회학회 심포지엄 논문집』 2017년 10호, 한국사회학회.

정성훈(2013), 「도시공동체의 친밀성과 공공성」, 『철학사상』 49권, 서울대학교 철학사상연구소.

정진웅(2012), 『노년의 문화인류학』, 한울아카데미.

정태창(2023), 「친밀성의 물화-사회철학적 분석을 위한 시론」, 『인

문논총』 80권 2호, 서울대학교 인문학연구원.

천선영(2000), 「근대적 죽음 이해에 대한 유형적 분석」, 『사회과학연구』 9집, 서강대학교 사회과학연구소.

최문정·오학준·서이종(2018), 「노년기 운전중단 결정 인식과 태도에 관한 연구」, 『한국노년학』 38권 3호, 한국노년학회.

최재천(2015), 『당신의 인생을 이모작하라』, 삼성경제연구소.

추병완(2014), 「노인차별주의의 도덕교육적 함의」, 『도덕윤리과교육』 42집, 한국도덕윤리과교육학회.

하상응(2022), 「세대 간 정의 실현을 위해서 노년층 유권자는 배제되어야 하는가」, 『지식의 지평』 33호, 대우재단.

한동희(2014), 「고령사회와 엑티브에이징 고찰 연구」, 『노인복지연구』 64집, 한국노인복지학회.

한요셉(2019), 『60세 정년 의무화의 영향, 청년고용에 미치는 영향을 중심으로』, KDI 정책연구.

한요셉(2020), 『정년연장이 고령층과 청년층 고용에 미치는 효과』, KDI 정책포럼 277.

한재명 외(2015), 「관계재가 행복에 미치는 영향에 관한 분석」, 『사회경제평론』 46호, 한국사회경제학회.

홍종현(2020), 「세대 간 정의와 국가 재정의 지속가능성」, 『유럽헌법연구』 34호, 유럽헌법학회.

황선재(2022), 「인구고령화와 세대갈등: 자원배분을 둘러싼 세대 간 형평」, 『사회과학연구』 33권 2호, 충남대학교 사회과학연구소.

황성조·김영선·오영삼(2017), 「농촌지역 남성노인의 운전이 우울과 사회활동에 미치는 영향」, 『노인복지연구』 72(2), 한국노인복지학회.

Abrams, Dominic & Hannah J. Swift & Lisbeth Drury(2016), "Old and Unemployable? How Age-based Stereotypes Affect Willingness to Hire Job Candidates", *Journal of Social Issues,* 72(1).

Abramson, M Corey, 박우정 역(2015), 『불평등이 노년의 삶을 어떻게 형성하는가』, 에코리브르.

Aguiar, Bruno & Rosário Macário(2017), "The need for an Elderly centred mobility policy", *Transportation Research Procedia*, 25.

Amery, Jean, 김희상 역(2015), 『늙어감에 대하여: 저항과 체념 사이에서』, 돌베개.

Aries, Philippe, 고선일 역(2004), 『죽음 앞의 인간』, 새물결.

Aristoteles, 천병희 역(2014), 「니코마코스 윤리학」, 숲.

Barrett, Michèle & Mary McIntosh, 배은경 김혜경 역(2019), 『반사회적 가족』, 나름북스.

Becchetti, Leonardo & David Bedoya & Giovanni Trovato(2011), "Income, Relational Goods and Happiness", *Applied Economics* 43(3).

Beck, Ulrich & Elisabeth Beck-Gernsheim, 강수영·권기돈·배은경 역(2006), 『사랑은 지독한, 그러나 너무나 정상적인 혼란』, 새

물결.

Bookchin, Murray(1982), *The Ecology of Freedom: The Emergence and Dissolution of Hierarchy*. Cheshire Books.

Bruni, Luigino & Porta, Pier Luigi, 강태훈 역(2015), 『행복의 역설』, 경문사.

Bruni, Luigino & Zamagni, Stefano, 제현주 역(2015), 『21세기 시민경제학의 탄생』, 북돋움.

Bruni, Luigino(2010), "The happiness of sociality. Economics and eudaimonia: A necessary encounter", *Rationality and Society* 22(4).

Bytheway, Bill(1995), *Ageism: Rethinking Ageing*, Open University Press.

Cicero, Marcus Tullius, 천병희 역(2011), 『노년에 관하여』, 숲.

Costello, Marilyn K.(1975), "Sex, Intimacy, and Ageing", *The American Journal of Nursing*, vol 75, no 8.

Coupland, Nikolas & Justine Coupland(1993), "Discourses of Ageism and Anti-Ageism", *Journal of Aging Studies*, 7(3).

Cruikshank, Margaret. 이경미 역(2018), 『나이듦을 배우다: 젠더, 문화, 노화』, 동녘.

de-Shalit, Avner(1995), *Why Posterity Matters: Environmental Policies and Future Generation*, London and New York: Routledge.

Diamond, Jared, 임지원 역(2005), 『섹스의 진화』, 사이언스북스.

Dobson, Andrew(1996), "Representative Democracy and Environment" In L. Williams & M. James, Eds., *Democracy and the Environment*, Edward Elgar.

Elias, Norbert, 김수정 역(1998), 『죽어가는 자의 고독』, 문학동네.

Fishman, Ted C., 안세민 역(2016), 『회색쇼크: 고령화, 쇼크인가 축복인가』, 반비.

Freak-Poli, Rosanne & Sue Malta(2020), "Sex and intimacy in later life: from understanding and acceptance to policy", *Australasian Journal of Ageing*, vol 39.

Frey, Bruno S. 외, 유정식 외 역(2015), 『행복, 경제학의 혁명: 행복 연구가 21세기 경제학의 지평을 바꾼다』, 부키.

Frey, Bruno S. & Alois Stutzer, 김민주 정나영 역(2008), 『경제학, 행복을 말하다』, 예문.

Frey, Bruno, & Alois Stutzer(2002), "What can economists learn from happiness research?", *Journal of Economic Literature* 40.

Giddens, Anthony, 배은경 황정미 역(2003), 『현대사회의 성·사랑·에로티시즘』, 새물결.

Goodin, Robert(2000), "Democratic Deliberation within", *Philosophy & Public Affairs,* 29(1).

Gorman, Mark 외(2019), "Older People, Mobility and Transport in Low- and Middle-Income Countries: A Review of the Research", *Sustainability*, 11(21), 6157.

Gui, Benedetto & Luca Stanca(2010), "Happiness and relational goods: well-being and interpersonal relations in the economic sphere", *Int Rev Econ* 57.

Harari, Yuval Noah, 조현욱 역(2016), 『사피엔스』, 김영사.

Heaphy, B. & J. Hodgson(2021), "Public Sex, Private intimacy and Sexual exclusivity in men's formalized same-sex relationships", *Sexualities*, vol 24, no 10.

Hegel, Georg Wilhelm Friedrich, 임석진 역(2008), 『법철학』, 한길사.

Hellesund, Tone(2021), "Better than Orgasm: Sex, Authenticity and Intimacy in the New Women's Movement in Norway", *Gender & History,* vol 33, no 1.

Heyd, David(2012), "A Value or an Obligation? Rawls on Justice to Future Generations?," In A. Gosseries & L. H. Meyer(Eds), *Intergenerational Justice*, Oxford University Press.

Holstein, I. & Martha B. & Parks, Jennifer A. & Waymack, Mark H.(2010), *Ethics, Aging, and Society: The Critical Turn*, Springer Publishing Company.

Johnson, Robert A., 고혜경 역(2016), 『We: 로맨틱 러브에 대한 융 심리학적 이해』, 동연.

Katz, Stephen & Barbara Marshall(2003), "New sex for old: lifestyle, consumerism, and the ethics of aging well", *Journal of Aging studies* 17.

Kavka, G. & Warren V.(1983), "Political representation for future generation" In R. Elliot, Ed., *Environmental Philosophy*, Pennsylvania State University Press.

Kubler-Ross, Elisabeth, 고계영 역(1998), 『죽음의 시간』, 우석.

Layard, Richard, 정은아 역(2011), 『행복의 함정』, 북하이브.

Leopold, Aldo(1987), *A Sand County Almanac*. Oxford University Press.

Lim, Bomi(2022), "Problems of Mobility Rights for Persons with Disabilities on the Basis of the Definition of Disabilities under the Current Law", *International Journal of Dispora & Cultural Criticism*, 12(2).

Lloyd, L.(2004), "Mortality and morality: ageing and the ethics of care," *Ageing & Society* 24.

Lorde, Audre, 주해연·박미선 역(2018), 『시스터 아웃사이더』, 후마니타스.

Luhmann, Niklas, 정성훈·권기돈·조형준 역(2009), 『열정으로서의 사랑: 친밀성의 코드화』, 새물결.

Luoma-Halkla Henna & Liisa Haikio(2022), "Independent living with mobility restrictions: older people's perceptions of their out-of-home mobility", *Ageing & Society*, 42.

Magnus, George, 홍지수 역(2010), 『고령화시대의 경제학』, 부키.

McNamara, Tay K. & John B. Williamson(2019), *Ageism: Past, Present, and Future*, Routledge, New York and London.

Mikel, Katherine(2008), "Drivers' Licenses and Age Limits: Imposition of Driving Restrictions on Elderly Drivers", *Marquette Elder's Advisor*, 9(2).

Naess, Arne(1992). *Ecology, Community, Lifestyle*. Cambridge University Press.

Nagele, Laura & Wounter De Tavernier, Moritz Hess(2018), "Work Environment and the Origin" in Ayalon, Liat & Clemens Tesch-Romer(ed), *Comtemporary Perspectives on Ageism,* Springer Open.

North, Michael S.(2015), "Ageism Stakes Its Claim in the Social Sciences", *Generations*: Journal of the American Society on Aging, 39(3).

Nussbaum, Martha & Amartya Sen(2009), *The Quality of Life,* Claredon Press.

Nussbaum, Martha & Saul Levmore, 안진이 역(2018), 『지혜롭게 나이든다는 것』, 어크로스.

Nussbaum, Martha(1986), *The fragility of goodness: Luck and Ethics in Greek tragedy and Philosophy*, CUP, Cambridge.

Palmore, Erdman B.(1999), *Ageism: Negative and Positive*, Springer Publishing Company.

Pearce, Eiluned & Anna Machin & Robin I. M. Dunbar(2021), "Sex Differences in Intimacy Levels in Best Friendships and Romantic Partnerships", *Adaptive Human Behavior and*

Physiology, 7.

Power, Jennifer(2020), "New technologies are changing sex, intimacy and health", *Health Sociology Review*, vol 29, no 3.

Quadagno, Jill, 이정환 외 역(2021), 『사회노년학』, 그린.

Rawls, John, 장동진 역(1999), 『정치적 자유주의』, 동명사.

Rawls, John, 황경식 역(2011), 『정의론』, 이학사.

Sadler, William A., 김경숙 역(2018), 『서드 에이지, 마흔 이후 30년』, 사이.

Sargeant, Malcolm(2004), "Mandatory retirement age and age discrimination", *Employee Relations*, 26(2).

Schlaffer, Hannelore, 김선형 역(2005), 『노년의 미학』, 경남대출판부.

Schuldt, Christian C., 장혜경 역(2008), 『낭만적이고 전략적인 사랑의 코드』, 푸른숲.

Stiglitz, Joseph E 외, 박형준 역(2011), 『GDP는 틀렸다: '국민총행복'을 높이는 새로운 지수를 찾아서』, 동녘.

Stypinska, Justyna & Pirjo Nikander(2018), "Ageism and Age Discrimination in the Labour Market: A Macrostructual Perspective" in Ayalon, Liat & Clemens Tesch-Romer(ed), *Contemporary Perspectives on Ageism*, Springer Open.

Thane, P., 안병직 역(2012), 『노년의 역사』, 글항아리.

Webber, Sandra C. 외(2010), "Mobility in Older Adults: A Comprehensive Framework", *The Gerontologist*, 50(4).